男人中的男孩
BOYS AMONG MEN

How the Prep-to-Pro Generation Redefined the NBA and Sparked a Basketball Revolution

跳过大学的一代如何重新定义NBA、激发一场篮球革命

—————— Jonathan Abrams ——————

〔美〕乔纳森·亚布拉姆斯 ——— 著　　傅婧瑛 ——— 译

作家出版社

（京权）图字：01-2017-6065

图书在版编目（CIP）数据

男人中的男孩：跳过大学的一代如何重新定义NBA、激发一场篮球革命／（美）乔纳森·亚布拉姆斯著；傅婧瑛译.— 北京：作家出版社，2020.10

书名原文：Boys Among Men:How the Prep-to-Pro Generation Redefined the NBA and Sparked a Basketball Revolution

ISBN 978-7-5212-0682-1

Ⅰ.①男… Ⅱ.①乔… ②傅… Ⅲ.①篮球运动－运动员－生平事迹－美国 Ⅳ.①K837.125.47

中国版本图书馆CIP数据核字（2020）第079499号

男人中的男孩：
跳过大学的一代如何重新定义NBA、激发一场篮球革命

作　　者：［美］乔纳森·亚布拉姆斯
译　　者：傅婧瑛
责任编辑：赵　超
装帧设计：异一设计
出版发行：作家出版社有限公司
社　　址：北京农展馆南里10号　　邮　　编：100125
电话传真：86-10-65067186（发行中心及邮购部）
　　　　　86-10-65004079（总编室）
E-mail:zuojia@zuojia.net.cn
http://www.zuojiachubanshe.com
印　　刷：玉田县嘉德印刷有限公司
成品尺寸：142×210
字　　数：246千
印　　张：9.875
版　　次：2020年10月第1版
印　　次：2020年10月第1次印刷
ISBN 978-7-5212-0682-1
定　　价：45.00元

致塔尼亚，你是我的一切。

致杰登，你是我的动力。

致妈妈，你是我的灵感。

序

　　巴基·巴克沃尔特小心翼翼地拿出一叠百元大钞，放在了玛丽·马龙的饭桌上。所谓饭桌，不过是两个摆在一起的橙色木箱子。这个破败的家里，有一间小屋属于摩西·马龙。墙上有一个大洞，只要下雨，雨水就会顺着大洞漏进屋里。巴克沃尔特是职业篮球队的管理人员，他把一个更美好的未来摆在了马龙母子面前。他给了摩西·马龙一个选择，他给马龙带去了摆脱贫困的机会。马龙要做的，只不过是不再做一个孩子。

　　来自美国南部的摩西·马龙是一个身材瘦高、谦逊淳朴的孩子，他住在弗吉尼亚州彼得堡圣马修斯大街的一栋联排公寓。这座城市曾经是美国内战的一个主战场。1974 年，这里却成为继卡里姆·阿卜杜尔 - 贾巴尔后最受瞩目的高中篮球运动员、也就是马龙的故乡。从一出生，篮球似乎就融入了马龙的血液。球场上，他的对手总是成年人。赢球后，孩子们得到的奖励就是橙汁。如果输球，这些孩子就要凑出给成年人买酒的钱。"我们把他们打得很惨，他们以为自己已经喝多了。"回忆到这里时，马龙开心地大笑起来。大学里负责招募球员的工作人员成群结队地来到彼得堡高中观看马龙的比赛，他们离开家人，连续几个月住在酒店里，而马龙则带领自己的高中球队连赢 50 场比赛，连续两年拿下州冠军。奥洛·罗伯茨大学的一个招生代表甚至发誓，如果摩西·马龙愿意加入他们学校，上帝就会治好玛丽·马龙的出血性溃疡。

摩西·马龙的篮球技术被人口口相传的年代，正好是大学招生人员不断规避 NCAA 业余性本质的年代。眨一下眼，意味着被招募的学生可以得到一辆新车；摇一下头，学生能拿到不小的一笔钱。"那就像狂野大西部。"那时在马里兰大学担任助理教练的霍华德·怀特这样评价道。招生工作人员发现，马龙并不愿意听他们说话。开车时，他会假装睡觉。去家里拜访时，他会假装不在家。马龙听过太多的话，等到他终于决定加入离家近的马里兰大学时，他已经记不清谁说过了什么。听说马龙有意愿加入后，马里兰大学主教练莱夫蒂·德雷赛尔干脆在马龙家门外扎下营来。早上 7 点，睡眼惺忪的马龙发现床边站着德雷赛尔。签完德雷赛尔递过来的文件后，马龙翻了个身，又一次进入梦乡。

但巴克沃尔特带着他的钱和 ABA（美国篮球联赛）出现了。和 NBA 这个更纯粹、技术性更强的篮球品牌相比，新兴的 ABA 在大众眼中总有不上档次的感觉。拥有 11 支球队的 ABA 成立于 1967 年，这是一个表演性质的联盟，使用红白相间的篮球，还设有三分线。ABA 始终处于 NBA 的阴影下，不过因为愿意接受还没读完大学的人，ABA 在吸引篮球人才方面倒是领先于 NBA。斯宾塞·海伍德的反垄断诉讼结束后，NBA 终于妥协，允许提供经济困难证明的球员提前离开大学、加入 NBA。但是没有高中球员能够直接进入主流联赛（底特律活塞队 1962 年选下了高中生雷吉·哈丁，但是他先在低级联盟里打了一段时间才加入 NBA）。作为 ABA 联赛犹他星队的球员人事主管，巴基·巴克沃尔特碰巧看了一场马龙的高中全明星赛。马龙不仅身材高大，而且灵活敏捷，这让巴克沃尔特惊叹不已。但马龙还很瘦弱，似乎一阵风就能把他吹倒。身高 6 英尺 11 英寸（2.1 米）的他体重只有约 200 磅。但他的脚步速度很快，快到像拳击手一样让人眼花缭乱，球场上的它们始终处于移动状态。大学想把最优秀的篮球运动员收入怀中，巴克沃尔特也不例外。1974 年 ABA 选秀，犹他星队在第三轮选下了马龙。大部分人只把这个选择看作宣传噱头，不过犹他星队还是得到了和马龙协商合同的权利。

此前有传言说招生人员必须把钱塞进信封交给马龙的一个叔叔，才能得到和马龙面谈的机会，巴克沃尔特自然也听到了这种说法。他翻过一道围墙，差点被狗咬上，费尽力气才敲响了马龙家的门。开门的是玛丽·马龙。巴克沃尔特看了一眼空空如也的房间。玛丽·马龙在壁炉架上摆了四张照片：耶稣、马丁·路德·金、约翰·肯尼迪和杰姬·肯尼迪，还有她的儿子摩西。

巴克沃尔特知道，摩西·马龙肯定什么漂亮话都听过了。他跟马龙聊起了成为先锋的话题。马龙盯着他，不知道咕哝着说了什么。巴克沃尔特提出建议，愿意帮他们修一栋新房子。

"这是你的。"把钱放到木箱子上后，巴克沃尔特这样说道，"这是给你和你朋友的。我们和马里兰大学不一样，你去那绝对看不到任何东西。"

马龙点了点头，又小声说了几句。他离开房间，给莱夫蒂·德雷赛尔打去电话。"巴克沃尔特教练在我家，他在我桌子上放了25000 美元。"马龙告诉德雷赛尔，"他想让我签这个东西。我该签吗？"

德雷赛尔毫不犹豫。"让他们走。"他说，"如果他们不走，你就报警。假如他给你 100 万美元，那你再给我打电话。"

德雷赛尔的激情足以让所有垂涎马龙天赋的教练相形见绌。他是一个不屈不挠的杰出招募者。他告诉马龙，他们俩现在就可以扳着指头计算未来的全国冠军次数。他计算让马龙和天才后卫约翰·卢卡斯成为搭档，他还计划为马龙购买保险，以防伤病影响他未来的职业生涯。德雷赛尔成功地把马里兰大学推销给了马龙，更重要的是，他成了玛丽·马龙愿意信赖的人。玛丽独立工作，养活自己和儿子摩西，她做过护士，也做过肉类包装工。摩西不到两岁时，他的父亲就离开了这个家。德雷赛尔告诉玛丽·马龙，他敬畏上帝，马里兰大学也是一所基督教大学。

德雷赛尔决不会束手就擒、白白失去摩西·马龙。他巧妙而成功地击退了其他大学招生人员，现在，他准备再一次在摩西·马龙身上努一把力。他提到了神圣的大学校园生活。他告诉马龙，他将马龙一家的最大利益放在心上。他还建议马龙在做决定前和他熟悉的经纪人唐纳德·戴尔及搭档李·芬特莱斯商量。

马龙一家同意了见面的要求。戴尔发现马龙一直在神游——这也是其他大学教练的感受。他希望能引起马龙的注意。

"摩西，你听说过奴隶制吗？"戴尔问道。

马龙抬起了头。"怎么说呢，你拿到的这份合同就是奴役。"戴尔告诉他，这份合同的时效长达 16 年。只有前四年属于保障合同，犹他星队在接下来的 12 年都有球队选项。"我痛恨他们给他开的合同。"戴尔回忆道，"他们跑到穷人家里，把钱放到饭桌上，我觉得太卑鄙了。他们的做法可以说非常丑陋。"成为马龙的谈判代理人让戴尔疲惫不堪。"我非常非常担心，怕他不能入选球队，或者达不到自己的预期。"戴尔说，"他是个 18 岁的孩子，没接受过什么教育，这是我最担心的。因为一直想这件事，我好几周晚上都没睡好觉。"

事实上，马龙很久以前就做出决定了。14 岁时，他就在《圣经》的背面写上了自己希望成为职业运动员的梦想。放弃这个机会，意味着无视自己的天赋。"我说过，如果做了决定，那会是完全由我做的决定。"马龙表示。整个过程中，他一直很安静。尽管表现得好像提不起兴趣，但沉默并不等于他不关心。"我其实在听，我关注他们说的话。"马龙说，"听他们说话，我就知道他们是否值得信任、有没有说真话。"

为了留住马龙，马里兰大学球员愿意把每天的餐费和洗衣费留出来给马龙，每名球员每个月能拿出 15 美元。但马龙的大学生涯只持续了五天。室友约翰·卢卡斯有一天早上准备叫马龙起床。"起来吧，我们该走了。"卢卡斯说。

"大摩要打职业联赛了。"马龙回答道，"大摩受不了大学。"他和犹他星队签下了七年、价值 300 万美元的合同。

* * *

摩西·马龙高中后直接跳级，并没有立刻改变职业联赛的版图。按照自然发展的结构，球员先是成为高中明星，进入大学打出名堂，毕业离校后最终成为职业球员。马龙做出决定的一年后，达雷尔·道金斯和比尔·威洛比宣布高中毕业后直接进入 NBA。随着 NBA 和 ABA 在 1976 年合并，马龙进入 NBA，打出了名人堂级职业生涯。但道金斯和威洛比某种程度上却成为反面例子，提醒所有人为什么无论身体还是心理，青少年都尚未做好准备，应对在 NBA 打球的巨大压力。

这种观念根植于人们的思维，直到又瘦又高的凯文·加内特在 1995 年重新叩响大门时，这一刻板印象才开始出现松动。加内特出现时，篮球这项运动已经发生了巨大变化。球员拿着百万美元薪水，相比 1976 年 NBA 平均 13 万美元的薪水，这显然上了一大台阶。马龙的决定，最终为 NBA 历史上最成功的一批球员奠定了基础，从加内特到科比·布莱恩特，从特雷西·麦克格雷迪到勒布朗·詹姆斯，再到德怀特·霍华德，无不走上了马龙开辟的这条道路。他们成为明星，刚脱下高中毕业舞会的西装，便穿上球衣与挣钱养家糊口的成年人同场竞技。"当我看到科比、勒布朗·詹姆斯、凯文·加内特能长久地立足联盟，这让所有在他们之前进入联盟的高中球员倍感骄傲。"马龙表示，"我们之所以能在联盟打球，是因为我们在高中就是最优秀的球员，我们不需要为了成为最好的球员再去大学打上四年。"对于自己在历史上起到的作用，马龙非常自豪。2015 年 9 月，他因为心脏病去世。就在马龙去世几周前，达雷尔·道金斯同样因为心脏病去世。他们没有像职业棒球或冰球运动员那样，先在低级别的小联盟里摸爬滚打；他们也不必像 NFL 球员那样，高中毕业必须满三年才能进入职业联盟。大多数人成功了，他们不仅成为明星，还赚到了做梦也没有想到过的财富。有一些人失败了，梦想中的名声与财富只是镜花水月。

他们拥有同一条起跑线。他们在很小的年龄就展现出非凡的身体天赋，被人称为天才。只有大学才能发掘潜力股的时代早已成为历史。全美各地的电视台都会转播高中比赛，小学生都会有全国排名。"这和我们想看到年轻、有才华的演员、音乐家和钢琴家是一个道理。"杰雷米·特里特曼这样评价。特里特曼曾经在科比·布莱恩特高中时做过他的助理教练，后来他参与了不少重大高中比赛的赛程安排和转播。"他们都是天才。"他继续说道，"他们是神童。勒布朗·詹姆斯是神童，德怀特·霍华德是神童，科比也是神童。如果一个能做到别人做不到的事情，你就会被深深打动。看到一个七岁的小女孩能完美地唱出国歌，你也能震惊好几天。这是一回事。"收获巨大关注的同时，他们也会付出代价：

过早地结束童年生活，大多数被赋予了不切实际的期望。"忙碌和喧嚣，性交易，毒品，黑帮活动，（生活中的）这些事到 AAU（业余运动联盟），什么都一样。"2001 年高中毕业在第二顺位被选中的泰森·钱德勒这样表示，"都是一回事，只不过这是合法的。那些人和在我街头看到的人本质上是一样的，只不过他们伪装成了其他样子。我的人生在加速前进，因为我必须学会保护自己，利用那些自以为正在利用我的人，得到自己想要的结果。那么年轻的时候我就知道身边的一切，所谓纯真早就被抛在脑后。"

马龙将命运掌握在自己手里，但现在的人做出和他当年相似的决定时，却有着和他当年不同的环境。当现代的 NBA 潜力股思考高中毕业后是否直接进入职业联赛时，有太多需要他考虑：教练、家人、球鞋公司、NBA、幕后控制者和经纪人，这些都是不能忽视的因素。但这一进程在 2006 年戛然而止，NBA 一纸令下，所有球员必须离开高中满一年才有参加选秀的资格。"这是太多制度导致的失败，我认为我们都参与到了其中。"斯特恩表示，"我无意吸引关注，不想逃避应承担的责任，因为我们都是体系的组成部分，但我们不是体系的领头部分。"

联盟是最终目标，是孩子们的梦想之地，也是他们工作的地方。有关禁止高中球员直接进入职业联盟的讨论还在继续。有些人希望撤掉这一禁令，有些人希望将进入联盟的最小年龄提高到20 岁。"这就是不对。"杰梅因·奥尼尔表示。1996 年，他也是高中毕业后直接进入 NBA，"18 岁你可以参军、参加战争，18 岁你就可以献出生命。为了过上更好的生活，那些人去参加战争，军队就是生与死。你可以扛枪，可以献出生命，这是最终极的牺牲。所以我的问题是，为什么连打篮球这么简单的事，我都不能做？"

1

"这孩子会喘不过来气的。"约翰·哈蒙德担心地嘀咕道。哈蒙德是底特律活塞队的助理教练，1995 年，他专程飞到芝加哥，参加 NBA 一年一度的选秀前训练营，即将改变联盟的人会在这里互相交流。几天前在凯悦丽晶酒店的大堂里，哈蒙德碰到了经纪人埃里克·弗莱彻。弗莱彻问哈蒙德是否愿意当着联盟管理人员的面试训他旗下一个名叫凯文·加内特的年轻人。哈蒙德马上答应下来，他听说过加内特的名字，所有人都听说过他的名字。加内特很有可能成为自 20 年前的达雷尔·道金斯和比尔·威洛比后第一个高中毕业后直接进入 NBA 的球员。加内特在伊利诺伊－芝加哥大学的试训，吸引了大量关注。包括埃尔金·贝勒、帕特·莱利、凯文·麦克海尔、唐尼·沃尔什、道格·科林斯等 NBA 各队主管，纷纷聚集在篮下的看台，亲自考察加内特的表现。

NBA 在那几年迎来了高速增长，无论是人气还是盈利能力都出现了显著提升。1979 年"魔术师"约翰逊和拉里·伯德进入 NBA 时，按照记者大卫·哈勒斯塔姆的说法，那是一个"黑人比重过大"的联盟，"很多人认为大多数球员吸毒，只愿意在比赛最后两分钟认真打球"。作为大学时期的死敌，约翰逊和伯德将这种对抗关系延续到了职业联赛。尽管如此，CBS（哥伦比亚广播公司）电视台在 80 年代初时，仍然会用录像延播的方式播放部分 NBA 总决赛。CBS 会在接近午夜时播放比赛录像，可愿意在那个时间看电视的人，通常只会看 NBC（全国广播公司）电视台的约翰尼·卡森脱口秀。1980 年，美国几乎全部电视观众都在看《正义先锋》和《家族风云》这两部美剧，没人关注洛杉矶湖人和费城 76 人的总决赛第六场比赛。年轻的约翰逊顶替受伤的卡里姆·阿卜杜尔－贾巴尔，打满五个位置，奉上了一场精彩绝伦、具有超越时代意义的表演，但没有几个人真正看过他的那场比赛。四年后，大卫·斯特恩成为联盟总裁，野心勃勃的他开始着手改变联盟的形象。斯特恩严厉打击联盟的毒品问题，还把全明星赛办成了联盟的标志性活动。巧合的是，斯特恩成为总裁的同时，迈克尔·乔丹进入联盟。以乔丹为基础，斯特恩将 NBA 的人气推到了前所未有的高度。球风优雅的乔丹，有时能让人产生摆脱地球引力的感觉。他成为全球偶像，比大多数演员和政治家还要知名。与乔丹合作带来的丰厚回报让各大公司开始加强与 NBA 的合作，巨额电视转播协议的出现，也让球员的薪资有了突飞猛进的增长。

到 1995 年夏天时，NBA 球员的平均薪水已经暴涨到接近 200 万美元。这种金钱上的刺激，使得大学球员开始在学业尚未结束时提前离开学校，进入 NBA。1990 年的前 15 位新秀中，有 13 人是大四球员。到了 1994 年，前七顺位中只有一名大四球员。NBA 已经成为一桩高风险且残酷的生意。选择球员时，球队管理人员既要考虑潜力，也会考虑他们的现有表现。潜力股年龄越小，意味着上限越高，而更高的上限意味着未来巨星。在篮球这项运动中，一个有统治力的球员就能主宰一支球队的命运。表面上看，高中毕业后直接进入职业联赛的路似乎被切断了，但联盟并没有规则禁止球员尝试。1989 年，肖恩·坎普离开肯塔基大学和三一谷社区大学，进入 NBA，实际上，他没有在这两所学校打过一场比赛。

没有人能抗拒年轻天才的魅力，NBA 的球队管理者迫不及待地想评估加内特的试训结果。从比尔·沃顿到阿隆佐·莫宁，人们给加内特设定了各种模板，甚至还有人拿他和雷吉·米勒对比。做过球员和教练的哈蒙德，一生都在和篮球打交道。按照他的经验，为了掩饰紧张，球员通常会表现得过于自信，随着时间推移，这种心态就像廉价古龙水一样附着在球员身上。加内特没有任何伪装，他不会掩饰。他展现出的是真实状态，一个即将在接下来一段时间里确定人生未来的孩子。试训还没有开始，可这个孩子已经快喘不上气了。他的心跳加快，急促的呼吸使得他的胸腔不停上下起伏。哈蒙德带着加内特，离开各球队管理人员，走到了场地另一端。"站在这里，调整呼吸。"哈蒙德建议道。他让加内特站在罚球线上，加内特随后投了几个球，试图稳定自己的情绪。他曾梦想过进入大学打球。但太多人告诉，他可以跳过大学直接进入 NBA，所以他改变了主意。加内特看了一眼各队工作人员。有些人看上去很无聊，站在场地上似乎只是为了应承弗莱彻这个旗下球员遍布联盟的知名经纪人。也许这些人是对的，也许他和比尔·威洛比都错了。在弗莱彻的安排下，加内特和威洛比通了电话，后者鼓励加内特直接进入 NBA。加内特非常了解篮球历史，他很用心地听了威洛比的话。不管怎么说，在很多人看来，过去那么多年没有高中球员直接进入 NBA，主要原因就是威洛比当年的失败。

*　　*　　*

1975 年，大学教练就像当年招募摩西·马龙和达雷尔·道金斯一样，在比尔·威洛比身上投了大量精力。身高 6 英尺 8 英寸的威洛比虽然司职前锋，但却拥有后卫的突破技术。莱夫蒂·德雷赛尔说了不少好话，试图把他招募进马里兰大学，但无果而终。威洛比差点进入北卡罗莱纳大学，但肯塔基大学的主教练乔·B.豪尔，却是真正说服威洛比在意向书上签字的人。"大球馆，漂亮女人，吃肯德基，看赛马"，这就是威洛比对莱克星顿（肯塔基大学所在地）的印象。已经做好准备加入肯塔基大学的他回到位于新泽西州英格伍德的德怀特·莫罗高中，准备完成高中最后一年的学业。

但是威洛比始终对参观一所大学的见闻耿耿于怀。夏天时他拜访了马里兰大学，那时摩西·马龙已经承诺加入这所学校。威洛比看到了在建筑工地干活的马龙。身高接近七尺的马龙穿着脏兮兮的衣服、戴着安全帽的形象，深深印在了威洛比脑海。德雷赛尔帮马龙找到了这份工作，算是帮他多挣一些钱。"每天早上六点半他就得去那个人家。"德雷赛尔回忆道，"那些得到工作的大学生，你让他们六点半去，他们肯定不会准时出现。但他说摩西每天早上六点就坐在门口等他了，一天不落，从不迟到。"威洛比心想，马龙现在用不上那个帽子了，他进入了职业联盟，赚到了上万块钱。"这家伙去了ABA。"那时的威洛比对自己说，"他能做乔治·格文和朱利叶斯·欧文的对手，我可以是下一个他。"威洛比告诉自己的高中教练鲍勃·怀特，他愿意考虑任何对他有兴趣的职业球队。

关注威洛比前，一个NBA主管曾密切关注过摩西·马龙的动态。帕特·威廉姆斯接手了倒霉的费城76人，这支曾经的豪门球队如今陷入了重重困难。球队在1972—73赛季直落谷底，输掉了创纪录的73场比赛。总经理威廉姆斯绞尽脑汁，希望重振球队。很久以前，威廉姆斯曾经在棒球小联盟打过比赛，那里的选秀经常直接挑选刚刚高中毕业的球员。他原本以为篮球运动员不会走同样的进身之路。

但是看到犹他星队的摩西·马龙后，威廉姆斯改变了主意。马龙在成年人的联赛中不仅站稳了脚跟，而且打得相当出色。威廉姆斯陷入了沉思，即将到来的选秀大会上，没有任何一个大学球员能像马龙一样让他产生那么大兴趣。威廉姆斯想知道，世界上还有没有第二个马龙。如果有，他要赶在其他球队前抢下那个人，给球队带来质的飞跃。威廉姆斯发现了比尔·卡特莱特和达雷尔·道金斯。卡特莱特个子更高，但身材过于瘦弱。有消息称，卡特莱特的母亲坚持让他上大学。道金斯是奥兰多人，身高 6 尺 10 寸的他浑身上下都是结实的肌肉。人们总是用"大孩子"这样的词汇描述他们。1975 年，威廉姆斯在第五顺位选下了道金斯，道金斯也因此成为历史上第一个高中毕业后直接进入 NBA 的球员。威廉姆斯指定赫伯·鲁多伊担任道金斯的经纪人，不过鲁多伊的道德感显然没有摩西·马龙的经纪人那样强。"我是资本主义的信徒，如果年轻人有足够的天赋，他就应该成为职业球员。"鲁多伊这样表示。

威廉姆斯自以为抢在了全联盟前面，他以为自己可以挑走所有优秀的高中球员，培养他们，几年后打造出一支超级球队。他告诉威洛比，他会用 76 人的下一个选秀权选他。让威洛比惊讶的是，一个记者打来电话告诉他，亚特兰大老鹰队在第 19 顺位提前选下了他。某种程度上说，老鹰有点聪明过头了。他们在首轮选下了大卫·汤普森和马文·韦伯斯特，但汤普森和韦伯斯特选择加入 ABA，而威洛比现在想要更高的薪水，因为 ABA 的丹佛掘金同样选下了他。

威洛比的选择很多，上大学看上去已经被他抛在了脑后。威洛比的母亲在工厂做工，父亲是个机械工。威洛比说，父母把决定权交给了他。他选择了 NBA，签下了一份五年 110 万美元的合同。"我有衣服穿了。"威洛比说，"18 岁时我才突然意识到，我的口袋里没有一分钱。想去看电影只能找爸爸妈妈要钱。我没打过工，他们不让我做饭。我什么都不能做。"

威洛比的这个选择让乔·B.豪尔感到震惊。作为肯塔基大学主教练，他也招募过马龙和道金斯，结果三个人都去了职业联盟。豪尔指责威洛比身边的人试图靠他获利，他尤其点出了威洛比的高中教练。"（鲍勃·怀特）想跟他一起（去肯塔基）。"豪尔说，"我没给他的教练留出职位。威洛比的选择真的让我很吃惊，因为我们和他的父母谈过，威洛比不去职业联盟让他们很高兴。他们觉得他还没做好准备，不是说他篮球技术不行，而是觉得他心理还不够成熟，社交方面可能会遇到困难。"威洛比缺乏生活经验，人生前 17 年，他只会打篮球，先是在新泽西，随后在纽约的球场上成名。威洛比的父母提出和他一起搬到亚特兰大，威洛比却表示，他想学会独立生活。买下人生第一辆车——林肯轿车后，威洛比考了驾照。开着这辆车，他只去过球馆、家、机场和饭馆。"我就是觉得，自己是个孤独者。"他说。威洛比还在考虑未来。每个月，他可以从经纪人那里拿到 500 美元零花钱，他想把大部分收入存起来。

威洛比希望能像高中一样，统治 NBA 赛场。"他们以为我会成为下一个 J 博士。"他回忆道。但尚未发育成熟的身体无法支撑他实现梦想。高中时的经历在 NBA 重现，只不过，这一次在球场上被欺负的变成了威洛比。他不适应 NBA 高强度的身体对抗，也无法忍受教练的任何批评。过去的他一直是球队的明星，他没有听过、也不想听到任何批评。

最初的一场比赛里，持球突破到篮下的威洛比做了一次胯下运球，球砸到自己身上后出了界。"这里不是游乐场。"换下威洛比时，老鹰主教练克顿·菲茨西蒙斯对他说了这样的话。尽管菲茨西蒙斯第二年离开了老鹰，但威洛比的状态依旧没有任何改善，上场时间也得不到提高。老鹰请来 ABA 的胡比·布朗担任主教练。布朗是战术大师，也是一个要求非常严格的教练，当年以训练强度高而闻名。他不会给没有做好准备认真对待这份职业的球员任何机会——即便这名球员才刚刚离开高中一年。威洛比说，胡比·布朗总是咒骂球队，明显偏爱某些球员。但布朗的助理教练豪尔·维瑟尔对那段时间的记忆却与威洛比有着很大区别。在维瑟尔看来，威洛比"有潜力，但几乎没有基本功"。有一次，布朗让维瑟尔在训练前教威洛比几个低位技术动作。几天后，球队管理层打断了训练，告诉布朗有人打电话说有急事。维瑟尔说，事后证明，那只是威洛比的经纪人抱怨自己的客户需要提前开始训练。胡比·布朗对所有球员提出两个要求：按时出现，做好自己的工作。"比尔·威洛比做不到第二点。"维瑟尔表示，"他做不好自己的工作。那些都是职业球员，是成年人。他没做好准备。"

费城的达雷尔·道金斯同样没有做好准备。不用上学的他突然成了有钱人，每天有很多空闲时间可以打发。"最难的就是空闲时间该做什么。"他说，"我开始写诗。我开始做饭，自己调整菜谱。我一直很喜欢车，对女人没兴趣。除了打篮球，我把时间都用在那些事情上了。"道金斯被采访时经常语出惊人，他喜欢穿颜色鲜艳的衣服，还能用雷霆万钧的扣篮扣碎篮板。他给自己的扣篮起了不少名字：篮筐毁灭者、大猩猩暴扣、地心重拳等等。道金斯自称来自"爱之星球"，只要球队有社区活动，他都自告奋勇，积极参加。每次训练，他也是第一个到场的球员。19岁生日宴会，他穿着一身柠檬绿色的西装出现。"五英里外你就能看到他了。"队友沃德·B.弗雷这样评价。比赛和赛后该做什么，道金斯的心思全在这里。他曾经被教练吉恩·舒吼过"想什么呢"，才意识到对方不是点名，而是要他上场比赛。道金斯是个优秀的球员，但很多人本以为他能更出色。他只把篮球当成游戏，而其他年长的队友则视之为生计。对道金斯来说，提早进入NBA只是延长了他的青春期，没能加快他的成长。"进入联盟时他是个不成熟的孩子。"队友史蒂夫·米克斯说，"他的身体已经够好了，但心智还没到那个阶段。"

道金斯至少还在享受篮球。威洛比的职业生涯则非常平庸，八年间他辗转了六支球队。他无法接受自己不能成为明星的现实。威洛比职业生涯的巅峰一刻发生在 1981 年，作为休斯敦火箭球员，他在季后赛里完成了一个几乎不可能完成的任务——盖掉了"天勾"卡里姆·阿卜杜尔－贾巴尔的勾手。在火箭主教练德尔·哈里斯的印象中，威洛比性格温和、招人喜欢，但他也是一个内向的人，总是掩饰真实的内心感受。哈里斯曾经在威洛比手部受伤后要他练习短跑冲刺。"他对我的助教卡罗尔·道森坚称，我是在惩罚他受伤。"哈里斯回忆道，"我想的是让他在休战期间保持体型，但他就是不能接受这个现实。"

人生绕了一圈，又回到了起点。比尔·威洛比开始在新泽西找到一些感觉。为了拯救自己岌岌可危的 NBA 生涯，他在 1985 年参加了新泽西篮网的夏季联赛，来到普林斯顿的嘉德温体育馆参加比赛。参加夏季联赛的通常为新秀和基本没有希望入选常规赛阵容的自由球员。和尼克斯的比赛前，威洛比扫了一眼对面，看到了几张冷漠的面孔。威洛比表示，他一直饱受脑震荡的折磨，而尼克斯的一些球员试图在比赛中继续伤害他。

威洛比打了四分钟，随后和一个做掩护的球员狠狠撞在了一起。他记得尼克斯球员说："整治一下这个混蛋。"兼任篮网总经理和教练的鲍勃·麦基农试图在第二节重新派威洛比上场。"我不想打了。"威洛比说。"那你回家吧。"麦基农回答。

"他就真回家了。"麦基农告诉新泽西《记录报》的记者，"我没什么可解释的。"

威洛比让球队训练师打开更衣室大门，好让他收拾东西。"开车走人的话，你是做不了职业球员的。"训练师对他说。"他们可以拿走我的钱。"威洛比回答，"但他们试图想伤害我。"

威洛比后来又参加了其他球队的几次试训。他日复一日、年复一年地等待着永远不会来的机会，等待 NBA 球队的经理们再给他最后一次机会。威洛比的篮球生涯在28岁时走到了尽头，退役后他也生活得相当艰难。威洛比将财务大权交给了经纪人，但他的经纪人却挪用了他的大部分积蓄。尽管打官司赢回了110万美元，但由于其中一个经纪人宣告破产，威洛比只收回了很少一部分钱。失去了房子的威洛比只能搬回到父母家，他还出现了抑郁症。威洛比成了一种象征，似乎寄希望于高中生改变球队命运的，最终只会落得他这样的下场。高中时的威洛比，是一群孩子中的成年人；可是到了NBA，他却成了成年人中的孩子。老鹰看到了他的潜力，以为他会有一个光明的未来，可他们没想到身体发育不成熟和情绪不稳定会成为最大的阻碍。几年后，威洛比开始努力让自己的人生重新走上正轨。在一个好友的不断建议和NBA退役球员工会的帮助下，他开始在费尔雷·迪金森大学读书。每天他都会开着自己1984年款的梅赛德斯奔驰车去学校上课。

2001年，44岁的威洛比终于从费尔雷·迪金森大学毕业。得知大陆航空体育馆是毕业典礼的举办地时，威洛比痛哭流涕——1984年，他在那座球馆打完了人生的最后一场NBA比赛。即便已经过去很久，但虚假的希望和褪色的梦想，仍然困扰着威洛比。

费尔雷·迪金森大学邀请威洛比为毕业生致辞。

"我选择了篮球，而不是教育。"他说，"我选择了巨额合同，放弃了教育。很快我就发现，人生远不止金钱这么简单，篮球场上的成功只能持续很短的时间。"

1995年向加内特提出相反建议时，威洛比才刚刚开始脱离困境。

"没错，我一分钱也没有。"威洛比说，"我很害怕，因为那家伙说他破产了，我就算赢了官司，也还是拿不到钱。你要知道到底是怎么回事。你有经纪人，有商务经理，有妈妈、爸爸、兄弟姐妹和女朋友。到底有什么东西是你自己的？即便你已经给他们买过了房子，他们还会找你要车，要珠宝，让你买衣服给他们。"加内特跟威洛比说了，如果进入 NBA 他能赚到多少钱。"你还要多考虑？"威洛比问他，"你在学校能做什么？学木工？学做陶器？还是学剧院表演？你还在考虑？我现在就在上学。你可以在休赛期读书，退役后再毕业。"

2

　　如今提到凯文·加内特，人们的脑海里总会蹦出一个在球场咆哮、怒喷垃圾话的硬汉形象。1995 年在各队管理人员面前那个紧张得不能自已的孩子，早已成为历史。不过那并非加内特第一次表现得那么紧张。南卡罗莱纳州格林维尔市外有一个名叫马尔丁的小地方，加内特在那里的斯普林菲尔德公园学会了篮球。公园里有一块篮球场，几条长椅和一块棒球场。加内特眼里，只有沥青地面的篮球场和用铁链做球网的篮筐，每投进一个球，这个篮筐就会发出如收银机一样的声音。在这里，得分和打法是否凶狠，就是男子汉气概和自我价值的最好体现。巴伦·弗兰克斯是其中最男人的一个，人们送给他一个"大熊"的绰号。弗兰克斯身高 6 英尺 4 英寸（约 1.93 米），体重接近 300 磅。加内特那时只有十三四岁，当他鼓起勇气踏上斯普林菲尔德的球场时，他的技术还很粗糙。弗兰克斯比加内特大四岁，垃圾话功力更是甩加内特几个银河系。他上下打量了一番加内特，似乎已经认定了对方是自己的手下败将。"我已经捏住你了。"弗兰克斯得分后这样说，"你是我的。"话音刚落，他又一次轻松得分。弗兰克斯侮辱了加内特的母亲雪莉·厄尔比和他的姐姐。"滚出我的球场。"每赢一次，弗兰克斯都会这样对加内特咆哮。加内特并没有做出言语上的回击，神情严肃的他每天都会回到那个球场。不到一年，加内特的身高就超过弗兰克斯。加内特想知道，为什么弗兰克斯看上去那么讨厌自己，对方的垃圾话从没停过。加内特因为言语攻击而感到沮丧的消息传到了弗兰克斯耳中。他把胳膊搭在加内特肩上，把他拉到自己身边。"篮球是我的挚爱。"弗兰克斯解释道，"当我打球时，其他任何事情都不重要了。无论是打野球还是比赛，我都会认真对待。篮球就是这么重要。"

弗兰克斯发现，加内特同样深爱着篮球。加内特经常和继父厄内斯特·厄尔比争吵。即便加内特提出要求，厄内斯特也始终认为没必要在家里的后院安装一个篮筐。虽然会寄来支票，但加内特的生父几乎没有出现在他的人生中。斯普林菲尔德公园成了加内特可以吐露心声的密友，在那里，除了他、篮球和篮筐，所有的烦恼似乎都消失了。总是在那里玩到半夜的加内特，经常被警察赶回家。有时候，天还没亮，他就会拍着球，从巴斯伍德小路上的家，沿着布满石块和沙子的小路走到公园。加内特在马尔丁高中的队友很快意识到，篮球对他来说有着太过重要的意义。尽管主教练杜克·费舍尔喜欢让低年级学生先在低级别球队历练，但加内特还是在高一时就入选了校队。费舍尔曾经入选过北卡罗莱纳大学的新生队，所以他的球队非常强调纪律性和防守。加内特接受了这种理念，在上述两方面表现得非常出色，进攻方面，他的侵略性也越来越强。高一赛季，球队在一个周五晚上输掉了一场比赛。高二后卫萨尔·格拉汉姆走进更衣室，和队友讨论周末的计划。"喂兄弟，今晚跟我们一起参加派对吗？"格拉汉姆问加内特。加内特非常沮丧，他用毛巾捂着脸。"因为我才输了比赛。"加内特哭着说道。"他看得太重了，无论比分多少，作为 14 岁的高一新人，他总觉得自己有义务为我们赢下比赛。"格拉汉姆回忆道。

加内特喜欢团队作战的感觉，他热爱为了共同目标一个团队表现出来的强大力量。不打篮球时，他也喜欢和队友、同学在一起。但身高是一把双刃剑，一方面帮助他在篮球场上打出好的表现，另一方面也让他很难像普通人一样生活。有球迷只想要他的照片时，他总会把其他队友拉进镜头。给球迷签名时，加内特也会传递给队友，让队友也签上名字。"他比其他人高出太多了。"在学校担任指导老师的贝蒂·米切尔回忆道，"站在大厅的另一头你都能看到他。他想做一个普通的青少年，就像学校里的其他孩子一样。这里的成年人那时可能给了他太多压力，他可能还没做好准备。"加内特的历史老师简妮·威洛比（和比尔·威洛比没有亲戚关系）就像是他的第二个母亲。普通桌椅显然不适合加内特，他只能蜷缩着坐在椅子上，威洛比把自己家里的一把旧椅子搬到了学校。加内特不怎么爱学习，而威洛比知道如何鞭策、督促他。加内特曾经做过一次与波士顿茶党有关的口头报告，每说上几分钟，他就会停下来，询问威洛比前面的发言能否让自己及格。"不，还不行。"威洛比耐心地多次回答加内特，直到终于接受他结束发言的请求。还有一次，一名女学生磕磕巴巴地做口头报告时，加内特向她伸出了援手。女生每次停顿，加内特都会提出一个问题，帮助她整理思路。威洛比很高兴，她认为加内特并不想成为关注的焦点，但他却愿意帮助其他人。

1993 年，加内特受邀参加了耐克的全美篮球嘉年华。全美最优秀的 125 名高中球员聚集在印第安纳波利斯，在五天时间里接受约 500 名大学教练的考察。和加内特同队的球员，通常都像宝贝一样被各自高中捧在手心里，这跟加内特在马尔丁的经历有着天壤之别。所有孩子分成不同小组，进行对抗训练。担任芝加哥法拉格特职业学院主教练的威廉·尼尔森注意到所有顶尖球员都朝着其他教练走去，而肌肉线条分明的加内特朝他走了过来。"我得到了最瘦的大个子？"尼尔森心想，"这不公平。"

"你怎么把小孩子给我了？"尼尔森问赛事组织者。

加内特能清楚地听到他的话。"行了老兄，别大惊小怪。"加内特说。

"别大惊小怪？"尼尔森反驳道，"你太瘦了，朋友。"

尼尔森做好了心理准备，他以为加内特在球场上会被人推来推去，没有还手之力。在他看来，自己的球队只能靠提速取胜，所以他要求球员每一回合都要跑起来。球员按照他的要求做了，他们赢下了 16 场比赛中的 13 场。最大的功臣，就是两个高三球员，加内特和安托万·贾米森。在这里打比赛，加内特享受到了彻底的自由。在南卡罗莱纳时，每次扣篮后怒吼，加内特都会被费舍尔批评。费舍尔属于正统主义者，在他看来，情绪爆发就是卖弄和炫耀。"如果你觉得有用，那就喊得再大声点。"尼尔森提出建议。加内特看着这些天成为朋友的罗尼·菲尔兹，后者是尼尔森的明星后卫。"他是你的教练？"他问菲尔兹，"我们教练完全不同，他俩就像白天和黑夜。我不知道还有这样的教练。"

加内特在那年夏天成长迅速，甚至当他回到南卡罗莱纳准备开始高三学年时，马尔丁的教练组一开始竟然没能认出他。每年在莫尔特海滩举办的海滩篮球经典赛，是马尔丁高中上下最为期待的一项赛事。这项在圣诞节举办的赛事，汇集了全美最顶尖的高中球员。马尔丁高中希望能在 1994 年 1 月的这项比赛里获得好的名次。加内特渴望在全美打响知名度，就像球队初期遇到的对手拉马尔·格雷尔一样。格雷尔是新泽西中城高中的球员，他已经决定加入佛罗里达州大。即便放全美国，也没有几个能像他一样肆虐篮筐的球员。比赛开始没多久，格雷尔就示威般地在加内特头上完成了一个扣篮。"你是我的。"他说。加内特想到了"大熊"，想到了那块篮球场和自己承受的嘲讽。不同的是，现在的他年龄更大，技术更好，身体也更加强壮。用一个扣篮回敬格雷尔后，加内特也说起了垃圾话。"结果成了两个家伙的一对一表演,其他人都得躲开。"加内特的队友穆雷·郎恩表示,"那完美展现了他的潜力。"加内特和格雷尔你来我往,互不相让。只要格雷尔得分,加内特就会立刻做出回应。马尔丁最后以62比69输掉了比赛。加内特得到了35分,17投15中,还送出了7次盖帽。格雷尔也交出了37分和11个篮板的成绩。在锦标赛另一场打了五个加时的比赛里,加内特砍下了40分、26个篮板和8个盖帽,率队战胜洛杉矶的洛约拉中学。仅仅三场比赛,加内特就拿下了101分、56个篮板和21次盖帽。"我们以前也看过了不起的表现,可这给我的印象太深了,我真的有了'天啊,这家伙真的可以'的想法。"朗恩表示。

高三那年,加内特打出了27分和17个篮板的平均数据。但马尔丁中学却输掉了1994年3月的上州区冠军赛。赛季开始前,加内特差点转学到弗吉尼亚州的著名篮球中学橡树山学院。他已经把自己的成绩报告单和转学申请提交给了学校的教练史蒂夫·史密斯,但加内特的母亲打消了他的这个念头。不过加内特已经注意到了周围人的伪善,他们靠着他的努力和天赋谋取个人利益。这给他带来了不小的压力。马尔丁中学的球票场场售罄,可球员仍然穿着破旧的队服参加比赛。加内特夏天交到的朋友,从球鞋公司那里收到各种球鞋和衣服。"他觉得自己没有受到重视。"格拉汉姆说,"我能理解他的心情。我们的队服很难看,就像破布一样。"格拉汉姆表示,费舍尔严厉、凶狠的执教风格,也开始引起球员的不满。

输掉州冠军赛的两个月后,球队成员在学期的最后一天成群结队出现在校园。有人把接下来发生的事描述为斗殴,也有人把同一件事描述为没有恶意的打闹。那一学年初,有人在球队成员的更衣柜上涂鸦,写上了有种族歧视的话。那一天,球队成员围在被怀疑的学生周围,有些人说他们是玩闹,也有人说他们动手打了人,不同人有不同说法。那个学生报警称脚部受伤,还指认加内特也是参与者之一，尽管加内特只是旁观者。身高又一次让加内特无法像普通人一样生活。

加内特冲进威洛比的教室，后者立刻从加内特的话音中感受到了他的痛苦。她马上停止授课，带着加内特走到教室外的走廊。"我只是人在现场。"他对威洛比说，"我根本没动手，我只是围观。"一个学校工作人员和一名警察走进教室，寻找加内特。"如果你们要带走他，不要给他戴手铐，他不会跑。"威洛比请求道，"他没有跑的理由。"警察指控加内特、格拉汉姆和其他三人二级私刑，按照南卡罗莱纳州的法律，这一罪名指的是两人或多人对他人实施暴力，双方的种族情况并不重要。加内特被送进拘留所，交了一万美元保释金后，他被释放。"你看看那个孩子，他连一道伤疤甚至擦伤都没有，我们却被当成了银行抢劫犯。"格拉汉姆说，"凯文虽然在人群里，但他根本没动手。"格拉汉姆说，他开玩笑地打了指控者肩膀两拳。按照格拉汉姆的说法，那个学生唯一受到的伤，是他感到丢人现眼后沮丧地踢了更衣柜自己造成的。"我觉得那是一个不怎么激烈的遭遇，可那个孩子生气了，踢了更衣柜一脚，结果脚骨折了。"学校体育部门主管斯坦·霍普金斯回忆道。

在一个"初犯审前干预项目"的帮助下，涉事学生免于牢狱之灾。"（凯文）只想做一个普通孩子。"当时担任马尔丁中学校长的乔·布罗达斯表示，"不幸的是，有时他过于在意社会的接纳程度。但是在这件事情上，我觉得他已经做得足够好了。"可是隔阂已生。加内特原以为学校和社区都支持他，现在他相信，两者都不能成为他的后盾。即便他没做错任何事，但人们对他的态度也发生了变化。"我认为那是学校和社区犯下的最大错误。"学校的指导顾问米切尔表示，"事件的发展至今让我耿耿于怀，我觉得那样做是不对的。"

这个意外，加上外界越来越多的关注，促使加内特打电话给尼尔森，表达了想要加入法拉格特的意愿。"你不住在伊利诺伊。"尼尔森说，"你不住在芝加哥。这也太疯狂了。住在其他地方的时候你为什么要来法拉格特？"加内特坚称自己是认真的。他的母亲现在也同意搬家，她受够了外界对儿子的质疑，也无法忍受媒体对家人无时无刻的骚扰。他们搬到了芝加哥西区尼尔森家楼上的一套公寓。"凯文大部分时间跟我在一起。"尼尔森说，"他妈妈和妹妹总在一起。男人和男人在一起，女孩和女孩在一起。"偶尔也会有例外。雪莉·厄尔比在一个黑帮活跃区附近的政府机构上班，工作时间很长。为了挣点零用钱和别人打野球前，加内特经常需要赶回家，照看妹妹阿什莉。《格林维尔新闻》报道称，耐克公司出钱帮助加内特一家搬家，还帮他们在芝加哥找到了住处。尼尔森断然否定这些指控。"我根本没那水平。"尼尔森说，"能找来其他城市的球员？我连自己城市其他地区的球员都找不来，这种说法对我来说就是笑话。"尼尔森的球队已经是伊利诺伊州的顶尖球队了，加内特的到来进一步增强了他们的实力，让他们成为全州的领先者。因为要上全天最晚的数学课，尼尔森有时训练时会迟到。等他来到训练场时，加内特已经组织队友练得大汗淋漓了。"我完全可以放松地坐下来，欣赏他做的一切。"尼尔森说，"他真的能让其他人很努力地训练。老天，我怀念那些时光。"如果说加内特在弗兰克斯那里接受了垃圾话艺术的"本科教育"，那他的"研究生导师"，就是罗恩·艾斯克里奇。作为助理教练的艾斯克里奇从小在费城长大，他知道仅凭垃圾话就能打乱对手的节奏，他把这个理念传授给了加内特。"针对个人，但不带个人感情色彩。"艾斯克里奇这样评价垃圾话艺术。他表示，真正好胜的人面对垃圾话，只会更努力地打球，软弱的人只会萎靡不振。"紧张的人——这是他对其他走上球场的人的称呼，他们是凯文的最爱。"艾斯克里奇说。

　　NBA 球探听到了传言——可能是全美最有天赋的高中篮球运

动员的加内特，学业成绩可能达不到大学的入学标准。肖恩·坎普1989年宣布进入NBA的决定让很多球队管理层猝不及防，很多人害怕这次再出现意外。坎普没有为肯塔基大学打过一场比赛，有指控称他典当了从一名队友那里偷到的两条金项链。随着选秀日临近，NBA球探依然没能深入坎普——他们手里只有坎普面对水平不高的对手时画质糟糕的录像带。选秀前，坎普为几支球队进行了试训。在西雅图时，超音速队总经理鲍勃·维特赛特想出了一个独特的办法，以评估坎普的篮球水平。"你介意打场比赛吗？"维特赛特问正在西雅图大学试训的坎普，另一块场地上有一些当地最优秀的大学球员正在打比赛。"打比赛就行了，我们不会像其他人那样让你做各种固定训练，不会考察你的步法。我们只是让你打比赛。"坎普微笑着点点头，同意了这个要求。他打了一个多小时。"我看着他全场控球，能在25英尺外做出击地传球。"维特赛特说，"他是最好的球员，他能像雷吉·米勒一样投进三分球。"维特赛特告诉自己的教练团队："我发现了这样一个球员，他能不能兑现潜力是个很大的问号，如果能，他就是多米尼克·威尔金斯和查尔斯·巴克利的结合体。他有巴克利那样的身体素质，还有着多米尼克一样的爆发力和弹跳。"1989年NBA选秀，坎普直到第17顺位才被维特赛特和超音速选下。在那里，他成为了NBA明星。"我记得有些同僚巧妙地暗示别人，好像我有多蠢，而没有选下这个高中孩子的他们有多聪明一样。"维特赛特说。

时代已经变化了。大多数球队已经在1995年加内特高四时收集到了有关他的详细报告。李·罗斯经常带着妻子埃莉诺一起去外地考察球员。"如果你看不出来我在观察谁，说明我没发现好球员。"身为密尔沃基雄鹿队球员人事副总裁的罗斯这样对妻子说。他的妻子立刻指向了加内特。罗斯心想，"这说明球探工作有多么重要。"罗尼·菲尔兹和加内特成为令人恐惧的搭档，他们带领法拉格特打出了 28 胜 2 负的成绩，赢下了芝加哥的市冠军。

　　像加内特一样身高 7 尺的大多数球员喜欢在内线横冲直撞，加内特也有这种能力。他也可以像后卫一样在外线活动。"围绕凯文打一个三分战术。"尼尔森会这样指示球员。"其他教练看着我，好像在说，谁会让这个七尺大个儿投他妈的三分球？"尼尔森说，"妈的，我知道他能进才会让他投。"但是在 AA 级州四分之一决赛面对索顿高中的比赛中，加内特却在比赛还剩 3 秒时错失了本可以扳平比分的三分。法拉格特令人震惊地以 43 比 46 输掉了比赛。加内特 17 次出手只投进 6 球，另外还抢到了 16 个篮板，送出 6 次盖帽。"我们没能把球传给他。"沮丧的尼尔森赛后对记者这样说道，"有些人没按照我们的风格打球——他们不愿意给他传球。"

　　那几年里，加内特收到了数不清的大学招募信件。在南卡罗莱纳时，威洛比曾经专门在自己的教室里为加内特留出一个存放这些信件的抽屉。加内特有时会走进她的教室，翻开这些信件。密歇根、南卡和北卡是他最喜欢的三所学校，但他的 ACT 和 SAT 分数却达不到大学入学的标准。加内特考虑过先上初级大学（专科学校），通过这个方式进入大学。但他无法忽视时刻关注他的 NBA 球探。再一次参加考试前，加内特决定在这些球探面前完成一次试训。

*　　*　　*

　　加内特决定留用埃里克·弗莱彻做经纪人后，后者为他安排了这次在 NBA 各队管理层面前进行的试训。弗莱彻的工作，就是强调加内特的优势，掩饰他的弱点。弗莱彻注意到了在 NBA 管理人员面前紧张得颤抖的加内特，他不知道加内特会不会像之前只有他看到的私人试训时一样状态跌入谷底。埃里克是拉里·弗莱彻的儿子，而拉里曾经做过 NBA 球员工会的主席。拉里·弗莱彻协助组建了球员工会，他也在 60 年代中期担任过工会主席，球员的养老金及最低薪金也是在那段时间出现提高。摩西·马龙、达雷尔·道金斯和比尔·威洛比进入 NBA 时，拉里·弗莱彻恰好担任工会的法律顾问。下一代高中球员进入职业联盟时，拉里·弗莱彻的儿子起到了至关重要的作用。高中最后一年，各路经纪人不断接触加内特。加内特原计划在空闲时间按照自己的标准筛选经纪人。去芝加哥试训的几周前，他要求和埃里克·弗莱彻进行面谈。加内特在凌晨两点敲响了弗莱彻的酒店房门，比约定时间晚了将近七个小时。敲门声吵醒了弗莱彻，他本以为加内特没有遵守约定，放了自己的鸽子。加内特身后跟了五个朋友，这么做为的是显示自己的力量。迟到也是加内特有意为之。"我什么也不签。"他对弗莱彻说，"我什么也不会承诺。我什么也不欠你的。"

弗莱彻打了个哈欠。"我没意见。"他说。

弗莱彻做好了充分准备，他用各种问题"轰炸"了加内特快一个小时。"为什么你想这么做？你的想法是什么？"加内特没有透露太多信息。不过弗莱彻还是预测，加内特计划参加选秀。"我觉得他作为一个年轻人，了解经济情况。"弗莱彻说，"他知道如果上大学，学校可以卖他的球衣，可以卖门票，学校能收获到巨大利益，但他什么也没有。"结束面谈后，弗莱彻把名片递给了加内特。"如果你还想再谈的话，随时给我打电话。"弗莱彻说。大约三周后，加内特给他打去了电话。"你还会来芝加哥吗？"加内特问他。弗莱彻从没见过加内特打球，于是他在湖岸运动俱乐部为加内特安排了一次 NBA 试训。弗莱彻听说过加内特拥有出众的运动天赋的消息，但是把自己声名显赫的地位投资在这个尚未成名的孩子身上前，他需要亲眼看看加内特的实力。在试训中，加内特的投篮一次又一次地偏出。频繁打铁让加内特的情绪变得暴躁起来，他也越来越慌张。越是急躁，他就越投不进。反过来，越投不进，他就越恼火。

"他非常糟糕。"弗莱彻回忆道，"我说真话，真的非常糟糕。他的脚步也非常差劲，他连一个球也投不进。"试训结束后，加内特来到弗莱彻身边。"可是说真的，我能打球。"加内特坚称。旁边一块场地上，几个大学球员正好开始打比赛。"看我打球就行了。"加内特说。

"我们等了一会儿，他在下一场比赛里上了场。看了不到两分钟，你就明白了。"弗莱彻说。

现在的弗莱彻心里默默祈祷，希望加内特能在球队管理层面前展现出他的天赋。

菲利普·桑德斯和凯文·麦克海尔也在人群中，两人70年代时曾在明尼苏达大学做过队友。麦克海尔是矿工的儿子，他原以为大学毕业后自己会成为教练。但凯尔特人在1980年选秀大会上用三号签选下了他，和拉里·伯德搭档，整个职业生涯，他收获了颇多荣誉。与麦克海尔相对，桑德斯反而是大学毕业后立刻成为教练的那个人。他的第一份工作，是担任明尼苏达州金谷路德学院的教练，随后他又进入大陆篮球联赛（CBA）担任教练。90年代，麦克海尔和桑德斯再度联手，负责进入联盟不久的明尼苏达森林狼。作为NBA扩军后新加入的球队，森林狼前六个赛季的成绩始终在联盟最底层徘徊。新任篮球事务副总裁的麦克海尔和刚刚接手主教练职位的桑德斯，把选秀视作球队的新起点。1995届新秀中有四个被公认具备基石潜力的大学球员：北卡的杰里·斯塔克豪斯和拉希德·华莱士，马里兰的乔·史密斯和阿拉巴马的安东尼·麦克戴斯。森林狼只有第五顺位的选秀权。"是啊，我们会选这个高中孩子。"麦克海尔在试训时对其他人虚张声势地说道。他希望有球队在他之前赌加内特，好让他有机会选下最热门的大学球员之一。

约翰·哈蒙德在那之前试训过几百名球员，他总是能迅速了解球员的特性。他感觉加内特终于平静下来，可以开始训练了。他带着加内特走回到球馆对面。加内特先进行的是投篮练习。先前某些球队管理人员毫无兴趣的神态让他感到愤怒。试训开始后五分钟，桑德斯用手肘碰了碰麦克海尔。两个人对彼此的心思心知肚明，现在的他们希望加内特不会被前四的球队选中。尽管瘦，但加内特的身高足有6英尺11英寸，而移动时，他又像小前锋一样灵活。球馆里实在太热了，似乎整座城市的热气和潮湿都集中在了这里。加内特身上的衣服湿透了，连站在场边的各队管理层都开始出汗，但加内特还在继续。约翰·纳什心想："这孩子跑起来像风一样。"纳什的华盛顿子弹队拥有第四顺位选秀权。这次试训加内特其实迟到了，这给纳什留下了一些不好的印象。可是现在，他却被勾起了强烈的好奇。六月选秀时，绝大多数大学球员的身体早已走形，他们的赛季几个月前就结束了。试训结束时，加内特仍然和开始时一样激动。

"跳起来摸一下方框区。"一个球队管理人员提出这样的要求，他指的是篮筐上方篮板上的一个方块。另一个人要求加内特摸到方框的顶端。加内特的两手都摸到了，每跳一次，他都会爆发出一声怒吼。

试训结束后，哈蒙德拉着加内特走到场地中央的左侧。"凯文，你干吗不试试？"哈蒙德说，"发挥你的最大创意，最后用一个漂亮的扣篮结束吧。"加内特照做了，哈蒙德的脸上露出了微笑，其他人无不是一副震惊的表情。他们在场地另一边又扣了一个球。加内特做出了胯下和背后运球，一个变向后，伴随着怒吼完成了扣篮。离开前，麦克海尔特别向加内特做了自我介绍，还提供了一些投篮的小窍门。"保证肩部平衡。"麦克海尔说，"投篮时不要收手。"麦克海尔不过想表现得友善一些，他感谢加内特完成了这次试训。现在他认为，加内特是不可能落到第五顺位了。

加内特一直等到其他人离开，他躺在场地上，睡了几个小时。

他已经在这次试训中拼尽了全力，他预计自己会在前几顺位被球队选走。回到华盛顿后，约翰·纳什立刻找到球队的老板亚伯·博林和主教练吉姆·利纳姆。子弹迫切需要得分后卫或小前锋，纳什讨论了拉希德·华莱士和杰里·斯塔克豪斯，他也提到了加内特，说起了他在试训中的惊人表现。"约翰，如果不选高中球员我会很高兴的。"博林说。纳什尊重博林的意见，他也不确定自己是否愿意承认选择高中球员的风险。他打消了选择加内特的念头。

尽管每支 NBA 球队的管理层都在谈论加内特，但雪莉·厄尔比还是希望加内特上大学。对于一个出身于城市的孩子来说，上大学就像一个梦，不属于现实的选择。可是现在，只要成绩合格，各大学愿意出钱让她的孩子上学。看上去这是一个不容错过的好事。尼尔森提到了另一件不容错过的好事。"就算他去上大学，拿到学位，他也挣不到现在就能挣到的那么多钱。"尼尔森告诉厄尔比，"现在我不会建议他去上大学。说真的，只要他想，他能把大学买下来。"加内特在芝加哥西南部的"家庭旅馆"披萨店安排了一场新闻发布会。"呃，我宣布参加 NBA 选秀。"面对家人、媒体、教练和队友，加内特这样说道，"最近我收到了 ACT 分数，不够一级联盟的标准……"加内特表示，如果学业成绩达标，他愿意考虑其他选择。NCAA 的一个发言人告诉《芝加哥论坛报》的记者，如果宣布参加 NBA 选秀，加内特就会失去进入大学的资格。如果支付了第一年的学费且没有打篮球，加内特可以依据"学生运动员"第 48 号提案申请重新获得大学入学资格。NCAA 的这项规定开始于 1986 年，此举是为了提高大学入学资格，也是对外界"未受过完整教育的运动员很少从大学毕业"的批评的应对。想获得大学入学资格，大一新生至少需要平均 2.0 的绩点，且 SAT 总分需要超过 700 分。因为这项规定，黑人运动员不成比例地失去了大学入学资格。加内特似乎也成了这一规定的牺牲品，直到他选择跳过大学，直接进入职业联赛。

新闻发布会上的加内特显得有些心神不宁，球场上的自信这时已不见踪影。

"为什么不去初级大学呢？"一个记者问道。

"为什么去呢？"加内特回答。

加内特 18 岁了，他看上去也是个 18 岁的孩子。另一个记者问他是否愿意成为其他进入 NBA 的高中球员的榜样。"哦天啊，我不想承担这种责任。我能做的只是祝他们好运。"加内特回答。

有一个问题仍然没有答案：哪支球队愿意在一个高中生身上冒险？弗莱彻拒绝了 NBA 球队私下单独试训的要求——他害怕加内特的膝伤会吓退对他有兴趣的球队。不过他允许球队和加内特面谈。从南卡罗莱纳搬到伊利诺伊后，还是有人质疑加内特的成熟度。活塞主教练道格·科林斯是最早与加内特面谈的管理层之一。"好的方面说，他确实触及到了深层次问题。"弗莱彻说，"那天结束后，我的感觉是凯文会在很高的顺位被选走。"弗莱彻提出让加内特和伊赛亚·托马斯面谈，但托马斯拒绝了。作为底特律"坏孩子军团"的舵手，司职控卫的托马斯曾在印第安纳大学为鲍勃·奈特打过球。1994 年，托马斯成为新加入 NBA 的多伦多猛龙的股东和管理人员，他极其熟悉和了解加内特。托马斯最初在南卡罗莱纳的一个训练营里看过加内特打球，加内特在芝加哥打出名堂后，托马斯也密切观察着他的一举一动。从小和托马斯就是朋友、在法拉格特担任助理教练的安东尼·朗斯特利特一直给托马斯提供最新消息。托马斯认为加内特能让篮球得到进化，他是一个拥有外线后卫技术的内线球员。托马斯承诺，加内特绝不会跌出猛龙的第七顺位。

选秀前，麦克海尔给多年好友托马斯打去了电话。麦克海尔听到了加内特不够成熟的传言，他想听听托马斯的意见。

"不管听说什么，不要信。"托马斯对麦克海尔说，"如果你不选他，我绝对会选他。无论你在他身上看到什么，那都是真的。无论你听到了有关他的什么说法，那都是假的。"

"凯文，咱俩从高中就认识了。他是你的球队完美的选择，也是我的完美选择。我对任何人都不会说这样的话，出于对我们友谊的尊重，我才跟你说这些话。"

在竞争如此激烈的生意场里，诚实是非常难得的品质。托马斯的确毫不怀疑加内特的能力，更让他担心的是自己的球队对青少年的影响。猛龙的球员都是在扩军选秀中其他球队送出的，托马斯不希望联盟老油条对容易受影响的青少年产生不好的影响。如果选下加内特，托马斯会坚持让加内特在某些客场比赛时留在家里，还会让他在大学注册，帮助他在聚光灯下平稳地过渡到成年期。"加内特，高中刚毕业就来到加拿大这样一个陌生的国家，我不知道。"托马斯说，"我准备围绕他打造完全不同的球队，确保他取得成功，保证他生活得很舒服，因为他真的是个很年轻的球员。他所需要的指导、教育和别人是不一样的。我必须为加内特准备一套计划。"

与此同时，麦克海尔告诉森林狼老板格伦·泰勒，加内特有潜力成长为优秀球员，有可能成为明星。"我只是不知道他什么时候能打出来。"麦克海尔说。泰勒把决定权交给了麦克海尔和桑德斯。凯尔特人传奇主教练里德·奥尔巴赫曾经告诉麦克海尔，谁都有可能搞砸选秀。如果他没搞砸，他就会成为 NBA 历史的第一人。"嘿，如果我们选的人不行，我们只需要说自己什么都不懂，那是我们第一次选秀，这就行了。"麦克海尔开玩笑地对桑德斯说。两个人决定，只要轮到他们时加内特还没被选中，他们就会选下他。尚未对加内特产生兴趣时，他们曾戏称会选下他。现在，希望加内特能落到自己顺位的两个人开始对其他人说，他们想要一个能立刻做出贡献的大学球员。

多伦多是 1995 年选秀大会的主办地。作为最受瞩目的新秀之一，加内特接受 NBA 的邀请来到了大会现场。选秀开始前，尼尔森给他打了电话。"你通过了。"尼尔森说。"通过什么了？"加内特心想。加内特宣布参加选秀后，尼尔森根本没想过查看加内特最后一次 SAT 的分数。不过他心血来潮，打开了成绩单。加内特拿到了合格的分数，但为时已晚，他来不及再申请大学了。开启职业生涯近在眼前。大学球员按照预期被各支球队选走。金州勇士在第一顺位选走了乔·史密斯；安东尼奥·麦克戴斯在第二顺位被快船选走（随后他被交易到掘金）；费城 76 人选走了杰里·斯塔克豪斯；纳什则急切地选下了全能前锋拉希德·华莱士。麦克海尔通知森林狼的装备经理克雷顿·威尔森，球队即将选下加内特。加内特站起来，向大卫·斯特恩致意，从几个年龄更大、技术更成熟的大学球员身边走过，走上了讲台。走路时，加内特暗暗祈祷，感谢上帝。后来他告诉《体育画报》，和斯特恩握手前，他已经完成了祈祷。

威尔森随身携带的是后卫特里·波特的短裤，他觉得自己可以和这个孩子开开玩笑。威尔森要求加内特穿上森林狼的整套队服拍照，他拿起了波特的短裤。这条短裤对加内特来说就像紧身游泳裤一样。"坏消息是，我以为我们准备选后卫。"威尔森说，"好消息是，明年我们可以给你准备几条更长的短裤。"

"你保证？"加内特诧异地说道。如威尔森所料，他并没有觉得自己被冒犯了，他甚至喜欢这条短裤。大笑着的威尔森拿出了一件森林狼的队服。"这是我第一次拥有这样的队服。"加内特一边说，一边用手摸着队服上自己的名字，"快看，是绣上去的。"

加内特的眼里有了泪水。从南卡罗莱纳乡下让人无法喘息的关注，到黑帮云集的芝加哥城区，再到多伦多选秀大会被森林狼选中走上职业之路，过去几年时间，加内特的人生发生了巨大变化。唯一的共同点，就是篮球。

几年后，桑德斯从另一个角度分析了加内特第一次试训时的紧张。"他在颤抖并不意味着他在害怕。"桑德斯说，"他的肾上腺素不断地涌出。他总是喝两瓶佳得乐，一手一瓶。因为超过极限，所以他总是颤抖得那么厉害。那不是紧张，他只是太激动了。"

3

　　凯文·加内特没精打采地坐在板凳上，身上的冰袋和胶布让他看上去就像个木乃伊。他的全身上下都很疼，好像每一个部位都在尖叫一样。"老天，联盟可不是开玩笑。"他一遍又一遍地自言自语，"联盟不是开玩笑。"1995年深秋，加内特在圣克劳德州大开始了在森林狼的第一个训练营。从一开始，森林狼就采用了让人痛苦的一天两次训练。老将们时不时可以偷偷懒，但是新秀和需要争取上场时间的球员，每次训练都会拼尽全力。联盟的混乱差点导致加内特的首秀推迟。1995-96赛季，NBA差点陷入第一次停摆。联盟和球员工会终于在九月达成协议，结束了为期三个月的对峙状态。这份劳资协议填补了聪明的球队利用工资帽漏洞签约球员时的漏洞。协议也明确规定了新秀的合同金额，按照顺位不断递减。新秀一场NBA比赛未打就能签下巨额合同的时代——比如一年前格伦·罗宾逊和雄鹿签下了十年6820万美元的合同，彻底终结了。加内特签下了一份相对微薄的合同：三年560万美元。但是三年后，他就可以成为完全自由球员，对于包括加内特在内的很多球员来说，这意味着签下天价合同的机会。

　　但这是以后的事，很久以后。

加内特首先需要撑过训练营。威尔森决定再跟这个浑身疼痛的孩子开个玩笑。加内特刚刚参加完两场训练，他的身上挂满了冰袋。威尔森靠近他说："年轻人，今晚是你的心血管锻炼之夜。要么你再在跑步机上练一个小时，要么你走回酒店。"加内特露出难以置信的表情，他瞪着威尔森。"我连走都走不动了。"他回答，"天啊，这个联盟真的不是开玩笑。"

NBA上下都想知道，加内特能否适应联盟强硬的对抗、频繁的旅行和生活方式。森林狼的团队也很好奇。成为森林狼的球探主管前，杰里·希奇汀曾在波士顿和凯文·麦克海尔做过队友。在希奇汀读过的一篇文章里，加内特曾表示要成为篮球界的迪昂·桑德斯。众所周知，迪昂·桑德斯是一个狂妄又华而不实的人。加内特到来时，希奇汀已经做好了最坏的心理准备。"他来到这里时，可以说是最谦虚、最害羞的人。"希奇汀回忆道，"克雷顿·威尔森给了他一包森林狼的装备，他就像走进糖果店的孩子一样开心。他和他试图创造出来的那个人格根本就是两回事。"由于为耐克拍摄广告时投篮不慎导致脚踝扭伤，加内特错过了森林狼的第一次训练。几天后，他和几个自由球员、NBA"流浪汉"以及其他想在NBA寻求机会的人一起，上演了在森林狼的首秀。面对快节奏的比赛，加内特就像撞上了一堵墙。氧气似乎总是不够用，他的胸口不停地高低起伏。终于，他找到了节奏。可这时他又开始紧张了，他的投篮总是短上一截。在场上跑动时，他总是低声骂着自己。森林狼教练比尔·布莱尔看到了一个全能的天才，但他仍需要数年时间才能知道如何使用自己的天赋。"他有些强硬度。"布莱尔表示，"他很容易生气。他拥有那些优秀竞争者所具备的特质。"

当森林狼全队在圣克劳德州大集结时，加内特需要展现出这种特质。在球队短暂的历史上，森林狼的单赛季胜场数还没有一次超过29场。他们当然想忘记惨淡的历史，迎接美好的未来。球队里的老将很快就要加内特尝到了 NBA 里凶悍挡拆和强硬犯规的滋味。加内特那时的体重只有 215 磅，头几次训练后，他浑身上下的每一块肌肉都无比酸痛。埃里克·弗莱彻知道这个过渡会很艰难，相比其他客户，他需要给加内特提供更多支持。他敦促加内特，不管什么时候都可以打电话找他。第二场训练结束后，加内特就给他打了电话。弗莱彻在电话里听到了压抑的哭声。加内特在那天的训练中准备上篮，却被已经在联盟打了六年的老将萨姆·米切尔狠狠地掀翻在地上。

"凯文，你以为会发生什么？"弗莱彻问他，"你这是在抢他们的饭碗。现在这就是场生意，你得明白这一点。"

"我没想到会是这种状况。"加内特说。

"你猜怎么着？情况只会更糟。"弗莱彻信誓旦旦地说。

凯文·麦克海尔和球队的力量兼体能训练师索尔·布兰迪斯一起设计了一个举重练习，他们希望新秀赛季结束时，加内特能增加 25 磅体重。干瘦的球员肌肉量相对更少，这导致他们更容易受伤。但加内特讨厌举重，他认为自己能顺其自然地承受撞击和伤害。最初几天，麦克海尔一直密切关注加内特的动态。有一天在训练间隙，他走到加内特身边，后者正背靠看台休息。没有东西支撑的话，他肯定会瘫倒在地板上。"这太难了。"加内特对麦克海尔说，"你是怎么坚持那么久的？"麦克海尔希望在溺爱和培养加内特之间找到完美的平衡。"累是正常的。"麦克海尔说，"训练营确实很累。第一次永远是最艰苦的。"麦克海尔留下加内特，让他独自准备接下来的第二场训练。他本以为加内特不会有太出色的表现。"训练开始了，你绝对想不到他快累死了，因为他的活力给人的印象太深了。"麦克海尔说，"我还记得那时自己心想，他没问题的。"加内特的活力感染了其他队友。之前那次凶狠的犯规，米切尔只想考验加内特。他成了加内特的导师，两人的更衣柜也挨在一起。"我们都听说过凯文·加内特。"后来成为 NBA 教练的米切尔表说，"我们都读过有关他的报道。我们不知道的是，对于成为伟大球员这个目标，他有着那么强大的执念，那么投入，那么有动力。第一次训练，我们互相说，'以后我们肯定会回想这一天，意识到我们和一个真正伟大的球员一起打过球。'"

1995 年 11 月 3 日森林狼迎战国王的赛季揭幕战里，比尔·布莱尔在第一节中段叫到了加内特的名字。加内特跳了起来，慢慢走了过去。嚼着口香糖，右手腕上戴着一个橡胶腕带，加内特就这样踏上了阿科球馆的地板。20 年来，他是第一个高中毕业后直接踏入 NBA 赛场的球员。

不到两分钟，加内特就拿到了职业生涯的第一分。接到队友汤姆·古格利奥塔的传球，加内特第一次出手就命中了打板跳投。加内特从小崇拜国王的前锋沃尔特·威廉姆斯，现在防守他的正是威廉姆斯。威廉姆斯在那场比赛里拿到了 20 分，其中一部分是在加内特头上得到的。不过加内特总体上并未太落下风。在 16 分钟上场时间里，尽管森林狼输掉了比赛，但他四次出手全部命中。"像他这么年轻的人，你以为他会失控或者紧张，但他没有。"威廉姆斯赛后这样对记者说。

加内特只想打篮球，他的心态和当年那个在斯普林菲尔德公园里练习投篮的孩子没有区别。为高中球员重新打开进入 NBA 的大门，加内特无疑成为最完美的代表。他没兴趣参加派对聚会，不喜欢乱花钱——至少在认真训练结束前他不会考虑这些事情。"他似乎天生就该打篮球。"希奇汀说。加内特的更衣柜里全是支票，他告诉克雷顿·威尔森，自己不过想把这些东西存起来。"钱对他来说真的不怎么重要。"威尔森说，"如果打 NBA 只能挣到三万美元，他还是会打篮球。"和伊赛亚·托马斯一样，麦克海尔和桑德斯为加内特规划了一个过渡方案。他们计划让加内特住在寄宿家庭里，最好离明尼苏达大学不远，保证周围都是他的同龄人。"我觉得你能想象到凯文的反应。"弗莱彻。加内特搬到了明尼阿波利斯郊区明尼唐卡的一套有着三间卧室的豪华公寓，和他住在一起的，是他在马尔丁时就认识的好友杰米·彼得斯。"我们花了很多时间制定了这些应急方案，结果都是浪费时间。"麦克海尔说，"我们其实什么都不用做。"

一些轻松的瞬间，也能反映加内特这个孩子面对崭新生活的调整。

弗莱彻有一次给森林狼打去电话，他说因为持续的暴风雪，加内特没法参加训练。"暴风雪？"威尔森反问，"外面下的是小雪。"

"真的？"弗莱彻说，"可他的口气好像是暴风雪一样。"

有一场比赛准备上场时，加内特忘记把热身服换成正式比赛的队服。暂停时，他在板凳下找了好一阵。"凯文，那儿不会有的。"布莱尔说，"去更衣室看看。"加内特有时会忘记为客场比赛打包行李。球队会在主场比赛结束后立刻出发，加内特的朋友不得不急急忙忙地帮他收拾行李。"说真的，他们就用垃圾袋装上一包衣服，在机场和他见面。"威尔森说。由于总是和朋友打电话，加内特积累了不少长途电话账单。森林狼最终还是给他买了张电话卡。

克雷顿·威尔森从没见过这么迷信的人。加内特不怎么在意收入，但是每场比赛前，他都会在球鞋里放一张两美元的幸运钞票。新秀赛季一场比赛里，威尔森在中场休息时走进更衣室，他发现加内特非常生气。"谁动我的更衣柜了？"加内特问道，"跟那些王八蛋说，让他们离我更衣柜远点。有人偷走了我的两美元。"

"KG，看看你的更衣柜，那里面有成百甚至上千美元。没人会拿走两美元，留下剩下的钱。"威尔森说。更衣柜在旁边的萨姆·米切尔听到了两人的对话。"你是说这个？"他拿出一张皱巴巴的纸币，"老兄，这是我在走廊里找到的。我不知道那是你的。"加内特把钱重新放进了鞋里。"一切立刻恢复正常了。"威尔森说。

随着新秀赛季不断展开,加内特的上场时间也逐渐增加。"作为主教练你差点忘了,他会长得更高、更壮,他的身体还会继续发育。"布莱尔表示。由于森林狼战绩始终没有起色,球队在赛季中炒掉了布莱尔,任命桑德斯为主教练。每个人都在谈论加内特无限光明的未来,但他要学的东西还有很多。湖人队的塞德里克·塞巴罗斯在加内特头上扣篮后,落地时冲着他大吼:"没准备好。"尽管如此,湖人主教练德尔·哈里斯还是在赛后特意和加内特打了招呼。只要哈里斯认为哪个人有潜力成为伟大球员,他都会这么做。但他没有想到,下个赛季,另一个高中生就要进入他的球队接受他的指教了。

"第二天的训练,好像什么事也没发生过一样。"当时担任森林狼助理教练、后来成为奇才主教练的兰迪·惠特曼表示,"(加内特)没有垂头丧气。他没有像很多球员那样生气。别说是高中球员,很多30岁的球员都会生气。那是我第一次真正意识到'这孩子能成为特别人物'。新秀赛季结束时,他挺过了所有战斗。他明白了整个流程,接着就能起飞了。他当然有需要提高的地方。你只需要提出建议,剩下的他自己就能做了。他会努力训练。"

桑德斯成为主教练后,加内特进入首发阵容。新秀赛季结束时,他打出了10.4分和6.3个篮板的场均数据。相比前一赛季,森林狼的战绩只略微提升,但加内特却让球队和整座城市看到了更美好的未来。

至于塞巴罗斯?

"从那之后,我记得每次和他们交手,他的比赛强度都会提升到完全不一样的等级。"桑德斯说,"在球场上统治那些人是让他自豪的事,因为当他刚刚进入联盟时,他们曾经质疑过他。"

加内特的身体也变得更加强壮。他看上去更像 NBA 球员,除了偶尔有些古怪的行为外，他也表现得更像一个NBA球员。他想学习，也会认真倾听。即便加内特为其他高中毕业生直接进入NBA打开了大门，但他并不愿意为其他人承担责任。"我听说了有的高中的孩子考虑像我一样直接进入NBA。我会说，他们疯了。我会告诉他们，把金钱放在一边，把女孩和名气放在一边……我会跟他们说，NBA里没有任何事是轻松的。如果我能上大学，我会毫不犹豫地选择大学。"加内特对《今日美国》这样说道。

这个联盟，不是玩笑。

4

　　1996 年选秀前一天晚上，约翰·纳什和约翰·卡利帕里请布莱
恩特夫妇——乔和帕米拉吃了一顿饭。纳什和卡利帕里两个人掌控
着新泽西篮网队，这是一支被纽约尼克斯阴影笼罩、仿佛寄居客一
般的球队。由于接手篮网的时间太短，两个人连房子都还没租。带
领马萨诸塞大学打进 NCAA 全国锦标赛的"最终四强"后，卡利帕
里成为篮网主教练兼执行副总裁。他拥有否决签约、交易等球员人
事变动的权力，也是他聘请了经验丰富的纳什担任球队总经理。纳
什辞掉了在华盛顿子弹队的工作，由于球队多年没能打进季后赛，
他这也算是"被炒鱿鱼前提前下手"。和一个赛季前的森林狼一样，
他们也认为篮网复兴需要依靠选秀。没有哪一个职业运动能像篮球
一样，单靠选秀就能让一支球队复兴。优秀的新秀可以在很多年里
成为球队的支柱。篮球明星和 NFL 球队的四分卫不一样，他们不需
要强大的进攻组、不需要出色的外接手也能生存。他们不像棒球场
上的王牌投手，不需要外野手做后盾。篮球明星属于"自给自足"
的一类人。最优秀的篮球运动员攻防兼备，仅凭自己，他们就能改
变一支球队的命运。在新泽西希考克斯丽笙酒店的套房中迎接布莱
恩特夫妇时，纳什和卡利帕里相信，他们很快就能得到这样一名球

员了。

四个人围绕意大利菜聊起了天。纳什在夏季联赛里做过教练，当达雷尔·道金斯高中毕业后进入 NBA 时，身高 6 尺 9 英寸、司职前锋的乔·布莱恩特是费城 76 人的球员，纳什和他在赛场上做过对手。帕米拉的哥哥查比·考克斯也短暂地在 NBA 打过球。布莱恩特一家在费城篮球界的地位堪比皇室。吃晚饭时，卡利帕里和纳什告诉布莱恩特夫妇，他们准备选下两人 17 岁却异常成熟的儿子——科比。卡利帕里已经邀请科比参加了三次试训。一次出色的试训意味着新人在试训那天状态出色，可三次？那意味着新人有成为超级巨星的潜力。篮网拥有那一年的八号签，由于那一年有不少知名的大学球员参加选秀，科比落到第八顺位可以说是板上钉钉。谁会愿意放弃大学球员、选一个高中后卫呢？其他高中球员，不论是道金斯、摩西·马龙、比尔·威洛比还是凯文·加内特都是前场球员。科比只是一个瘦高的后卫，身高 6 英尺 6 英寸的他还没有父亲高。

曾是湖人传奇球员的杰里·韦斯特退役后成了球队的总经理，他想交易篮网的这个选秀权，他提出的报价是湖人的中锋弗拉德·迪瓦茨。"我爱迪瓦茨，1989 年还在 76 人工作时，我本来想选下他。"纳什对韦斯特说。NBA 里的任何一个管理人员都知道，为了在即将到来的自由球员市场上拿出足够的诚意争取沙奎尔·奥尼尔，韦斯特想尽可能多地清理球队的薪金。自由球员市场开启后，任何人都可以与合同到期的球员商讨新合同。卡利帕里和纳什拒绝了韦斯特。他们觉得自己的球队需要重建，而重建计划需要几年时间才能全部到位。迪瓦茨尽管很稳定，但他已经 28 岁了。卡利帕里和纳什觉得，等到球队走上正轨时，迪瓦茨将会走上职业生涯的下坡路。想要交易迪瓦茨，韦斯特只能另找下家。纳什和卡利帕里想留下选秀权，他们还想用那个选秀权选下科比·布莱恩特。

纳什回忆，听到消息后，布莱恩特夫妇笑了，对于科比能够在离家不远的地方开启职业生涯，他们表现得很热情。卡利帕里问乔·布莱恩特对科比的新秀赛季有什么期望。"我希望他新秀赛季成为首发，第二年入选全明星。"乔·布莱恩特回答。

双方就此道别，一段前景光明的合作摆在了双方面前。"乔从一开始就给科比设定了非常高的目标。"卡利帕里对纳什说。纳什虽然相信科比，但他不像乔·布莱恩特那样这么快就对科比有这么高的期望。"没错，不过那是一个父亲的说法。"纳什的态度比较理性。

那天晚上睡觉时纳什相信，篮网将会选下科比，球队将会迅速复兴，成为联盟强队。可第二天醒来后，他却经历了被他称为"职业生涯最大遗憾"的一天。

*　　*　　*

"我见到了一个比你更厉害的高中球员。"黛比·卢卡斯对自己的丈夫说。尽管黛比的语气很平淡，但她的这番话却激起了约翰·卢卡斯的强烈好奇心。短暂地和摩西·马龙在马里兰大学做过室友后，卢卡斯在 1976 年被休斯敦火箭选下，成为当年的状元秀。他曾沉迷于可卡因和酒精，不过最终改邪归正，还成功地指导过其他滥用毒品和酒精的人重回正轨。1994 年，卢卡斯成为火箭主教练。一次漫长的客场之旅结束后，回到家中的卢卡斯从妻子黛比那里听说了这个神秘的球员。"你说的是谁？"他问。黛比说，他们女儿所在的高中洛尔·梅丽昂中学有这么一个孩子。"我们得去看看这个叫科比·布莱恩特的家伙。"她说。

尽管只有 16 岁，可有关科比的传说，已经开始四处传播了。大部分人都是从别人口中听说过他的事情，他们都以为是过于夸张的描述，直到亲眼见证科比的神奇。约翰·卢卡斯就是其中一个。

他在宾夕法尼亚大学主场佩勒斯特拉球馆看了一场洛尔·梅丽昂的比赛，很快，他就注意到了科比出色的技术能力。比赛开始时，科比是球队的中锋。比赛结束时，他是球队的后卫。"她没说谎。"卢卡斯想到了妻子的这番话。这时，他在球馆里看到了一张熟悉的面孔——乔·布莱恩特。现役时期，两人曾在球场上做过对手。"甜豆，你在这里做什么？"卢卡斯叫出了乔·布莱恩特的绰号。

"我儿子有比赛。"布莱恩特回答。

"等等，我来这是为了看你儿子的比赛？"卢卡斯说。

"应该是吧。"布莱恩特说。

乔·布莱恩特曾经作为费城76人的一员参加过1977年NBA总决赛，那是他并不漫长的NBA生涯最精彩的一段时间。"乔是一个非常非常有天赋的球员，很像达雷尔（道金斯）。"在76人做过两人教练的吉恩·舒表示，"对于乔，我也一直觉得他本该有更好的职业生涯。"短暂效力圣迭戈和休斯敦的球队后，乔·布莱恩特前往海外继续自己的职业生涯。帕米拉、两个女儿和六岁的科比与他一起离开了美国。他们先是在意大利的列蒂安顿下来，接下来的八年，乔·布莱恩特分别在四支欧洲球队打过比赛。

和父亲一样，科比·布莱恩特展现出了对篮球的极大热情。帕米拉的父亲约翰·考克斯给科比寄去了很多NBA比赛的录像，科比贪婪地学习自己最喜欢的球员的每一个动作。他会去现场看父亲的比赛，中场休息"上演"完投篮表演后，他会被工作人员抱下球场。科比的卧室里贴着一张巨大的"魔术师"约翰逊的海报，他掌握了同年龄欧洲孩子想都不敢想的技术动作。可他的天赋并没有引起周围人的惊叹，这些人认为，他能把一项美国人的运动玩得很好，只不过因为他是美国人。那些人理所当然地认为，科比在美国孩子中不过是普通人。

这大概是科比人生中仅有的几次被认定为"水平一般"的时

候。乔·布莱恩特的职业生涯结束于 1992 年，一家人搬回了费城。

和后来的卢卡斯一样，格雷格·道纳也是先听说自己所在的地区有一个出色的初中生，随后才亲眼看到科比打球。看了一场科比的比赛后，他发现很难评估科比的真正实力，因为教练不停地换科比下场。不过他搞清楚了科比的父亲是谁，随后邀请 13 岁的科比前往自己的洛尔·梅丽昂高中校队参加试训。

早在一座以科比的名字命名的新球馆建成前，洛尔·梅丽昂球馆是一座地板踩上去会吱吱作响的老球馆，球馆两边有木质看台。用道格·杨的话说，漏风的球馆"通风效果好到没话说"。科比参加试训时，杨是那里的高二学生。"能给那里注入活力，真的需要付出很多。"杨补充道。

校队成员首先注意到的是乔·布莱恩特，他们总是在训练间隙时不时地瞟上一眼。费城的每一个孩子都知道"甜豆"，没有几个像他一样身材高大的人走进过洛尔·梅丽昂的球馆。洛尔·梅丽昂高中在全美范围内也没什么名气。"说实话，我们差不多有十年没见过真正能扣篮的人了。"道格·杨说。

所有人的目光接着转移到了科比身上。科比那会儿身高约 6 尺 2 寸，体重大概 140 磅。"他看上去跟台灯一样。"科比未来在洛尔·梅丽昂的队友罗伯·施瓦茨说。

全队跑了一个练习后，道纳开始了分组对抗。"这家伙是谁？"道格·杨有点好奇。他和队友以为很快就能让科比知道他们的厉害。

科比得分了。

其他人没必要说话，但很多人后来承认，他们下意识地认为："这家伙很厉害嘛。"

科比先是在罚球线附近游走，命中了一个跳投，展现了与年龄不符的成熟步法。"这孩子以后会成职业球员的。"道纳向一个助理教练做出了预言。他在防守上展现出了与进攻相当的热情。"我不能说那是自大。"道格·杨回忆，"但他散发出一种感觉，好像在说'你们这些家伙是谁'。他不是只想证明自己是个八年级学生。"

同时感到兴奋和沮丧是种什么感觉？道格·杨知道，洛尔·梅丽昂不会再是以前那个洛尔·梅丽昂了。未来几年，他们的球队会变得更好，能变得非常非常好。可高年级学生必须去适应科比，而不是科比适应他们。训练结束后，杨和队友马特·施耐德一起离开场地。"我猜道纳教练明年会让一个九年级进队了。"杨猜测。

那只是开始。"他把那个球馆变成了一个非常吵闹，气氛非常热烈、非常喧嚣的地方。"杨说，"人们来看比赛，就是为了看他。从他第一次走进体育馆，你就能感受到那种能量。"

有关科比好胜心的故事，最后都成了人们口口相传的传奇。有一次他去道格·杨家里打球，没打几分钟，他就用一个扣篮把篮筐扯了下来。"孩子们，我觉得你们该去体育场打了。"杨的妈妈温柔地提出建议。科比对篮球的喜爱堪称狂热。他经常给同样好斗的板凳球员罗伯·施瓦茨打电话，约他凌晨五点一起练习投篮。"说是去投篮，其实是我帮他捡一个小时的球。"施瓦茨说。有时候科比和施瓦茨会打半场一对一，每进一个球算一分，打满100分结束。科比经常能得到85分，有时甚至更多。施瓦茨身高5尺7寸，他发誓有一次在科比头上得了8分。"他在我身上按照比赛实际情况练习。"施瓦茨说，"我只是祈祷他偶尔投丢一个球，只有这样我才能重新拿到球。"

道纳经常让科比和施瓦茨一起搭档训练。菲尔·杰克逊对迈克尔·乔丹也采用了同样策略，他们希望更强大的球员能提高相对较弱球员的水平。不过这个策略差点因为施瓦茨的"流血事件"而宣告终结。有一次训练最后的对抗赛，科比和施瓦茨一队与对方打成平手。施瓦茨运球，科比大喊着让他传球。

"别人都以为我会传给他，所以我要用他做诱饵。"施瓦茨心想。他再也不会犯"用科比做诱饵"这种错误了。他假装要给科比传球，随后自己持球突破准备上篮，对手从后面推了一下，他的上篮偏出了篮筐。

施瓦茨听到科比在身后把球狠狠地砸到了地上，他能感觉到科比死死盯着自己。施瓦茨不想转身。

"为什么我没拿到球？"科比问道，"你以为你是谁？"

施瓦茨受够了，他转身面对科比，小声嘟囔了一句。施瓦茨记不清自己说了什么，可不管他说的是什么，科比被激怒了。科比满学校追着他，一直追到了更衣室。施瓦茨一路狂奔，直到确定身后没有科比为止。"那只是他疯狂心理的部分表现。"施瓦茨说，"他什么都要赢，不管是训练还是比赛。一切都是一个标准。我觉得那就是他的性格。他大概想明白了以后要做什么，他知道为了实现目标需要付出什么努力，他想的就是这些事情。"

杰雷米·崔特曼是洛尔·梅丽昂的助理教练，他也是体育新闻记者，负责帮科比筛选媒体的采访请求。崔特曼认识科比有一段时间了，但他从没见过那个样子的科比。"真是个混蛋。"训练结束开车回家的路上，崔特曼心想，"这也太刻薄了，罗伯·施瓦茨是个不会伤害任何人的孩子。"等红灯时，崔特曼突然想明白了。"这才是成就他伟大的原因。"崔特曼想。"因为输了训练赛，他那么生气。后来我才知道，那是他在洛尔·梅丽昂的四年里输掉的唯一一场训练赛。"崔特曼说。

高三那年，科比拿下了 31.1 分、10.4 个篮板和 5.2 次助攻的场均数据，赢得了宾夕法尼亚州年度最佳球员奖。不过科比没能在 1995 年拿到宾夕法尼亚州冠军。那年夏天，约翰·卢卡斯邀请科比前往圣约瑟夫大学，参加 76 人的公开对抗训练。卢卡斯想知道，面对年龄更大、能力更强的对手，科比能否继续打出好的表现。NBA 赛季进行期间，当公牛来到费城打客场比赛时，卢卡斯还安排科比和迈克尔·乔丹见了一面。见面时，科比称乔丹为"乔丹先生"。"如果以后要在 NBA 和他做对手，你可不能叫他乔丹先生。"卢卡斯告诉科比。科比对乔丹的恭敬态度在夏天的对抗赛里不见了踪影。那时还在华盛顿子弹队工作的约翰·纳什和卢卡斯练习，打听球员的情况。纳什那时很喜欢前北卡后卫杰里·斯塔克豪斯，后者即将在 76 人开始自己的新秀赛季。

"斯塔克在训练里表现怎么样？"纳什问。

"不错，但他只是训练馆里第二号的得分后卫。"卢卡斯说。

纳什仔细想了想。他认识所有参加训练的人，没有人的天赋强于斯塔克豪斯。放弃思考的他问："约翰，谁是最好的得分后卫？"

"科比。"卢卡斯回答，他的音调就像当初妻子说出科比的名字时一样平静而笃定，"每一天他都在统治球场。"

当时流传着一个消息，据说还是高中生的科比打爆了斯塔克豪斯。76 人的球探托尼·迪里奥说，为了避免斯塔克豪斯失去信心，卢卡斯不得不终止了两人的对抗。"谎言，彻头彻尾的谎言。"斯塔克豪斯这样说道，在效力 NBA 的漫长时间里，他打出了相当出色的成绩。斯塔克豪斯坚称，作为职业球员，他没必要和科比对比。斯塔克豪斯说，绝大多数时候，两个人甚至不会直接对位。相反，两人会一起练举重或者跑步。"这是伟大球员的魅力，我能理解。但我得保证自己不会成为牺牲品。"斯塔克豪斯说。不过 20 年后，斯塔克豪斯确实记得自己和科比的一次单挑，现场只有科比、斯塔克豪斯和他的一个朋友。"我知道我赢了，但一点也不轻松，非常难。"斯塔克豪斯回忆道，"突破后，他想在我头上扣篮。他根本没想上篮，他想的是在我头上扣篮，我盖掉了他的球。他脑子里想的不是'这个球我要上篮'，他就是带着给我留下心理创伤的念头来的。"

圣约瑟夫大学主教练菲尔·马特里给了科比一套训练馆的钥匙，要知道，连大部分圣约瑟夫大学的球员都得不到这种待遇。科比表现得很成熟，且行为得体，很多大学球员都不如他老练。科比经常和其他人在马特里办公室外的球场上打球。尽管不至于好奇到探头看比赛，但马特里很快就听到了各种有关科比表现的传言。"有些听起来就像都市传奇一样。"马特里说，"有人说周六时有 1000 人到圣约瑟夫大学看比赛，这些都不是真的。如果除十名球员外还有十个观众，那已经很不错了。"是否有人亲眼目睹了科比与斯塔克豪斯的单挑，这并不重要。"重要的是，他真的太强了，强到你会相信那些说法。"科比在洛尔·梅丽昂的队友杨表示。

约翰·纳什必须眼见为实。住在费城的他总会在同一天往返于当地两个最耀眼的潜力新人的比赛：洛尔·梅丽昂的科比，以及附近维拉诺瓦大学的后卫凯利·基特尔斯。纳什会确保提前抵达洛尔·梅丽昂——必须如此，否则连球馆也进不去。他决定自己买票，而不是要求学校运动主管部门赠票。凯文·加内特尚未成为超级巨星，不少人仍然反感 NBA 的人出现在高中球馆，纳什不想引起别人的抵制。当然，他也不想让其他人注意到自己考察球员的行动。"我以为科比·布莱恩特不过是炒作而已。"纳什说，"然后你亲眼看到了他，他远远超出了我的想象。"

在科比高四那年，道纳聘请了一个在大学打过球的人担任助理教练，专门在训练中防守科比。在训练赛中，道纳有时会指派科比和更多的防守型球员对抗——通常会让施瓦茨和另一个脾气火爆的球员里奥·斯塔西加入对方球队。有一次，科比和斯塔西同时去抢一个球。地板上出现血迹：两人相撞后，科比的鼻骨骨折了。站起来后，科比走到边线要球。接到球后，科比淡定地用左手这个非常用手投进了一个球，随后才进行医疗处理。"这怎么可能？"施瓦茨心想，"这家伙，不属于人类。"接下来的比赛，是面对切斯特高中的宾州半决赛，洛尔·梅丽昂的训练团队给科比配备了一个保护面具。热身时，这个面具给科比带来了极大的困扰，水蒸气总是阻挡他的视线。赛前最后一次开会时，科比扯掉了面具。"战斗时间到了。"科比说。带着骨折的鼻子，科比打完了接下来的两场比赛。在后来的日子里，当科比忍受疼痛的能力逐渐被外界了解时，道纳总会想起那次事故。如果不小心被其他人肘击，不仅科比会退出比赛，也会彻底打碎洛尔·梅丽昂争夺宾州总冠军的希望。所幸，他们在决赛中以 48 比 43 战胜了主教堂高中，拿下了州冠军。洛尔·梅丽昂中学以 27 连胜结束了那个赛季。

那个赛季，施瓦茨习惯了围绕科比出现的各种夸张炒作。不知道哪天就会有电视台摄制组跟着科比，辗转于不同课堂。每一所大学都想要他。杜克大学和乔·布莱恩特担任教练的拉萨尔大学是领跑者。还有人认为他会跳过大学直接进入职业联赛。尽管纳什不愿意，但其他 NBA 球探也经常出入于洛尔·梅丽昂中学。与前辈和后来者相比，科比的选择比较特别。除了个人意愿，他并不存在必须进入职业联赛的外部不可抗力。他家不缺钱；他的 SAT 分数达到 1080 分，足以轻松满足任何学校的学业要求。

1996 年 4 月 29 日，大约有 400 名学生、教练、队友、媒体和亲戚聚集在洛尔·梅丽昂中学体育馆。冬天过去了，体育馆里春意盎然。

"我，科比·布莱恩特，决定将我的天赋带到……"科比说话了。

他停顿了一下。他只是在假装紧张，这和前一年的加内特不一样，后者当场宣布决定时是真的紧张。科比摸了摸下巴，环视了一圈体育馆里笑出声的人们。"我决定跳过大学，将我的天赋带到 NBA。"他说。

批评声接踵而至。很多媒体成员指责乔和帕米拉，说他们想靠儿子赚钱。其他费城人认为科比太过自负，开个新闻发布会脑门上架着墨镜不说，还带着歌手兼演员布兰迪·诺伍德参加毕业舞会。

"他这是在开玩笑。"常年在 NBA 担任球探部门主管的马蒂·布雷克表示。

布雷克的工作是了解、预测每一个 NBA 新秀的天赋等级。"没错，他想出头，我还想做电影明星呢。他还没准备好。"外界的批评和抗拒情绪让崔特曼感到惊讶。"他们说他的父母不负责，说他远没做好准备。"崔特曼说，"我知道他会承受很多批评，可他真正承受的比我想的多很多。这让他的家人感到痛苦，也让科比想得到更多回报。科比执迷于证明别人的想法是错的，他要证明自己是不一样的。批评越多，他就越想尽快成为 NBA 的超级明星。"

早在加内特决定跳过大学前，科比就已经下定了决心。加内特的决定让科比感到失望，他本想成为重新为高中球员推开 NBA 大门的那个人。"科比是突破者，我不觉得有任何人能有他那样强大的自信，也许乔丹除外。"道纳说，"我不觉得科比真正听了凯文·加内特的意见。他的自信太强了，不管加内特做什么，他都会坚持自己的选择。"

5

　　本可以改变篮网命运的那一天，终于到了。1996 年 6 月 26 日接近中午时，约翰·纳什开车来到了大陆航空球馆。在繁忙的一天开始前，他先匆忙和约翰·卡利帕里及乔·陶布吃了顿午饭。篮网队的老板，是人称"希考克斯七人组"的几个商人。他们会轮流担任篮球事务联络官，直接与纳什和卡利帕里联系，提出想法或者下达指示。当纳什和卡利帕里表达出选择科比·布莱恩特的意向时，陶布正是七人组的代表。陶布的答复中有掩饰不住的失望。"我们可以选下这个高中孩子，培养他，等他第一份合同结束后发现他会以自由球员身份离开这里，加入其他球队。"陶布这样说。纳什告诉陶布，科比拥有足够的天赋，一进球队就能做出贡献。陶布要他们重新考虑选择约翰·华莱士，这个来自锡拉丘兹大学的大四前锋刚刚率领球队拿到了 NCAA 冠军。

　　纳什保证，他们会认真考虑华莱士在大学取得的成绩。下午两点，当纳什返回自己的办公室时，他们仍然打算选择科比。纳什在办公桌边坐下，给阿恩·塔勒姆打了一个电话。科比选择了塔勒姆这个很有势力的人做自己的经纪人。"我很抱歉。"塔勒姆说，"这事成不了。"

纳什想不出任何科比不愿意来篮网打球的理由。他刚和科比的父母吃过饭，两个人很是看好科比在新泽西打球的前景。"阿恩，过去24小时到底发生了什么？"不愿相信对方态度的纳什问道。

塔勒姆解释，科比和他的家人产生了争执。他倾向于不在新泽西打球，避免离家太近压力过大。"他开始跟我扯什么科比和他父母吵架的鬼话。"纳什回忆，"我根本不信。"

和塔勒姆打完电话，纳什去了卡利帕里的办公室。纳什不觉得塔勒姆的态度等于彻底没戏。他想把电话内容平静地告诉卡利帕里，同时确保科比还会是他们的选择。

卡利帕里这边也有新情况。科比已经给他打了电话，重申不愿意为篮网打球。科比还说，如果被篮网选下，他会去意大利打职业联赛。卡利帕里越来越担心了。违背老板们的心愿选择科比的风险本来就够大了，可选择一个不愿意为他打球的高中生？还没执教一场NBA比赛，他就会成为全联盟的笑柄。除此之外，媒体已经开始嘲笑他了。有些体育记者开玩笑，说不知道卡利帕里知不知道自己已经是NBA教练了，不需要再像大学教练那样招募高中生。

"听着，再给我几个小时，我会搞清楚怎么回事。"纳什说。

"经纪人，他们就靠八卦活了。"纳什心想，"有没有他们，管理层都能完成工作。"①纳什决定四处打电话，找出科比变卦的真相。与此同时，卡利帕里又接到了一个电话。大卫·法尔克——一个颇有影响力、将迈克尔·乔丹打造成巨星的经纪人——打来了电话。纳什说，法尔克听到了科比没兴趣前往篮网的风声。法尔克给了卡利帕里很大的压力，要他选择自己旗下的球员凯利·基特尔斯。法尔克咄咄逼人，态度非常强硬。

卡利帕里把自己与法尔克的通话内容告诉了纳什。在纳什看

---

① 原文这里是"An executive can't do his job with or without them."但是按照原文翻意思说不通。——译注

来，那是经纪人的典型做法。纳什感觉到卡利帕里选择科比的决心逐渐减弱。

下午四点左右，纳什回到了自己的办公室。他接到了塔勒姆一个密友的电话。纳什得知，湖人和杰里·韦斯特已经和夏洛特黄蜂队确定了一笔交易，要用 13 号选秀权选择科比。纳什给黄蜂的总经理鲍勃·巴斯打去了电话，询问对方是否同意和湖人交易。"我不会谈论这件事。"巴斯回答。在纳什看来，不愿谈论某种程度上相当于承认了这一事实。

*　　*　　*

1996 年夏天，拿到五个总冠军的"表演时刻"湖人已经成为遥远的记忆。休斯敦火箭刚刚在季后赛首轮击败湖人，长时间与冠军无缘让杰里·韦斯特备受煎熬。球员时代韦斯特绰号"关键先生"，这缘于他总能在关键时刻表现出色。韦斯特的剪影最终成为 NBA 的标志。在湖人效力期间，韦斯特 14 次入选全明星。每一年，湖人都会在总决赛遭遇比尔·拉塞尔领衔的波士顿凯尔特人，韦斯特输了六次。他的湖人还在 1970 年总决赛输给了纽约尼克斯。直到 1972 年战胜尼克斯后，韦斯特对总冠军的漫长等待才终告结束。胜利虽然不能缓解失败为韦斯特带去的痛苦与沮丧，但至少在下一场比赛前，胜利能让韦斯特的情绪略微麻木一些。接下来的胜利或失败会让韦斯特又一次重新判断自我价值。韦斯特拥有教科书般的跳投，防守凶狠；赛前热身，他会一直练到恶心。无法再用球场上的表现改变比赛胜负时，韦斯特转型做教练，过程毫无意外地充满坎坷。韦斯特只在湖人做了短短三年主教练，随后转去做球探工作。1982–83 赛季开始前，韦斯特成为湖人总经理。在这个职位上，他既能胜对手一筹，又不必应对亲自上场打球带来的无休止的精神折磨。

对韦斯特来说，选秀的重要性在 1996 年只能排在第二，自由球员市场对整个联盟拥有更大的影响。如阿隆佐·莫宁、朱万·霍华德、雷吉·米勒和阿兰·休斯顿这样的大牌球星都将成为自由球员，而韦斯特瞄准的目标，将会给 NBA 带来巨大震动。联盟从没见过沙奎尔·奥尼尔这样一个将庞大的身躯、速度、灵活结合得如此完美的球员。奥尼尔带领奥兰多魔术队打进过总决赛，可他并不留恋这支球队；更重要的是，他也没什么兴趣在奥兰多生活。韦斯特知道奥尼尔有意进军影视圈和音乐界，洛杉矶可以说是最完美的去处了。奥尼尔表示确实有进入娱乐圈的兴趣，但他想知道韦斯特和湖人能开出多大的合同。湖人需要想办法甩掉阵容中已有的球员，清理薪金空间。甩掉越多合同，他们就能给奥尼尔开出越大的合同。

弗拉德·迪瓦茨的合同还剩两年 830 万美元，他成了湖人为奥尼尔开出巨额合同的最大障碍。韦斯特给几支球队打去电话，提出交易迪瓦茨。市场对优秀中锋的冷淡反应——比如约翰·纳什的回复——让韦斯特颇为惊讶。"人们对此没兴趣，这让我感觉很神奇。"韦斯特回忆道，"人们觉得他肯定有什么问题。他没有任何问题。他是个很出色的球员，性格更好。尽管如此，我们想的只有奥尼尔。"

当韦斯特想尽办法试图寻找交易对象时，阿恩·塔勒姆在选秀日之前几周给他打了电话。科比已经和阿迪达斯以及威廉·莫里斯这家娱乐经纪公司签下了合同。尽管没有打过一场 NBA 比赛，但科比的年轻活力和个人魅力，让不少公司觉得他会拥有超越 NBA 的影响力。科比来到洛杉矶参加广告拍摄，他有意为湖人试训。湖人原本在第二天安排了丹特·琼斯的试训，刚刚带领密西西比州大打进 NCAA "最终四强"的琼斯是个经验丰富、球风硬朗的前锋。韦斯特听说过科比的名字，但他并没有在这个高中生身上投入什么精力。湖人拥有那一年的 24 号签，韦斯特预计科比的顺位会远高于24。允许科比参加试训，对他来说几乎是可有可无的选择。

天亮后没多久，琼斯带着大学室友一起来到了英格尔伍德的YMCA 中心。球场地板上满是球员做出跑动和急停动作的印迹。也许是因为承受了太多的暴力扣篮，一个篮筐已经向地面倾斜了。琼斯研究了所有可能在首轮被选中的新秀，如果在试训中碰到这些人，他就能知道对手的习惯打法。至于科比？尽管传说他很有天赋，可他毕竟只是个高中生，而琼斯则是大学最优秀球员中的佼佼者。"我想的是，我必须成为大学篮球的代表，让他明白，想进入下一个阶段，作为一个年轻人，你有必须要做的事。"琼斯说。他信心十足，毕竟，他刚刚在全国锦标赛里打出出色表现，还和 NBA球星"便士"哈达威一起在孟菲斯一起训练。

负责试训的是湖人助教拉里·德鲁。21 岁的琼斯以为湖人高层想看看科比在身体上能否扛得住更成熟的球员。"我觉得他们得到了想要的结果，因为他非常全面。"琼斯说。德鲁首先让两人打一次全场一对一，先得到 4 分的算赢。

科比赢了。

"你能看出来。"琼斯回忆道，"你能想象到他的未来。和他一对一，我算是大开眼界。我做了自己该做的，可他只是个 17 岁的孩子。这家伙决心要做他不能做的事，我想我就成了他上升路上的障碍。"

两个人又在半场进行了一对一，先得到 4 分者为胜。其中一组一对一，两个人只能用右手，而且在出手前最多运球三次。接着再换成只能用左手，出手前最多运球三次。琼斯偶尔能得上一分，或者赢下一局比赛。有一些训练比较适合他，能够发挥他相对于科比的身材优势。可这是一个已经颇有名气的大学球员，只能在一个高中生面前勉强保住颜面。科比的技术及步法已经超越了琼斯在大学见过的所有球员。不超过三次运球，科比总能找到他想要的出手机会。"你想不到一个 17 岁的孩子能做到他做的事情。"后来成为尼克斯首轮新秀的琼斯表示。这次试训只持续了 45 分钟，剩下绝望的琼斯躺在地板上。韦斯特目睹了一切。"你看到这个孩子拥有不可思议的技术。"韦斯特说，"我们都看到的一点是，他拥有极强的好胜心。他就是不想停止竞争，在（接近一小时的）试训里，这一点非常突出。"

科比的表现挑起了韦斯特的兴趣。他想再看一看，以便印证自己的想法。他找到湖人公关部门的约翰·布莱克及雷蒙德·里德，问他们想不想参加科比的试训。韦斯特的助理总经理米奇·库普切克和布莱克、里德一起，挤进了韦斯特的车。科比在湖人的第二次试训更有挑战性，他会在英格尔伍德高中面对迈克尔·库珀。40 岁的库珀尽管五年前从 NBA 退役，但他仍然保持着良好的身材，身手敏捷。库珀是"表演时刻"湖人的重要成员，也是一个拉里·伯德眼中最强的防守者。走进体育馆前，库珀并不是很在意这次试训。这次试训是韦斯特要求的，他想看看一个名叫科比的高中生面对库珀会打出什么样的表现。试训开始前几小时，库珀才知道科比是乔·布莱恩特的孩子。库珀曾经在比赛里和乔·布莱恩特做过对手。"我差点有种回到过去的感觉。"库珀说，"如果我那么做了，结果大概会不一样。"

库珀走进了昏暗到有些看不清的体育馆。不过没关系，科比的表现会点燃现场。

整个试训，两个人几乎都在一对一。库珀大部分时间在防守，他想用身体对抗压制科比，但科比总能随心所欲地得分。科比展现了全面的进攻能力，后仰跳投、突破后上篮或扣篮样样精通。

"他表现得就像一个刚刚从大学毕业的二十一二岁的人，我觉得这是给人印象最深的一点。"库珀表示，"他给我们所有人留下了深刻的印象，杰里有一种本能，能看到其他人看不到的东西。显然，他在科比身上看到了伟大。"

试训进行了 25 分钟，韦斯特转身对布莱克和里德说："好了，我看够了。我们走吧，他比现在球队中的任何一个人都要优秀。"三个人从座位上站了起来。"这是我看过的最好的试训。"韦斯特说。

离开球馆时，韦斯特从库珀身边走过。"我还以为你准备防守。"韦斯特开起了玩笑。

三个人返回了位于英格尔伍德的论坛球馆。"我们必须尽全力得到这个家伙。"开车回去的路上，韦斯特自言自语道。

＊　　　＊　　　＊

杰里·韦斯特想要科比，这让约翰·纳什更有信心了，他相信不选科比会是巨大的错误。纳什只需要说服卡利帕里。"主导权在我们手里。"纳什对卡利帕里说，"我们拿着王牌。他没法去大学打球了，因为他已经聘请了经纪人。他不会去欧洲，我们能给的钱是欧洲人比不了的。"

纳什跟卡利帕里说了湖人与黄蜂交易的事——韦斯特也曾向他们提出过相同的提案。

"约翰，听着，你的合同是五年。"纳什说，"他们不会第一年就炒掉你的。你可以犯错，但你肯定不想错过一个超级明星。"

纳什看到卡利帕里考虑不同选择。"如果我们向下交易到第十顺位，选不同的人呢？"他问。印第安纳步行者拥有那年的十号签，他们有意向上交易选秀权。纳什觉得，如果在第十顺位选科比，卡利帕里大概会觉得更合适。纳什给步行者总裁唐尼·沃尔什打去了电话，但双方没能达成交易。

晚上大约六点时，纳什和卡利帕里与所有老板一起吃了晚饭。

卡利帕里对老板们说："如果我们在第八顺位还能选到凯利·基特尔斯，我们就会选他。如果第八顺位选不到基特尔斯，我们就会选科比·布莱恩特。"两名老板立刻起身离开房间，卡利帕里他们还在考虑科比，这让他们非常不满。纳什打了一天电话，前七顺位的球队大概会选谁，他心里基本有数，基特尔斯和科比都能落到他们的位置。"听到那话时，我要崩溃了。"纳什说，"我觉得大卫·法尔克真的吓到卡利帕里了，我真这么认为。如果不是大卫·法尔克那么坚持要我们选基特尔斯，我觉得篮网最终会选下科比，约翰大概还会是球队主教练。谁知道呢，也许我也能留下来。"

＊ ＊ ＊

外界一致认为，1996 年是 NBA 历史上最有深度的选秀大年之一。这一年的选秀结果，决定了未来多年联盟的局势。1996 届新秀中走出了三个常规赛 MVP（科比、阿伦·艾弗森和史蒂夫·纳什），另外还有七名球员入选过全明星。但后来成长为 1996 届最强球员的科比，阴差阳错地滑落到第 13 顺位，他本人的策略与手段，以及其他球队的失误，两者缺一不可。

1996 年 6 月 26 日，联盟总裁大卫·斯特恩走上舞台，宣布选秀开始。拥有第一顺位的是费城 76 人。打出了队史最差的 18 胜 64 负成绩后，约翰·卢卡斯丢掉了主教练这份工作。由于科比生活在费城，所以 76 人内部并没有放弃对科比的评估。在乔·布莱恩特的要求下，76 人球探托尼·迪里奥甚至特训科比，帮他准备选秀试训。迪里奥认识科比已经好几年了，他还介绍过九年级的科比与迈克尔·乔丹见面。"科比，他的说话方式、他的动作，他想模仿乔丹的动作和说话方式。"迪里奥回忆，"你能看出来他敬仰乔丹，他想模仿乔丹。"科比训练时的坚持和执着给迪里奥留下了很深的印象。有一次训练，迪里奥要求科比投进 300 个球，连续投丢最多不能超过三个。最开始科比表现得并不好，这让他自己很生气。没过几天，他就完全掌握了这个训练。迪里奥向 76 人管理层提议，用状元签选择科比。"有一个特别的球员，他就在我们后院。"迪里奥说。76 人总经理布拉德·格林伯格想要阿伦·艾弗森，来自乔治城大学的他尽管身材矮小，却极有拼搏精神。迪里奥接着建议，用杰里·斯塔克豪斯换一个乐透签，用这个选秀权选科比。"由于球队曾经用高顺位选秀权交易过老将，在我看来，我们需要留下最近一个高顺位新秀，也就是斯塔克豪斯，看看他未来会有怎样的发展。"格林伯格在邮件里写道，"这是我们在选秀日考虑的因素。想为了选科比而向下交易首轮签，球队只能拿杰里做文章。现在再去看，这本可以是一笔出色的操作，我们能同时得到阿伦和科比。可在那时，我们关注的并不是这个问题。"

艾弗森让 76 人走上了复兴。可艾弗森和科比组成的后场，却只能存在于球迷的想象中了。在那之后不久，因为和艾弗森搭档效果不好，76 人还是交易走了斯塔克豪斯。

多伦多猛龙及伊赛亚·托马斯拥有榜眼签。托马斯也表示，选秀前的一通电话打消了他选择高中生的念头。"我们考察过科比，准备在第二顺位选他。但我接到了科比父亲乔·布莱恩特的电话，也接到了杰里·韦斯特的电话。"托马斯说。韦斯特说明了湖人与黄蜂的交易，而乔·布莱恩特明确表示，他不希望儿子在加拿大打球。"去湖人对科比来说是很好的事，他们有很多代言取决于此。所以我告诉杰里，也跟（湖人球探）罗尼·莱斯特说，我们不会选科比，我们会选马库斯·坎比。"

温哥华灰熊手握第三顺位选秀权，他们选下了来自加州大学的前锋沙里夫·阿卜杜尔-拉希姆。灰熊球员人事主管拉里·莱利回忆，球队想要的是前场球员。"我们相信那就是球队的方向。"莱利说，

"科比是后卫，我们觉得自己能得到后卫。回头再看，拥有更好职业生涯的显然是科比。我们是不是做出了一个不是最好的决定？大概是吧。不过我们还是做了一个不错的决定。"

迈克·邓利维的密尔沃基雄鹿拥有四号签。选秀前，他一直忙着打电话。球员时代，邓利维曾经在费城和乔·布莱恩特、达雷尔·道金斯做过队友。退役后邓利维做了教练，后来成了雄鹿的主教练兼篮球事务副总裁。邓利维手下有一个在费城工作的球探，后者对科比评价很高。邓利维原本想选来自康涅狄格大学的神投手、后卫雷·阿伦，但他突然想到了一个"金字塔骗局"。邓利维用雄鹿的四号签选下了斯蒂芬·马布里，但又将他交易到了森林狼，换回了森林狼用五号签选下的雷·阿伦。在这笔交易中，雄鹿还得到了一个未来的首轮选秀权。凯文·加内特和斯蒂芬·马布里相识于夏天的训练营，他们想一起打球。凯文·麦克海尔决定不赌运气，拒绝连续两年选择高中生球员。"我们有了一个非常出色的高中生了。"麦克海尔说，"我们想耗尽运气，一下选俩，还是选一个稍微成熟一点的球员？我记得科比，我很喜欢他。我心想，'天啊，我们刚刚经历过这一切。'也许我们应该再试试运气。但我们没有，最后选了马布里。"和森林狼的交易只是邓利维算盘的开始。他想用雷·阿伦交换凯尔特人的六号签和另一个未来的选秀权。至于六号签，他已经和篮网及卡利帕里谈好了，用六号签换篮网的八号签和未来选秀权。邓利维说，他准备用八号签选下科比，再交易掉多余的三个选秀权。他甚至对乔·布莱恩特说，科比可以和他以及他的儿子小迈克·邓利维住在一起，后者后来也成为 NBA 球员。但雄鹿的老板赫伯·科尔否决了这套方案。

"我不明白。"按照邓利维的回忆，科尔表露出这样的态度，"整整一年我听到的都是雷·阿伦有多出色。到了现在，你想向下交易，换这么多选秀权，然后选这个高中孩子？如果快船用七号签选他怎么办？"邓利维说，如果那样他就会选基特尔斯。但是当湖人成为科比可能的落脚点后，阿恩·塔勒姆拒绝了邓利维（以及其他所有人）试训科比的请求。"既然不能试训，你就不能选他。"科尔说。

波士顿凯尔特人拥有五号签，他们在选秀前也确实试训了科比。"他在试训中非常出色。"凯尔特人的首席球探里克·威茨曼表示，"但在那时，普遍的想法是高中生直接进入NBA，一切对他们来说都太新了。所有人都认为他们需要用上几年才能适应NBA，成为有贡献力的球员。"凯尔特人最终选下了肯塔基大学的前锋安东尼·沃克。

拥有七号签的快船也面临着同样的困境。他们试训过科比，其中一次训练给比尔·芬奇留下了极为深刻的印象。在那次训练中，科比每分钟来回跑动的同时需要尽量命中更多的投篮。"没碰到地板他就做到了。"在快船担任主教练的芬奇说，"那是最出色的试训。他只是太年轻了，那时这支球队也不适合他。"快船选择了来自孟菲斯大学的洛伦岑·莱特。这个选择出乎莱特的意料，经纪人手忙脚乱地把他从卫生间拉了出来，才让他在斯特恩宣布时及时上台。

那时需要上厕所的，不止莱特一人。当快船在第七顺位选择莱特的结果公布后，纳什感觉一阵恶心。凯利·基特尔斯没有被人选走。篮网选秀进入倒计时，身为阿迪达斯高管以及布莱恩特家庭好友的索尼·瓦卡罗在心里祈祷，希望篮网不要选走科比。就像之前对老板承诺的那样，卡利帕里用八号签选下了基特尔斯。"这个选秀不在于立刻获得满足感。"卡利帕里告诉记者，"这是我们能够做出的最好选择。"篮网的全明星中锋杰森·威廉姆斯告诉《记录报》，他原本以为球队会选科比。"因为我们让他来过1800万次了。"他说，"我还以为我们得在更衣室电视上看尼克儿童频道的节目。"

时间同样证明了接下来四支球队选择的错误。小牛选了萨马基·沃克，步行者选的是埃里克·丹皮尔。"如果你说那时候我没有考虑高中生，那你说的没错。"步行者总裁唐尼·沃尔什表示，"我觉得他们进入联盟后没个两三年是成长不起来的。而事实证明，我在这里犯了错。"金州勇士选了托德·富勒。"我们的情况是，球队已经有了（后卫）拉特里尔·斯普雷维尔，他很适合（主教练）里克·阿德尔曼，阿德尔曼也适合斯普雷维尔。"勇士当时的总经理戴夫·托瓦兹克表示。第二年，阿德尔曼就离开了勇士，而让斯普雷维尔"臭名昭著"的，则是他在一次训练中用手掐住了接替阿德尔曼的PJ·卡莱西莫的脖子这个事件。骑士用12号签选下了维塔利·波塔彭科，由于背伤无法痊愈，骑士中锋布拉德·多尔蒂刚刚宣布退役。"我肯定想选大个球员。"骑士总经理韦恩·恩布里说，"事后证明，扎伊德鲁纳斯·伊尔戈斯卡斯没被选走，我们也选下了他。我本可以选择科比和伊尔戈斯卡斯。"讽刺的是，波塔彭科只在克利夫兰打了几个赛季，而那一年在第20顺位被选中的伊尔戈斯卡斯则在未来很多年里成为骑士的前场中坚。

"我一直觉得下面这个问题可以成为好的脑筋急转弯，'在这个名人堂球员前被选中的12个人是谁？'"道纳说。

就这样，在波折、巧合和纯粹运气的结合下，轮到拥有13顺位的黄蜂选择时，科比仍然没有被球队选走。大卫·斯特恩走上讲台。"夏洛特黄蜂在1996年选秀中在第13顺位选下了来自宾夕法尼亚州洛尔·梅丽昂高中的科比·布莱恩特。"他说。

科比站起身来，拥抱了帕米拉。乔·布莱恩特侧身对道纳说："还没结束，会有事发生。"

他把湖人与黄蜂的交易说给了道纳。"（篮网）本可以选他。"韦斯特说，"他本来会去那里打球，他别无选择。说实话，他没有去那里，我很震惊。"弗拉德·迪瓦茨威胁要从NBA退役，这导致湖人与黄蜂的交易陷入僵局。迪瓦茨早已融入了洛杉矶，他也深受当地球迷的喜欢，他不想离开这座城市。"弗拉德·迪瓦茨是最出色的人之一——他是我见过的最友善、最谦虚的人。"韦斯特说，"他痛苦极了，那段时间很难熬。"韦斯特试图安抚鲍勃·巴斯，表示迪瓦茨最终会认同这笔交易。"他们想让我们赌博，完成交易。我们不会那么做。"巴斯说。

这个僵局持续了接近两周。不仅科比，湖人能否签下沙奎尔·奥尼尔也取决于迪瓦茨是否同意交易。顾全大局的迪瓦茨最终还是同意了交易。"因为热爱篮球，我才打篮球。"迪瓦茨说，"我不是因为钱才打球。钱总会有的。只要足够优秀，你就能挣到钱。可对我来说，只是因为有合同就必须去某个地方打球，这没意思……但后来我意识到，我会搞砸科比和沙克的交易，搞砸（湖人老板）杰里·巴斯博士的事。到了夏洛特几天后我说，'我愿意试试。'"

黄蜂总经理鲍勃·巴斯赢得了 1996 年联盟最佳总经理，很大一部分原因就是这个交易。这笔交易让黄蜂拥有了一个成熟、出色的中锋，球队战绩从 41 胜提高到 54 胜，并且间接推动沙奎尔·奥尼尔离开东部（奥尼尔接受了湖人开出的七年 1.21 亿美元的合同）。"不要忘了，当我们选下他时，有十二支球队放弃了他。"谈到交易科比时鲍勃·巴斯表示，"现在再想想，十二支球队放弃选他，而他拒绝为我们试训。如果我们能试训他一次，也许会有不同的结果，也许什么也不会变。可为什么其他球队明知道他那么好却不选他呢？"

丹尼·安吉的菲尼克斯太阳拥有 1996 年选秀的 15 号签。太阳试训了科比，按照安吉的预测，科比会成为非常出色的 NBA 球员。安吉曾经在凯尔特人和麦克海尔做过队友，那一天他一直试图得到一个更好的选秀权。"我们尽力了。"他说，"我们以为自己很有机会在第十五顺位选下科比。"太阳最终选择了史蒂夫·纳什,这是一个在南非出生、在加拿大长大、没什么名气的控卫。在后来的职业生涯中,纳什拿到了两个常规赛MVP。

两个顺位之后的波特兰开拓者选择了杰梅因·奥尼尔。来自南卡罗莱纳州的奥尼尔同样在高中毕业后直接参加了NBA选秀,他是入选过全明星的1996届新秀中顺位最低的球员。为开拓者选下小奥尼尔的,正是在西雅图为超音速选下肖恩·坎普的鲍勃·维特赛特。"我们球队致力于培养杰梅因,不管是场上还是场下。"维特赛特说,"有时候,如果过早地把这些年轻人推入火坑,他们的精神和情绪会受到严重打击。篮球可以说是最简单的部分。"在约翰·巴斯看来,杰梅因·奥尼尔的水平远未达到NBA级别。"他写我的文章非常恶毒。"小奥尼尔说,"我这辈子在那之前从没见过那个人。他从没去看过我的任何一场比赛,可他搞得好像认识我一样。我跟我妈说了这事,她很生气,也很激动。我说,'妈,别担心,我会搞定的。'"

随着确定选秀结果的时刻越来越近,约翰·纳什站到了通向舞台的通道。NBA篮球事务执行副总裁罗德·索恩走到他面前。索恩在担任芝加哥公牛队总经理时选下了迈克尔·乔丹,他和杰里·韦斯特关系密切,知道韦斯特对科比的偏爱。"没勇气选那个高中孩子吧?"索恩用他的西弗吉尼亚口音调侃道。

"不,我有勇气。"纳什回答,"可我们球队没勇气。"

＊　　＊　　＊

这么多年后,鲍勃·巴斯受够了被人贴上"选下又放弃了科比·布莱恩特的总经理"这个标签。他的说法其实也没有错。那么多球队,包括被科比试训惊艳到的一些球队,最后选下的却是波塔彭科或者萨马基·沃克这样的球员。

纳什至今对篮网的选择感到惋惜。他接受其他人的逻辑。加内特在新秀赛季很出色，可没有一个人真正想到他能在未来成为超级明星。球队高管不愿意选高中生，也不愿意拿自己的工作为不确定性冒险。有些人仅仅因为原则问题而拒绝试训科比。"高中生一进入联盟立刻能做出贡献，这还不是明确的事实。"纳什说，"当加内特和科比开始取得成功，人们开始越来越能接受这种现象。每过去一年，只要你觉得一个球员拥有足够天赋，选择他的风险会越来越小。"

1996 年，克里斯·华莱士是迈阿密热火管理层的一员，他预测到了高中球员未来的突破及成功。"所有运动都一样，你要跟随趋势。"华莱士说，"美式足球出现了叉骨阵型，NBA 现在讲究拉开空间、投三分；50 年前，除了想赢奖牌的举重运动员，没人会去练举重。总会有一些成功，有能让观看比赛的大多数人感到兴奋的理由，这样所有人才会追随这种潮流。"

在竞争环境下，在错过一个新秀就有可能导致管理人员丢掉工作的大环境下，预测年轻才俊的未来仍然是一件极有难度的事。"当你的工作悬于一线，每年只有一个首轮签时，敢说出'在我们球队急需帮助时我要选一个高中生'这种话，需要极大的勇气。"维特赛特表示。球队高管不想把自己的未来押注在高中生球员身上。凯尔特人球探里克·威茨曼还记得看科比高中比赛时的情形，他很难去评估科比的技术能力。"这是片未知领域。"威茨曼说，"当我第一次看到科比在高中的比赛时，他的对手是一支郊区球队，所有人身高都是六英尺。科比可以说想怎么打就怎么打。"

6

NBA 选秀大会上的"小绿屋",是顶尖新秀焦急地等待瞬间成为百万富翁的一片区域。他们身边通常陪伴着塑造了他们、帮助他们开辟 NBA 之路的一群人:比如家庭成员、教练和终生好友。1996年选秀大会上,凯利·基特尔斯身边的这群人庆祝他被篮网选中时,曾短暂地停下过喝彩。他们注意到科比那张桌子上的人也在为篮网的选择鼓掌,特别是一个棕色眼睛的矮胖男子,鼓掌声音尤其大。"想想这个逻辑。"引起众人瞩目的索尼·瓦卡罗说,"我们为什么要位凯利在第八顺位被选中而高兴? 私下里我们完全不认识。我们知道是怎么回事。"瓦卡罗与科比的过去无关;他与科比的联系,在于后者在商业上未来的发展,瓦卡罗将在这个方面发挥巨大作用。

在篮球等级圈里,人们对瓦卡罗的评价呈现两极化。一方面,他能为优秀的年轻球员提供平台,帮助他们迅速提高水平,积累大量人气和财富。另一方面,他也要为业余球员发展停滞负责,他用大公司的钱向高中和大学行贿。瓦卡罗曾有一句名言,"听着,我是按规矩办事。我想说的是,看在上帝的份上,修改规则吧。"

科比与瓦卡罗和阿迪达斯的联手,让耐克耿耿于怀。选秀结束几个月后，耐克首席执行官菲尔·奈特召集公司的高中篮球销售代表在俄勒冈州比弗顿的总部开了一次会。其中包括很多全美各大城市最有影响力的高中教练，他们拥有发现天才的慧眼，需要在下一个乔丹成长为乔丹前发掘这样的人才。耐克每年都会拿出数百万美元举办夏季巡回赛和训练营。奈特提出疑问，为什么公司会在和阿迪达斯的争夺中错失科比和杰梅因·奥尼尔，拱手把他们让给了由朋友变成敌人的瓦卡罗？

过去很多年，耐克没有遇到太多的竞争，他们已经成为运动球鞋行业的统治力量。依靠创新营销策略，耐克抢走了匡威的霸主地位。奈特最初将自己的公司命名为"蓝丝带体育"，他把产品装在汽车后备箱里四处销售。进入80年代，尽管业务开始成长，但耐克仍然属于职业篮球的边缘品牌。耐克选择了"量大于质"的策略，他们每年向一些球员支付8000美元，请球员穿自己的球鞋。耐克的崛起开始于1984年，他们决定将大部分营销资源集中在一名球员身上。在当时担任耐克招募人的瓦卡罗的敦促下，耐克把迈克尔·乔丹确定为那个代表球员。瓦卡罗不仅能在正确的时间出现在正确的地点，他也知道怎么对合适的人说合适的话。

瓦卡罗进入球鞋和篮球界完全是意外和巧合。在匹兹堡城外一个名叫特拉福德的钢铁小镇长大的他，梦想着成为职业运动员。背部受伤后，他重新规划了人生，在扬斯顿州立大学获得心理学学位后，他成了一名代班老师。为了贴补家用，瓦卡罗做过各种各样的工作。他做过音乐推广人，也会在一年中抽出一段时间前往拉斯维加斯做职业赌徒。瓦卡罗不想完全切断和体育的联系，1965年，25岁的他主办了一个高中篮球慈善赛，还说服了一家当地报纸成为比赛的赞助商。这个名叫"时髦丹（Dapper Dan）"的比赛，不仅把该地区最优秀的大学球员集中在一起比赛，还能让大学负责招募球员的人得以集中在一个地方考察潜力球员。乔·布莱恩特在1972年拿到了这个比赛的 MVP，这也是他与瓦卡罗互助互利关系的开端。有一年，运动鞋品牌 PRO-Keds 的代表参加了这个比赛。他免费送鞋给参加比赛的球员，球员也非常骄傲地穿上了他送的球鞋。一直到 1977 年要求与蓝丝带体育的市场总监罗伯·斯特拉瑟见面时，瓦卡罗也一直忘不掉那个画面。在特拉福德一个本地鞋匠的帮助下，瓦卡罗设计了一款橡胶凉鞋，他想把这款凉鞋推销给蓝丝带体育。斯特拉瑟善于发掘有个性、拥有有趣背景的人才。斯特拉瑟非常讨厌那款凉鞋，但他非常喜欢瓦卡罗。两人不停聊天，有关凉鞋的话题越来越少，聊的更多的反而是瓦卡罗关于篮球和市场营销未来的理念。在瓦卡罗看来，蓝丝带体育把有限的资源放在一大群 NBA 球员身上的做法就是一种浪费。"你们搞错了。"他对斯特拉瑟说，"你们错过了大学，那才是篮球真正重要的地方。"瓦卡罗谈到了 PRO-Keds 的商品，也聊到了少数几个高中球员得到 PRO-Keds 球鞋作为奖励时的满足感。

斯特拉瑟想明白了，但他面临着一个问题，如何才能让大学球员接触到他们的产品。NCAA 的非职业化规定禁止公司支付金钱给大学球员让他们做代言。斯特拉瑟和瓦卡罗在教练身上看到了机会。教练可以接受耐克的钱，他的球员可以从耐克得到免费的球鞋。这个计划几乎没有缺点。大学的运动部门肯定不会不满，毕竟他们可以在器材装备上省下一笔钱。通过自己主办的比赛，瓦卡罗已经和一些大学教练建立并维持着相当不错的关系。斯特拉瑟为这个计划补充一些内容，他要求教练成为公司顾问团队的成员，或者担任训练营主管，以此做出一副"公司购买教练的服务"、而非"掏钱让球员穿自己球鞋"的样子。

斯特拉瑟把这个想法上报给了耐克管理层。他得到的第一个回复，是先考察瓦卡罗的背景。奈特最终还是聘请瓦卡罗担任公司的顾问。带着几份明确规定教练必须主办训练营才能得到商品的合同，瓦卡罗开始了工作。大学篮球赛季进行到一半时，瓦卡罗动身离家，希望签下一些有影响力的主教练，以便赶上 NCAA 的"疯狂三月"。他回到了自己的"主场"拉斯维加斯，说服了自己的朋友、拉斯维加斯大学主教练杰里·塔卡尼安。比尔·福斯特（杜克）、弗兰克·麦奎尔（南卡罗莱纳）、莱夫蒂·德雷赛尔（马里兰）和吉米·莱纳姆（圣约瑟夫）也纷纷签下了这种合同。艾欧那学院主教练吉米·瓦尔瓦诺对《体育画报》的记者说："你想想，两个人，一个叫瓦卡罗，一个叫瓦尔瓦诺，在拉瓜迪亚机场见面。瓦卡罗手伸进了公文包，他把一张支票放在了桌子上。我看了一眼说，'这是干什么？'他拿出一双球鞋放在桌上，搞得我们要商量别人的合同一样。他说，'我希望你的球队能穿这双鞋。'我说，'多少钱？'他说，'不用，我给你们鞋。'你要知道，我只是艾欧那学院的教练，我们很多学生穿的都是旧鞋，有的连商标都没有。我说，'这事肯定不合法吧？'"

但这种做法确实合法。四个月时间，瓦卡罗几乎将全美所有顶尖教练收入囊中。"那就是我的'神风攻击'。"瓦卡罗对《华盛顿邮报》说。

1978 年，《华盛顿邮报》的报道称，耐克正在大学教练身上投入金钱，报道暗示，大学球员将是耐克的下一个目标。当耐克投入越来越多的精力和更多教练签合同时，匡威选择了退让。不过匡威率先接触了北卡罗莱纳大学和他们的主教练迪恩·史密斯。当迈克尔·乔丹在大学打完三个赛季、决定进入职业联赛时，他对耐克和匡威都没有兴趣。乔丹偏爱的是阿迪达斯，但阿迪达斯并没有向他提出报价。匡威给乔丹的报价与其他顶尖球员相差无几，也就是一年 10 万美元。根据 ESPN 的资料，耐克的年收入已经从 1973 年的 2870 万美元提高到了 1983 年底的 8.67 亿美元，他们正在寻找能够一锤定音的签约。斯特拉瑟和乔丹的经纪人大卫·法尔克是多年的老交情了。在父母的坚持下，乔丹同意和耐克见面。会面前，耐克高管与瓦卡罗进行了交流。早年间的乔丹并不算显眼，没能在高中时吸引瓦卡罗的关注，瓦卡罗也没有邀请他参加自己的比赛。不过乔丹在 1982 年 NCAA 决赛投进绝杀时的冷静，给瓦卡罗留下了很深的印象。乔丹很帅气，甚至可以说非常优雅，但他仍然给人一种单纯真实的感觉。面对他，人们可以产生情感上的共鸣。耐克高管问瓦卡罗，他是否愿意用职业生涯押注乔丹？愿意用 5 万美元签十名球员，还是愿意用 50 万美元签一名球员？瓦卡罗说，如果那个球员是乔丹，他愿意。那就是耐克给乔丹开出的合同，一年 50 万，为期五年。过去从没有过球员因为球鞋营销赚过这么多钱——巨大的差异，导致乔丹和诸如"魔术师"约翰逊和伊赛亚·托马斯这样的前辈产生了嫌隙。乔丹得到了一双签名鞋，法尔克想出了 Air Jordan 这个名字。乔丹的搭档是斯派克·李这个正冉冉上升的导演。在耐克的广告中，斯派克·李扮演了他 1986 年电影《美梦成真》（She's Gotta Have It）中"马斯·布莱克蒙"这个角色。广告中，布莱克蒙推断，乔丹的运动能力源于他脚上的那双鞋，一脸严肃的乔丹露出了揶揄的笑脸。那是一次极为成功的营销。耐克的代言人，就这样诞生了。

"在我看来，我在职业生涯里做了两次赌博。"瓦卡罗说，"迈克尔·乔丹和科比·布莱恩特。"

瓦卡罗 1994 年在自己的夏季训练营中和科比建立起了良好的关系。乔丹与耐克签约那年，瓦卡罗开始主办耐克 ABCD 夏季篮球训练营。在那之前也曾经有过全美性的夏季篮球训练营，大多数希望通过训练提高球员的基本功，但没有一个训练营拥有耐克 ABCD[①]训练营的名望，重要程度自然也不可同日而语。瓦卡罗为这

---

① ABCD 是 Academic Betterment and Career Development，即"学业精进与职业发展"。

些即将成为运动员的年轻人构想了一个平台，这些年轻人拥有出众的天赋，他们理应得到一个能够展示个人运动能力的舞台。瓦卡罗做起了把关人，每年，他会邀请他认为足以进入全美前百的球员。"所谓一人委员会，那个人就是我。"瓦卡罗说。训练营除了开设数学和英文课指导，还会提供与药品滥用和艾滋病有关的课程。对大学负责招募学生的官员来说，这个训练营就是一个标志，他们蜂拥而至，集中在一地考察全美最优秀的球员。

　　1991 年，耐克突然切断了与瓦卡罗的联系。导致双方合作终结的原因，至今是个未解之谜。瓦卡罗坚称，他与耐克的品牌形象向来不搭调。他和匡威联手，开始在东密歇根大学举办 ABCD 训练营。和匡威的合作结束后，瓦卡罗进入了德国运动服装生产商阿迪达斯。耐克已经占领了大学篮球市场，很大程度上这要感谢瓦卡罗。瓦卡罗认为，他需要在球员进入大学之前就让他们认识到阿迪达斯这个品牌。尽管身后不再有耐克这个强大而有吸引力的品牌背书，但瓦卡罗觉得，他的名字是更强大的武器。"我是来自耐克的索尼。"瓦卡罗说，"但现在看，ABCD 已经超越了一切，ABCD 就是转折点。进入训练营，就相当于站在了高点。ABCD 和索尼就是中介，忘了什么球鞋公司吧。"耐克仍然在明尼阿波利斯举办训练营，准备迎接来自瓦卡罗的竞争。双方把训练营时间安排在了七月的同一周。耐克聘请乔治·拉夫林负责草根项目后，耐克与瓦卡罗争夺顶尖高中生的对抗转变成了私人恩怨。瓦卡罗和第二任妻子帕姆结婚时，拉夫林是他的伴郎。但在那之后，两人逐渐变得对立。拉夫林曾经在南加州大学（USC）做过教练，他认为学校非常看重的一名球员艾德·奥巴农就是被瓦卡罗说服，转而去了 UCLA（加州大学洛杉矶分校）①。拉夫林曾经批评过瓦卡罗对业余球员的影

_____

① USC 和 UCLA 是美国大学体育中最著名的宿敌之一。——译者注

响。如今，他的工作就是说服同样一群孩子，让他们穿上耐克球鞋。"我受不了那个人。"瓦卡罗毫无感情地这样评价拉夫林。

训练营成为发掘顶尖球员的最佳场所，参与对抗的都是最优秀的球员。让潜力新星互相竞争，看谁最突出。瓦卡罗把训练营安排在了离纽约城不远的新泽西州提耐克的菲尔莱·迪金森大学。大学教练分派人手，一部分去印第安纳波利斯，一部分去新泽西。最拼命的人两边都去。NCAA禁止大学教练与高中球员说话，但谁也没法避免在停车场或者去卫生间的路上相遇。参加ABCD训练营的成员意识到，在训练营上好的表现能让大学教练看中他们。而其中最优秀的明白，在训练营上表现好甚至可以让他们直接跳过大学、追逐NBA的财富。教练、招募官员集中在一个地方，如此关注度使得夏季比赛的重要性远远超过了高中赛季。

科比·布莱恩特想在1994年的ABCD训练营上出名。他即将升入高三，整个训练营包括他只有四个这样的学生。即便如此，科比仍然相信自己比任何人都强。他的表现并不突出，而且他也没怎么融入其中。

训练营结束后，科比找到了瓦卡罗，他感谢并拥抱了后者。

"很抱歉，我就是没做到。"科比说。

瓦卡罗问，"你在说什么？"

"我不是训练营的最有价值球员。"科比回答，"明年，我会成为最有价值球员。"

第二年夏天，在与NBA球队对抗的间隙，科比回到了训练营。他拿到了21分、7个篮板和4.5次助攻的场均数据，就像他说的那样，拿到了最有价值球员。科比的表现印证了洛尔·梅丽昂中学教练组的想法。过去两年，他们认为学校得到了下一个迈克尔·乔丹。如今，在一个全国性舞台上，科比展现了他的能力。在一次对抗赛中，密苏里州身高7尺1寸的中锋洛伦·伍兹原本有机会面对空篮完成扣篮。科比从后场一路追赶，最后从背后盖掉了伍兹的球。"科比把球拍在篮板上，球弹到了三分线和中场线之间。"杰雷米·崔特曼说，"那样展示运动天赋，我过去从来没见过。"科比用表现说服了瓦卡罗。"我们和他签下了百万美元的合同。"瓦卡罗说，"这是因为他在训练营的表现，我也认为他比任何人都强。参加 ABCD 训练营后，超级明星会认为一切都是有可能的。他没有必要上大学。"

"我们才刚刚起步。"瓦卡罗继续说道，"阿迪达斯还不是今天这个状态。我们只是无名之辈。所以说，没错，我知道他是谁，我知道未来他能有多棒。其他人不敢说这话。如果说实话，倒回到那个年代你去问耐克，他们可以竞价科比。但他们没有。"

菲尔·奈特召集耐克顾问开会后，情况在第二年发生了变化。和耐克一样，瓦卡罗在全美各地签下了顶尖业余级别比赛的教练，其中包括阿尔维斯·史密斯。史密斯高中时在南加州地区打球，但他学业成绩不够，没能进入大学。成为 AAU 联赛教练后，史密斯开始在佛罗里达地区寻找有天赋的孩子。"我去选择孩子。"史密斯说，"我总是瞄准那些没人知道的孩子。我总想给他们机会，他们拥有更加强烈的渴望。"

特雷西·麦克格雷迪就是这样的球员。他生活在奥兰多和坦帕之间的小城奥本戴尔。他的妈妈十几岁时就生下了他，从小到大，他基本上是由祖母罗伯塔带大的。麦迪喜欢棒球，喜欢用快速球打击对手。他是家里所有表兄弟中年纪最小的，这群孩子每周六都会一起去公园。麦迪会在场边看着其他人打篮球，他并不喜欢这项运动。一次周末，一名球员受伤后，麦迪必须上场，让比赛进行下去。

"我的表兄弟们总是打我的头，给我起各种各样的名字。比如说，'喂，你这个废物。你是个娘炮，快来打球。'"麦迪回忆，"我已经到了爆发的边缘，所以我干脆上场打球。我打得就是很好，就是天生能打篮球。从那时候开始，我就打篮球了。"

尽管有天赋，麦迪却毫无目标。史密斯从自己 AAU 球队的一名球员口中听说了麦迪的名字。他去看了一场比赛，半场休息时，他就收集到了足够的信息。"我给了他一些（阿迪达斯的）鞋和装备，跟他说我会看他的比赛。"史密斯说，"我去看了他的比赛，就这样发展下去了。"麦迪开始听取史密斯的建议。史密斯让他放弃棒球和美式足球。"你的身高是 6 尺 8、6 尺 9，而且又瘦又高。"史密斯说，"在足球场上你会被撞散架的。也许你能成为很不错的棒球选手，但我希望你把精力集中在篮球上，因为我觉得你可以靠篮球吃饭。"

史密斯已经开始为麦迪规划未来的发展道路了。"我觉得我需要把他放进一个架构性更强的环境中，我知道特雷西有进入选秀的天赋，我希望他做好直接进入 NBA 的准备。"史密斯说。麦迪同意离开佛罗里达的家人和朋友，进入北卡罗莱纳州达累姆的锡安山天主教中学。麦迪所在球队的 13 名球员中，有接近半数来自北卡罗莱纳州以外的地区。阿迪达斯为这所学校提供运动装备，霍普金斯则希望把学校转变为全美篮球强校。在那之前，麦迪从未远离过家人，他去过的最远的地方就是首都华盛顿，那还是家庭聚会。史密斯告诉霍普金斯，要想办法让麦迪"强悍"起来。"我知道，如果他能克服我给他设置的困难，如果他能跨过我让乔尔·霍普金斯设置的障碍，他就算准备好了。"史密斯表示。

第一次见面，霍普金斯就让麦迪摘掉了耳钉。霍普金斯的规矩非常多。球队每天早上有闹钟，晚上有宵禁。霍普金斯禁止球员说脏话，不允许他们看电视，也不允许交女朋友。学习《圣经》也是强制性的。"我基本没离开过佛罗里达。"麦迪说，"我只懂那么多，离开家人和朋友，就那样直接离开，其实是很难的。那确实需要在精神上做出调整，不过一旦融入了，我就适应了。从那时候开始，因为有框架性的训练，我觉得自己的技术开始有了发展。每天就是篮球。吃饭、睡觉、起床后呼吸的都是篮球。在那之前，我从来没有过那么强的职业精神。在我去那所学校前，我靠的只是自己的运动能力，从来没有真正付出过努力。"

对麦迪的考验出现在 1996 年春天。他还没有以锡安山球队身份登场打过比赛。率先开始的是 ABCD 训练营。霍普金斯过去派出过优秀的球员参加瓦卡罗的训练营，他和瓦卡罗说到了麦迪。"你要保证全国最好的球员都去，因为我觉得我有一个未来会极为出色的球员。"史密斯说。

瓦卡罗自然有所怀疑，"到时候看吧。"他对史密斯说，"到时候看。"

瓦卡罗对麦迪基本没什么了解，他得到的反馈把麦迪描述成了一个问题儿童。由于和一名教师发生争吵，麦迪错过了在奥本戴尔的一场重要比赛。他的老高中教练告诉瓦卡罗，麦迪不值得他费那么大工夫。尽管常说自己是"一人委员会"，但瓦卡罗并非只听一种说法。他的妻子帕姆经常提出建议，起到决定作用。

"不会有人那么差劲的。"帕姆·瓦卡罗告诉丈夫，"如果有人想那么狠地伤害一个孩子，那他才是坏人。我们本该做做好人，给这些孩子机会。"

瓦卡罗变得温和起来，他邀请麦迪参加了训练营。靠着在乔丹和科比身上押注，瓦卡罗在业界打出了名声，而麦迪将成为他第三次、也许是最为冒险的一次赌博。17 岁的麦迪很瘦，肌肉线条也不明显。科比在被 NBA 球队选走大约一个月后，麦迪走进了菲尔莱·迪金森大学闷热的砖石体育馆。体育馆里的孩子们，个子高得已经不像孩子了，只有脸上的表情出卖了他们的真实年龄。这次训练营集中了未来几年陆续进入 NBA 的几位球员，比如埃尔顿·布兰德、昆汀·理查德森和埃尔·哈灵顿。有些人紧张，有些人兴奋。

场边站着的全是穿着印有大学校徽 T 恤的中年男子。从 1996 年开始，训练营出现了一些变化。训练营的观众里开始出现 NBA 的球探和高管。"作为 NBA 负责评估球员能力的人，从凯文（加内特）开始，你从根本不会去看高中比赛，变成和同行一起去参加训练营。"当时担任公牛球探的小克拉伦斯·甘尼斯表示，"看到年纪那么小的孩子，看到他们的成长，这是很好的事，看着他们一步一步向上爬。但这同样有点应接不暇的感觉，因为孩子太多了，在那段时间里锁定几个孩子总是很有意思的事。"孩子们也知道参加训练营的利害关系。泯然众人和不参加训练营没有区别。所有人都急切地寻求教练和球探的关注。

麦迪穿的是 175 号球衣。假如这个数字代表他的排名，麦迪大概会很高兴。没人听说过他的名字，对于这些希望打出名声的孩子们来说，没人知道自己的名字显然不是一个好的开始。坐大巴去体育馆的路上，因为质疑麦迪的天赋，斯蒂芬·马布里的弟弟扎克·马布里已经惹恼了他。所有球探都想看拉马尔·奥多姆，身高 6 尺 10 寸、来自纽约的他，被人冠上了"下一个魔术师约翰逊"的称号。没有训练营营员愿意和奥多姆对抗。毕竟，防守奥多姆等于让自己难堪，而难堪比无人知晓还糟糕。麦迪说，他愿意和奥多姆一起打球。麦迪的眼角下垂，站在球场上的他表现出昏昏欲睡或者没有兴趣的样子。但他的打法非常流畅，他的滑步甚至比其他人冲刺还要快。麦迪不仅防住了奥多姆，他在进攻端上也占据了上风。当奥多姆过于贴身防守时，麦迪会一步突破他的防守。当奥多姆留出空间时，麦迪又会不断命中投篮。球员和球探开始注意到这个 175 号。

训练营的最后，是"杰出高年级球员赛"。这场由训练营最优秀球员参加的时长 40 分钟的比赛，充满了扣篮和花哨的运球，基本没有防守。下半场时，麦迪抢下一个球后直奔前场。训练营最优秀的内线球员之一詹姆斯·菲尔顿追了上去。

观众安静了。在他们看来，要么菲尔顿盖掉麦迪的出手，要么两人发生激烈的碰撞。"球在我的左手。"麦迪说，"最开始我想做大风车扣篮，因为我以为只有我一个人。就那么发生了，我俩同时起跳。我在做动作，他恰好就在那里，结果我正好扣到了他的头上。体育馆里的人都疯了，人们开始冲上球场。"

两个人同时起跳。麦迪把球拿到腰间，随后用左手完成了大风车扣篮。"我永远也忘不了。"瓦卡罗说，"如果让我列出人生最重要的时刻，那就是其中之一。如果 YouTube 上有那个扣篮的视频，绝对能得到几十亿次点击。和特雷西对那个孩子做的事相比，有些东西太假了。"世界上没有几个人能展现出那样的运动能力，有这种天赋的已经在 NBA 打球了。"我不知道这件事会发展成什么样。"麦迪说，"完全不知道。没有一点头绪的原因，是因为那是我参加的第一个训练营。"杰雷米·崔特曼在观众席看到了那个扣篮，一年前，他在科比身上看到了那样的运动能力。"他的弹跳太强了，能做出那种动作的都有惊人的运动天赋，注定很快就能成为明星。"崔特曼说，"和科比不同的是，在他参加训练营前，没人知道他是谁。"

进入训练营时，麦迪穿的是 175 号。离开训练营时，他已经成为全美最顶尖的球员。"我让他从无名小卒变成了名人。"史密斯说。麦迪回到了锡安山学院。尽管几个月后就能成为百万富翁，但他睡的还是双人床，需要在凌晨五点前起床。乔尔·霍普金斯觉得麦迪很像另一个高中球员鲍比·奈特，霍普金斯和麦迪甚至还在一次训练中动手打过架。可让人惊讶的事，两人的关系反而变好了，情绪也逐渐软化下来。两人意识到，他们需要彼此。麦迪那时觉得自己可以选择大学，他想去的是肯塔基。可他注意到，在锡安山学院的一年时间里，越来越多的 NBA 球探开始到现场看他的比赛。多伦多猛龙的球探克雷格·尼尔曾经连续看了七场比赛。返回猛龙向伊赛亚·托马斯汇报时，尼尔给了麦迪极为少见的评价，他坚持要求猛龙想办法在选秀大会上摘下麦迪。"很多人不像我们那样认真做功课。"尼尔说，"他们对他的观察不够。一旦有消息说他打出来了，所有人都挤破脑袋想看他的球，但是能看他的比赛的地方真的不多。"

霍普金斯拒绝让球探近距离观察麦迪，以防他们察觉到任何缺点。赛季结束后，他带着麦迪进了办公室。霍普金斯和史密斯已经带麦迪去过奥兰多魔术，让他近距离观察运动员。麦迪自己有所怀疑，但另外两人想让麦迪明白，他拥有和NBA球员一样的运动能力。麦迪知道，霍普金斯在办公室里会继续说教。"你要去NBA。"霍普金斯说，"没有几个人敢说他们高中毕业后直接进入NBA，你会成为首轮秀的。"到底是上大学还是去NBA，麦迪也很犹豫。"我不想听这些废话，天啊。"他心想，"我不知道自己有没有做好准备。我才17岁，我不知道自己准备好了没有。"

"那天最后，我心想，别想那么多了，就这么干吧。"麦迪说，"我要进联盟，我决定进入NBA。决定参加选秀，这对我来说是个艰难的决定。我心想，'妈的，我本来可以成为全家第一个上大学的人。但是我又想，我可以成为我们那里第一个打职业篮球的人。'我做好准备了吗？内心里我也不知道自己做的是不是正确的决定。"

瓦卡罗想签下麦迪，但耐克那时已经掌握了瓦卡罗签约顶尖高中生的套路。"特雷西那时已经在开放市场了，所以我要去竞争。"瓦卡罗说，"那时有特雷西争夺战。他是个不可思议的赌博，因为耐克第一次和我正面对抗。"麦迪已经和瓦卡罗建立起联系。但他从小到大穿的都是耐克，而且崇拜奥兰多魔术的"便士"哈达威，而哈达威正是耐克的签约球员。耐克在总部款待了麦迪，让他随意拿走公司商店里喜欢的东西。"我倾向于耐克。"麦迪表示，"但这谈的显然是钱，对吧？我想在他们的厂区买东西，所以我去了。我去他们在波特兰的厂区，拿到了各种东西，包括'便士'的

foamposite 球鞋。我是第一个拿到那双鞋的人。在那里走着，我觉得我就是老大。"

耐克和阿迪达斯都向麦迪开出了报价。作为麦迪的顾问，史密斯和霍普金斯都为阿迪达斯工作。麦迪的经纪人阿恩·塔勒姆不久前帮助科比·布莱恩特和杰梅因·奥尼尔谈下了和阿迪达斯的合同。耐克向麦迪提出了一份每年 185 万美元且长达数年的合同。这份报价超过了科比的五年 800 万美元以及杰梅因·奥尼尔的五年 50 万美元。当塔勒姆坐在位于布伦特伍德的办公室里与耐克协商合同时，在距离他 100 多英里外的沙漠城市棕榈泉，瓦卡罗给史密斯打去了电话。史密斯想知道，麦迪和耐克签约会不会影响他与瓦卡罗以及阿迪达斯的关系。"我爱你，特雷西也爱你。"史密斯说，"如果你能接近那个报价，我们就会留下来。"瓦卡罗决定搞定谈判。拉夫林可以动用的预算其实比瓦卡罗多。但阿迪达斯已经开始撬动耐克对那个价值 120 亿美元的市场的严密控制。签下科比后，阿迪达斯在美国的球鞋市场上升到第三位，仅次于耐克和锐步。瓦卡罗给麦迪开出了六年 1200 万美元。"阿迪达斯没给他 1200 万。"史密斯说，"索尼·瓦卡罗给了他 1200 万。索尼·瓦卡罗相信特雷西·麦克格雷迪。他给特雷西的钱，比之前一年给科比的还多。他相信特雷西，我说服了他。我说服了索尼，索尼相信我。"

麦迪接受了这份报价。耐克的慷慨差点说服了他。"我在耐克那里，觉得自己就是老大。几周后，我签了阿迪达斯的合同，得把所有东西退回去。"麦迪说。

这份合同明确规定，在合同期间，霍普金斯和史密斯每年能够得到 15 万美元。"我不知道他们是不是永远把我的利益放在第一位。"麦迪笑着说，"我想他们也许把我的利益放在了第一位，但也把他们自己的利益放在了第一位。我不知道。我得到了利益，他们也有收获。"

麦迪与阿迪达斯的这份合同，在 NBA、球鞋公司和业余体育共生发展过程中具有里程碑意义。如果不是因为瓦卡罗和耐克分道扬镳，后来也不会出现球鞋公司争抢球员的现象。从另一个方面说，如果瓦卡罗一直留在耐克，他也不会把注意力彻底转向年轻球员。瓦卡罗与耐克分手，让麦迪、史密斯和霍普金斯均从中受益。麦迪这个来自奥本戴尔的无名之辈，成为下一个"迈克尔·乔丹"及现代篮球鞋的宣传机器。

　　这份合同也让一些业余级别教练的注意力出现了转移。尽管不是所有人，但有些教练会在幕后运作，为了自己未来的收入而操控年轻球员的未来。史密斯和霍普金斯证明，不需要等那么久，他们同样可以推出乐透球员。对于那些需要父母式道德楷模的孩子来说，他们就像父亲一样，而那些孩子的生父早就离开了他们的生活。但麦迪和追随他的人，却面临着矛盾。在那个时候，麦迪需要史密斯和霍普金斯，但他们并不是那么需要麦迪。他们发现了麦迪的能力，帮助他强化，再将他指引给合适的人，由那些人提供进一步的帮助。如果麦迪是个不成器的棒球投手，他还会遇到史密斯吗？"也许比那还糟糕，因为特雷西在学校有各种各样的问题。"史密斯说。当麦迪与和他们有着多年联系的球鞋公司签下合同后，他们也能获得经济收益。这些人并非无欲无求，但麦迪能走在正道上，一定程度上确实因为他们。

　　麦迪将这种"你来我往"看在眼里，随着 NBA 生涯开始，他与史密斯和霍普金斯的关系也逐渐恶化。他们越是想干涉麦迪的职业生涯，麦迪就越能意识到自己已经不再是依赖他们的小孩子了。"我一点也不怪他们。"麦迪表示，"我年纪小，不知道发生了什么。我年轻，又太天真了，那时候被蒙蔽了，也不理解。可随着年龄增大，我开始明白是怎么回事。这就是我们到今天不再有关系的原因。他们从我身上拿到了一些经济利益，这可以理解，因为如果和他们没联系，我身上发生的一些事就不可能发生。选择他们不是错，我不贪婪。他们把我摆在了一个很好的位置。我觉得，贪婪也是导致他们一路下滑的原因。"

2013年，作为圣安东尼奥马刺的一员，麦迪参加了总决赛，那时距离他进入联盟已经过去了将近20年时间。他是一个出色的得分手，但却没能在季后赛取得任何有意义的胜利。记者们围在他身边，他们想知道麦迪对自己职业生涯的看法，尽管他已经很久没能对比赛起到有影响力的贡献了。一名记者问他，让他选择高中毕业后直接进入NBA的最主要原因是什么。

"这么说吧，阿迪达斯给了我一份1200万美元的合同。妈的，我说的够多了。"麦迪说。

7

选择高中球员的前景，包括在考察球员、运用智慧和市场操作上战胜对手，让杰里·克劳斯很是着迷。比克劳斯更能准确评估球员天赋的人，可以说少之又少。"这开创了一个全新的路径。"他说。克劳斯拥有棒球背景，他精心打造出了芝加哥公牛队。克劳斯是芝加哥本地人，他的父亲是个皮鞋推销员。克劳斯专注而无情，他会想尽一切办法在其他 NBA 高管面前掩饰自己的真实意图。克劳斯也是一个身材矮小、不修边幅、头发稀疏、态度生硬又固执己见的人。迈克尔·乔丹曾经嘲讽地称克劳斯为"面包渣"，就是因为在他的衣服上总能看到甜甜圈的碎渣。NBA 球队偶尔会在球员的合同中增加体重条款，球员体重达标时可以获得奖励，超标则会被罚款。公牛老板杰里·雷因斯多夫有一次也在克劳斯的合同里加入了这个条款。"不是因为他的外表。"雷因斯多夫接受《纽约时报》采访时表示，"而是为了他的健康。"构建公牛王朝的人，其实是克劳斯。1987 年，克劳斯巧妙地交易到了在中阿肯色大学连奖学金都没有的斯科特·皮蓬。克劳斯坚持让菲尔·杰克逊这个被外界视作激进派且没有任何 NBA 执教经验的人进入道格·科林斯的团队担任助理教练，随后又提拔杰克逊担任公牛的主教练。除了由罗德·索恩在 1984 年选下的乔丹外，克劳斯亲自挑选了公牛王朝的每一个主要成员。

1997 年夏天，公牛赢下两连冠后，乔丹、杰克逊和丹尼斯·罗德曼的合同纷纷到期。皮蓬并不高兴，过去好几年他的合同始终低于市场价值。克劳斯产生了一丝重建的念头——他想展示自己有能力再一次组建一个冠军团队，而这个新团队，不再需要应付乔丹、皮蓬和杰克逊的自负。随着临近 1997 年选秀，克劳斯开始规划重建。他去考察了麦迪的几场比赛。克劳斯手下的一个核心球探小克拉伦斯·甘尼斯在麦迪高中最后一年一直密切观察他的动态。几年前错过没有进入大学的肖恩·坎普仍然让克劳斯感到沮丧，他曾经安排坎普参加过几次试训，后者的运动天赋给他留下极为深刻的印象。但克劳斯担心坎普身边小圈子对他的影响，也害怕在离坎普家乡印第安纳太近的地方打球会让他分心。克劳斯在第六顺位选择了斯泰西·金，又在超音速选下坎普后选择了 BJ·阿姆斯特朗。坎普最终成长为拥有爆炸性运动天赋的球员。"我们为选择肖恩做了很多努力，但杰里就是不为所动。"公牛助理总经理吉姆·斯塔克表示，"他就是觉得那么年轻，离家又近，外界因素太多，这对年轻球员是个问题。我不知道过后再去回想，这种想法到底对不对。"

克劳斯不想重蹈覆辙。在他眼中，麦迪就是更年轻的皮蓬。"他是斯科特。"克劳斯说，"他速度快，很活跃，投篮比当时的斯科特更好。特雷西·麦克格雷迪是我见过的最优秀的高中球员之一，以他的年龄来说，也是一个非常成熟的孩子。"公牛为麦迪安排了一次选秀前的试训。小甘尼斯在机场接到麦迪后，把他带到了公牛位于伊利诺伊郊区的训练馆伯托中心。抵达训练馆时，迎接麦迪的是一件印有名字的公牛球衣。"穿上球衣后，你能看出这个孩子眼睛亮了起来，他好像真的能看到自己穿着公牛球衣打球的样子。"小甘尼斯回忆道，"我永远也忘不了他穿上球衣时伯托中心灯光亮起来的样子。"克劳斯提出了几个交易皮蓬的方案，这样球队才能换到可以摘下麦迪的选秀权，同时开始重建。克劳斯甚至在选秀前几天为麦迪安排了一次秘密的深夜体检。"杰里·克劳斯以这种最后时刻的秘密体检出名。"斯塔克表示。质疑声接踵而来，人们担心麦迪的背部是否存在伤病隐患，如果克劳斯真要终结公牛王朝，他最好确定自己得到的是一个健康的球员。波士顿凯尔特人拿出那年的三号签和六号签引诱克劳斯，直到选秀前，他一直在思考这个问题。"因为想交易斯科特·皮蓬，杰里·克劳斯收到了死亡威胁。"麦迪的青年教练阿尔维斯·史密斯表示，"为了选下特雷西，他想交易斯科特·皮蓬。杰里·克劳斯想做这笔交易。乔丹打来电话说，如果选特雷西，他就退役。这是真事，就这么发生了。"斯塔克说，乔丹绝对表达了反对交易皮蓬的态度。"我不觉得他会退役，可如果我们做了那笔交易，他会非常非常生气。他向我们表达了这个意思，你能明白。"斯塔克说，"从 1987 年开始斯科特就是他的搭档，他们一起取得了很好的成绩，赢了很多总冠军。迈克尔认为要忠诚于斯科特，他认为我们能继续赢下去。"经过大量讨论，克劳斯决定留下斯科特·皮蓬。"想得到斯科特·皮蓬这种级别的球员，你得拿出足够好的筹码。"克劳斯对记者说，"这不是一个决定就能定下来的事。我们认为收到的报价不够好。"做出这个决定后，剩下的操作便顺理成章了。乔丹和球队续签了一年的合同，这次的价格是 3300 万美元。丹尼斯·罗德曼和菲尔·杰克逊也续约了。一年后，公牛还是拆散了这支队伍。"你总会想，如果我们交易来特雷西会怎么样呢？"斯塔克说，"我们的强盛能持续更长时间吗？我们可以用新秀合同签下他。这能让我们有更多的空间再签一两个人。斯科特那时也有背伤，他做过几次手术。不过我们对自己的球员很忠诚。"

有意放弃凯文·加内特和科比·布莱恩特后，伊赛亚·托马斯终于在多伦多选下了一个高中球员。他觉得自己已经清理了队中不合适的球员，为高中球员的学习和成长创造了一个理想的环境。"假如加内特那年来我们这里，我不知道他还能不能像在森林狼一样取得成功。假如第二年选了科比，这些球员未来肯定会走上和现实完全不同的道路。"托马斯表示，"我们没有能够支持这些年轻高中球员的基础设施。"托马斯六月中旬面试了两名背景迥然不同的球员，但这两人都反映出了 NBA 选秀结构的迅速变化。22 岁的阿多纳尔·弗耶尔来自科尔盖特大学，他入选过全美最佳阵容，他的父母还是科尔盖特大学的教师。刚和阿迪达斯签完巨额合同的麦迪则带着经纪人和 AAU 联赛的顾问一起参加了会议。托马斯告诉他们，如果第九顺位前没有球队选，他会用九号签选下麦迪。选秀当天，公牛拒绝向上交易选秀权的做法让托马斯感到震惊。"他的放松，他看上去不用太费劲就能做到一切的样子，让我想起了乔治·格文。"托马斯表示。

第二天和加拿大媒体见面时，麦迪笑得很开心。猛龙保证，至少在介绍麦迪的新闻发布会上，他能吃到熟悉的食物。他们在多伦多市中心的一家牛排馆举行了新闻发布会。"他拥有卓越的天赋，是个了不起的孩子。我认为多伦多会期待了解他的未来。"托马斯在新闻发布会上这样说，"值得一提的是，他也很会穿衣服。"托马斯转向了穿着黑色衬衣和亮黄色西服外套的麦迪。因为庆祝被选中，麦迪一直玩到凌晨，他承认经过长途旅行后自己有些疲劳。"我很高兴自己能落到第九顺位被猛龙选中。"麦迪对记者们说，"我要感谢伊赛亚选择了我。我想我会享受在这里的生涯。"

麦迪的第一次多伦多之旅非常短暂，他在加州度过了大部分夏天时间，其中相当多的时间和刚刚打完新秀赛季的科比在一起。科比在太平洋帕里赛德这个高档社区买下了一栋位于山顶、拥有六间卧室的豪宅。这套房子可以看到太平洋海面，室内有一个热水浴缸，有意大利大理石铺成的地面，有游泳池，还有六个卫生间。乔·布莱恩特辞掉了拉萨尔大学的教练工作。他和帕米拉及女儿沙雅搬进了科比的房子。科比的姐姐莎莉雅留在宾夕法尼亚，她是天普大学的大四学生。"他挺住了，拿到了扣篮大赛冠军。"麦迪这样评价科比，"他在新秀赛季没有取得自己预期的成功，我也没有……对我来说，这是一个持续的工程。"麦迪在科比家里住了几周，尽管两个人主要因为篮球建立起了相当不错的感情，不过他们之间的联系，还包括阿迪达斯和索尼·瓦卡罗。两个人一起训练，一起看了不少空手道电影。科比给麦迪的建议是，生涯初期要保持耐心，上场时间会慢慢多起来的。科比说的是自己的经验。和当初乔·布莱恩特对约翰·纳什和约翰·卡利帕里做出的超高预测相比，科比的新秀赛季可以说相当平庸。

戴着眼镜、一头白发的德尔·哈里斯更像是个科学教授，而非 NBA 教练。不过哈里斯对篮球这项运动有着非常深刻的见解。从田纳西州高中教练做起，哈里斯一路走到了湖人主教练的位置。在 NBA 执教期间，他做过摩西·马龙、比尔·威洛比和乔·布莱恩特的教练。哈里斯很快打碎了科比迅速成为明星、取得成功的梦想。他告诉科比，他加入的是一支前一赛季取得 53 胜 29 负、而且刚刚签下沙奎尔·奥尼尔的强队。球队的目标是立刻取得成功，不会为了培养某个球队特意给他上场时间。除此之外，在科比的位置上，湖人已经有了不久后入选全明星的艾迪·琼斯。科比必须凭实力赢得上场时间。

"你自己决定不上大学、进入成年人的世界，我会像对待成年人一样对你，不会把你看作孩子。"哈里斯告诉科比，"你和其他人的待遇一样，我们对你也有同样的期望。我们球队的实力已经很强了。其他球员会观察你是否得到特殊待遇，如果你得到特殊待遇，他们会不满意。因为这是一个竞争环境，上场时间是其中关键。如果他们看到你靠实力赢得上场时间，他们就会更尊重你。你有机会成为伟大球员，可除非你能彻底压过一个首发球员，否则你不会进入首发阵容。你不会平白无故得到机会。"

科比点了点头，但他认同的并非哈里斯的话，他相信自己能挤掉一个首发球员。"那不像他想的那么简单。"哈里斯说，"尽管如此，他还是非常努力，而且从没怀疑过自己。"

手腕和髋部的伤病导致科比没能参加湖人1996–97赛季与菲尼克斯太阳的揭幕战。科比的NBA首秀，面对的恰好是凯文·加内特和森林狼。加内特就是一个标杆，证明一个高中球员在短短一年时间里能成长到什么程度。从初期比尔·布莱尔缓慢的培养，到菲利普·桑德斯将他推到前台，加内特实现了飞跃。新秀赛季后半段，加内特成为球队首发，他拿到了14.0分和8.4个篮板的场均数据。赛季末对凯尔特人的比赛里，加内特上场43分钟，得到了赛季最高的33分。比赛结束后，他把胳膊搭在桑德斯肩膀上。"教练，谢谢你相信我、信任我，让我打这么长时间。"加内特说。"孩子，相信我，你会在这个联盟打很长时间的。"桑德斯回答道。湖人和森林狼的比赛在周日进行，那天晚上在大西部论坛球馆，面对观众席上的颇多空位，加内特在39分钟上场时间里惨遭奥尼尔"蹂躏"。另一边，作为塞德里克·塞巴罗斯的替补，18岁72天的科比成为NBA历史上出场时最年轻的球员。

科比的身体显然没跟上他的大脑思维速度。第一次接到球，他想持球突破内线，结果走步了。几回合后，裁判又吹了他非法防守。加内特想起了自己的经历。科比当晚的唯一一次出手是一个三分球，但切洛基·帕克斯的手指碰到了皮球。第二节开始后不久，科比回到了板凳席。两队的比分咬得很紧，哈里斯也没有使用太多轮换球员。比赛剩余时间，科比再没有上场，而湖人在奥尼尔的带领下逐渐拉开了比分。"对他来说这是件难事，他明知自己有着出

众的天赋。"谈到科比早期职业生涯时，杰里·韦斯特这样说，"在训练中，他做了很多现在能做的事情，但他犯了太多错误。从球队的角度说，错误会害死你。对他来说天赋从来不是问题，问题是寻找合适的路。"

湖人当时没有独立的训练中心，所以他们在不同大学和体育馆安排训练。哈里斯说，这导致科比的成长偶尔会陷入停滞。"科比自己也找了训练的地方，假如我们那时没有租四到六个场地、在一块场地只能训练两个小时，他会成长得更快。"哈里斯说。尽管如此，除了比赛和训练，科比几乎不做其他事情，他的脑子里只有篮球。他不出门寻欢作乐，在篮球场外和队友几乎没有交集。有人觉得他性情冷淡，即便如此，当这些人在训练中看到科比的能力后，他们也会传球给他。"他特别专注于自己，把自己和其他人隔离开。"湖人助理教练科特·兰比斯说，"年纪那么小，他没有融入队友和球队。但他的天赋显而易见，这毫无疑问。当你看到他和成年人的对抗，你就会明白，天空才是他的极限。他想的全是篮球。"在 DVD 出现之前，科比总是随身带着乔丹的集锦录像。"在我印象中，他从没关心过其他事情。"哈里斯说，"空姐就算脱光他也不在乎，他从来不看那些人。"

比赛一场接着一场，但科比的上场时间仍没有达到能让他满意的程度。有时候一场比赛他能打个五分钟，有时候是七分钟。湖人不断赢球，哈里斯也拒绝对阵容做出调整。沮丧情绪越来越重的科比在一次训练中对哈里斯说，如果哈里斯愿意为他清出低位空间，他能一对一打爆联盟中的任何一名球员。

"我不会为了让你一对一而让沙克离开低位。"哈里斯说，"那一天会到来，但现在你的单打成功率不会高到让人满意的程度。"

到了二月，科比打出了让人眼花缭乱的表现。在克利夫兰的冈德球馆，尽管没能进入正赛，但科比还是登上了全明星周末的舞台。他在新秀挑战赛中砍下了 31 分。艾弗森凭借 19 分和 9 次助攻拿到了新秀挑战赛 MVP，现场观众发出了嘘声，他们认为拿奖的应该是科比。到了扣篮大赛，科比用一个空中胯下换手后大风车扣篮的动作拿到了冠军。这个动作，让朱利叶斯·欧文这个扣篮大赛曾经的革新者激动得站了起来。

科比的天赋毋庸置疑，哈里斯开始逐渐增加他的上场时间。常规赛结束时，科比已经成为最先上场的替补球员之一。

季后赛首轮，湖人 3 比 1 轻松战胜波特兰开拓者。科比在第三场比赛里表现出色，拿到了 22 分。等待湖人的，是经验丰富的犹他爵士。约翰·斯托克顿和卡尔·马龙带领爵士在七场四胜制比赛中很快取得了 3 比 1 的领先。在这些比赛里，拜伦·拉塞尔不断骚扰、压制科比。湖人是一副随时都可能崩盘的样子。奥尼尔在内线势不可挡，但哈里斯和他的控卫尼克·范·艾克赛尔却在第四场比赛临近结束时爆发了激烈争吵。

系列赛的走向在接下来的一场比赛里倒向了更有侵略性的爵士，他们在第三节时最多曾领先 16 分。不过范·艾克赛尔不断利用突破，带领湖人打出了一波反击。比赛还剩 11 秒、双方打成 89 平时，湖人握有球权。哈里斯叫了一个暂停。哈里斯心想，范·艾克赛尔是执行最后一投的合理人选，后者手感正热，已经在比赛里拿到了 26 分。哈里斯知道、也相信范·艾克赛尔能摆脱斯托克顿的防守，在篮下寻找到合适的出手机会。

但哈里斯决定赌博，他认为科比能找到更好的机会。"不管投没投进，我们要么赢球，要么打平。"哈里斯心想，"但科比会知道教练对他有信心，给他这个新秀这样的出手机会。不管怎么说，他都能从中获益。"

科比在接近腰位右角的区域接到了球，防守他的是拉塞尔。在 14 英尺的地方出手跳投时，科比的感觉很好，但球的力量有点小。

加时赛的情况更糟。科比在三分线外投了两个三不沾，湖人以93比98输掉了比赛。

在湖人球员垂头丧气地走回更衣室的路上，奥尼尔拦住了科比。两个人拥抱着说了15秒钟。奥尼尔后来说，科比是全队唯一一个愿意在关键时刻出手的人。

"今晚我就是没成功。"科比对记者说，"可如果重打比赛，我还愿意要球。"

当一支球队一个赛季的成败系于一个回合时，绝大多数青少年想的是为什么教练会信任他们。但科比不这样，即便失败，他也没有产生过这样的想法。兰比斯在NBA打过很多年球，他亲身经历过80年代湖人与凯尔特人紧张激烈的对决，他知道一个球员不敢出手致胜球时会有怎样的表情。"在科比身上从来看不到。"兰比斯说，"甚至可以说是冷漠。他好像在说，'去他的。'你知道那些事不会困扰他。"即便科比的英雄球真的投进了，湖人的境遇也不会发生太多改变。一个冉冉上升的年轻后卫还不能推翻联盟的旧有秩序，公牛仍然统治着联盟。尽管球队内部矛盾越来越深，但乔丹每年喝香槟、抽雪茄这个"传统"，一直延续到1998年夏天。

8

长久的安静让埃里克·弗莱彻有点不安。1997 年秋天，他打电话通知凯文·加内特，后者的续约谈判终于完成了。在另一个平行时空，加内特可能正在上大学。但在现实中，森林狼决定为他奉上不只是篮球界、也是体育界最大的一份合同。弗莱彻只需要加内特来到自己的酒店房间，在截止日前签下这份合同。时间只剩一小时了。

加内特的回复终于到了。他和做音乐制作人的朋友吉米·詹姆在自己位于明尼唐卡湖的家里，两个人很忙。

"我们在听珍妮特的专辑。"加内特说。詹姆当时正提前试听珍妮特《天鹅绒绳》（The Velvet Rope）这张专辑。"我们能晚点再说吗？"加内特问弗莱彻。

弗莱彻叹了口气。在续约谈判的最后阶段又一次遇到障碍，他并不感到意外。毕竟，在谈判过程中，双方态度激烈对立或者对话冷场的情况偶尔也会出现。

"他的优秀显而易见，但更重要的是他未来的巨大潜力。"弗莱彻回忆道，"理解那次续约的关键点在于，我们在他成为自由球员的前一年为他送上了合同。那是我们特意选择的时间点，因为劳资协议一年后就要失效了。没人知道新规则是什么，但可以想象的是，新劳资协议肯定比现有劳资协议的禁忌和限制更多。所以续约这件事，就是一个时间问题。在我看来，提前到前一个夏天想尽一切办法完成续约，这是非常重要的。而能实现这个目标的唯一办法，就是拥有大量谈判筹码。不是自由球员，你很难拥有太多筹码。"

七月时，弗莱彻与森林狼老板格伦·泰勒以及凯文·麦克海尔开始了谈判。进入 NBA 第二个赛季、面对新秀科比时，加内特继续着高速成长。他拿到 17 分和 8 个篮板的场均数据，带领森林狼队史上第一次打进季后赛。他的潜力已经转变为球场上实实在在的贡献。加内特毫无疑问会拿到续约合同，问题只在于，他到底能拿到多大的合同。加内特极有天赋，为了让自己更优秀，他在训练中也异常认真。尽管如此，加内特还没有真正在联盟确立自己的地位。除了天赋外，时机才是未来让他成为超级明星的更重要因素。在他之前，乔丹因为出众的天赋和强大的动力成为联盟巨星。同样，加内特也会因为职业生涯所处的时代而获益。乔丹拥有的商业赞助机会，是比他早几年进入联盟的球星所没有的，比如"魔术师"约翰逊和拉里·伯德。与此类似，麦迪的阿迪达斯合同不仅缘于他光明的未来，比如加内特的成功、科比的人气、球鞋厂商对年轻优秀球员的竞争越来越激烈，这些外部因素同样起到了重要作用。斯科特·皮蓬却正好相反，他选择在工资大幅上涨前的错误时间接受了一份长期合同。他也因此成为运动员和经纪人错误评估时间和机会的代表性球员。"我们希望凯文避免陷入斯科特·皮蓬那样合同远低于市场价值的境地。"弗莱彻在 1997 年秋天接受《明尼阿波利斯星论坛报》时这样表示。

弗莱彻知道，在 1998 年夏天联盟与球员工会签订的劳资协议失效前签下新合同，最为关键的是时机。NBA 曾在 1995 年尝试修补存在漏洞的劳资体系，那时新秀的权力过大，他们可以用大合同让成绩不佳的球队陷入困境。依靠新秀合同条款，NBA补上了这个漏洞。可是这种做法带来了另一个大问题。新秀在NBA效力三年后就可以成为完全自由球员，而联盟不限制球员个体的薪金上限。球队不得不用巨额合同留住自己的潜力新星，或者将他们交易走，以免在这些人成为自由球员后白白流失。1995届前十顺位的新秀中有八人在职业生涯早期被球队交易（乔·史密斯、安东尼奥·麦克戴斯、杰里·斯塔克豪斯、拉希德·华莱士、达蒙·斯塔德迈尔、肖恩·雷斯波特、科特·托马斯和艾德·奥巴农）。对森林狼来说，失去加内特将带来灾难性后果，球队的未来也可能就此走向终点。森林狼是一支没有历史、没有品牌、追随者寥寥的球队。加内特存在离开的可能，仅此一点就给了弗莱彻足够的谈判筹码。如果双方不能在10月1日前达成协议，加内特打完新秀合同最后一年后就会成为自由球员，他有权与任何签得起自己的球队签约。

最近几次面谈时，弗莱彻表明了加内特与森林狼建立长期感情联络的重要性。他指出，假如在诸如洛杉矶和芝加哥这样的大城市打球，加内特的商业代言数量会大大增加。格伦·泰勒是一个靠印刷业白手起家的百万富翁，他也曾经做过明尼苏达州参议员。1994年，因为担心另一组收购团队可能将球队搬迁到新奥尔良，泰勒领衔的财团用9000万美元从NBA手中买下了森林狼。对泰勒来说，森林狼是城市自豪感的来源，无论成功还是失败，都要由球队上下全体成员共同承担。泰勒最初告诉《星论坛报》，他无意给一名球员送上天价合同。泰勒对NBA球员不断飙升的薪金颇有微词。沙奎尔·奥尼尔不久前与湖人签下了一份巨额合同，阿隆佐·莫宁与朱万·霍华德签下的合同也超过了1亿美元。"这没道理。"泰勒1997年秋天接受《星论坛报》采访时表示，"球队有12名球员、5名教练，还有6个人负责球队运转，有一两个人的薪水超出比例太多了。联盟的情况和发展状态让我感到困扰。上个赛季，年薪超过500万美元的球员数量达到历史最高。但另一方面，我们有更多球员拿的是底薪。即便从球员的角度看，这也是没道理的。一个球员拿那么多钱，围绕这名球员，球队只能用一些水平比较差的人。"

泰勒最终还是想明白了，加内特就是森林狼。他想留住加内特，他觉得加内特也想留下来。所以说，为什么要浪费时间呢？抱着迅速解决战斗的念头，森林狼开始了谈判。泰勒开出了一份六年价值1.035亿美元的大合同。"我们保证这份合同比奥尼尔的还多。"他告诉《星论坛报》，"这么做，他、他的经纪人和所有人都会说，我们开出了更大的合同。我们觉得这能在他和经纪人心里加点码，人们会说，'他们还真开了份超级合同。'"

这确实是一份慷慨的报价，一份一个人一辈子都很难见到的高价。弗莱彻是个经验老道的谈判高手。任何一个在小学食堂里搞定过交易的人都知道，永远不要接受第一份报价，总会有一份更好的合同等着你。"即便第一次报价前我们已经有过那么多的交流，即便这是一份非常丰厚、前所未有的第一次报价，但不管怎么说，那还是第一次报价。"弗莱彻表示。加内特方面选择了拒绝，他们希望合同金额最终能够达到1.2亿美元。根据《金融世界》周刊的估算，森林狼这支球队当时的估值不过1.27亿美元。加内特拒绝第一份报价的举动让泰勒感到无比震惊，同样感到不爽的还有联盟里的老将，这些人已经在NBA确立了属于他们的小圈子。加内特的举动似乎证实了这样一种观点——这一代年轻人不像前辈那样摇身一变成为有钱人前经历过苦日子。他们认为，这些年轻人过早得到了太多东西，他们没有做出过牺牲，他们得到的果实，是其他人劳动的结果。多少年来，皮蓬始终拿着低于市场价值的薪水，帮助公牛拿到了一个又一个总冠军。除了带领森林狼打进一次季后赛、但又迅速被扫地出门外，加内特还做过什么？"别把钱给那些不配的人。"

一向以大嘴著称的查尔斯·巴克利这样说，"你看看？凯文·加内特得到了一份 2000 万的合同，但他拒绝了。单单出于原则，我都不会再给他一份合同。他有什么权利拒绝 2000 万？"

巴克利的话在联盟引起了共鸣。除了加内特，最早一批加速进入 NBA 的高中生球员正在经历成长中的阵痛。可即便如此，他们的薪水也高达百万美元。科比尽管时不时打出令人惊艳的表现，但是在年龄更大的球员眼里，他却是个自以为是的家伙。菜鸟赛季最后被哈里斯赋予出手权后，科比带着这股自信进入了个人生涯第二个赛季。科比的场均得分翻了一倍，尽管只是湖人的第六人，他还是被投票选进了 1998 年全明星。他成为 NBA 历史上最年轻的全明星球员，在麦迪逊广场花园球馆的聚光灯下，和迈克尔·乔丹面对面交手。34 岁的乔丹那天晚上患上了流感，他基本确定那是他最后一个赛季，也是他最后一次出现在全明星舞台上。

尽管不是尼克斯球员，但乔丹已经将麦迪逊广场花园变成了自己的第二个主场。纽约球迷认可优秀的球员，不管乔丹曾多少次将匕首插进他们的心脏、击败他们最爱的纽约尼克斯，对这些球迷来说，打篮球的乔丹就像弹钢琴的莫扎特。1995 年，乔丹在麦迪逊广场花园创造了 55 分的得分纪录。那时候，科比还是一个称呼乔丹为"乔丹先生"的高中孩子。1998 年，球迷和媒体推测，全明星比赛可能会成为"火炬传递"仪式。那天的比赛里，科比并不想做学生，他一心要做老师——什么时间和天赋，他受够了等待。第三节时，乔丹在底线做了一个假动作，甩开科比的防守完成了得分。科比随后在另一边底线用一个漂亮的进球做出了回应。"他挺早就冲我来了。"乔丹这样评价科比，"如果我是他，我也会这么做。如果我发现有人生病或者有其他什么问题，我也会对准他进攻。他就是这样，我喜欢他这种态度。"乔丹在那场比赛里得到了 23 分，拿走全明星 MVP 的同时，他也带走了胜利。科比得到了西部最高的 18

分，他的表现也时不时引起现场观众的惊呼。

那是好的一面。在职业生涯早期，好事中总带有一些坏事，这是科比面临的"成长的烦恼"。全明星赛期间，科比惹恼了卡尔·马龙。马龙那年 34 岁，那也是他第 11 次参加全明星。马龙想给科比做一个挡拆，自己顺下到内线，这是他和老搭档约翰·斯托克顿打了无数遍的战术。科比甚至没有看马龙一眼，他摆了摆手让马龙让开。"马龙特别生气，他说如果再被一个小孩子赶出内线，他甚至不愿意再参加全明星的比赛。"德尔·哈里斯说。

和科比有着相同起点的杰梅因·奥尼尔那时只能梦想自己进入全明星的样子。小奥尼尔和科比同一年进入 NBA，生涯前 17 场比赛他一直在伤病名单里，只能等待、观察，希望自己能够恢复到一年前的状态。似乎每次当他刚刚理解了一个战术后，教练组就想出了新的战术。小奥尼尔想让妈妈摆脱贫困，他做到了。他以为自己为 NBA 做好了准备，事实上他并没有。18 岁前，他签下了第一份合同，和哥哥克利福德、表兄勒瓦尔一起搬到了波特兰。"如果再来一次，我会考虑更多，我会去上大学。"1997 年接受《沃斯堡星电讯报》采访时，小奥尼尔这样说道，"要面对的远不止篮球这么点东西。从心理角度说，我觉得 NBA 对十七八岁的人来说太难应对了……我错过了大学这段经历。高中时，我想做什么都能做到，没有几个比我身材还高大的球员。现在我面对的是一群更高大、更强壮的人，我缺少和这些人对抗的经验……（凯文·加内特）可以说为科比和我这样的人打开了一扇门，我以为自己能行。现在有三个人进了联盟，所有人都觉得他们也能进。只有一个人失败，其他人才会意识到不是每个人都做好了进入 NBA 的准备。"

小奥尼尔最近回忆了年轻时闯荡 NBA 的经历。"我很幸运，能够进入波特兰开拓者这样的球队，他们确实为选择一个没有经验、不成熟、还没有完全发展的高中孩子做好了准备。"小奥尼尔说，

"我就是那样的人，一出机场就有人来接我。他们保证总有人在我身边。如果我需要和治疗师交流，他们会找好人。这座城市接纳了我这个孩子，所以对我来说，那地方是完美的。显然，最初四年我没有得到理想中的那么多机会，但对我来说，那是绝好的机会，让我不只得到身体上的、也能得到情绪和心理上的真正发展。"

特雷西·麦克格雷迪 NBA 生涯的开端，和他最初进入联盟视线的方式差不多。1997 年秋天，多伦多猛龙在布法罗的厄尼社区中心训练。麦迪那时仍然满是自我怀疑。"在那之前，我真的没有和任何 NBA 级别的球员交过手。"他说，"进入训练营后，面对的全是 NBA 级别的人，我挺住了。我心想，'天啊，我还挺厉害。'"一次队内对抗，麦迪底线运球突破，在沙罗恩·莱特头上完成了劈扣。"那是我见过的最凶狠的扣篮之一。"麦迪的猛龙队友达蒙·斯塔德迈尔表示。麦迪扣篮后，猛龙队主教练达雷尔·沃克决定结束对抗训练。"那是我见过的最不可思议的事情。"沃克说，"我在联盟已经有段时间了。我和乔丹做过对手，和 J 博士做过对手。我和一些扣篮高手交过手，麦迪的那个扣篮太了不起了。"

那个扣篮，曾经是麦迪职业生涯为数不多的亮点之一。麦迪的 NBA 首秀，因为左脚踝扭伤而推迟。伤愈后，他很少得到上场时间。即便能上场，他的时间也非常零碎。沃克明确告诉麦迪，他不会弃用任何老将。连伊赛亚·托马斯都不再继续担任麦迪的导师。托马斯试图购买更多球队的股份，但他的尝试以失败告终，这导致他辞去球队管理的职位，成为一名电视解说嘉宾。猛龙的赛季过得非常艰难，他们一度连输 17 场比赛。"从高中时的绝对核心到一点球也打不上，这个适应过程是很艰难的。"麦迪说，"有时候一晚我能打 10 分钟或 15 分钟，接着两三场比赛我可能一分钟也捞不到。我需要进行很多调整，而且我的教练，他很强硬。他是个老派的人。他觉得我不够努力，我稍微显摆一点就会被他摁在板凳上。"

新年前夜猛龙大比分输给华盛顿奇才后，沃克要求和每一名球员单独会面。和麦迪面谈时，沃克提出了他的疑惑，他不明白为什么麦迪选择直接进入 NBA。他说麦迪太浮躁，球队受够了他吊儿郎当的样子。"我不满意特雷西的地方在于他的训练习惯。"沃克回忆，"我们在这个方面有了矛盾，这当然不是秘密。我对他很严厉，因为我看到了他的潜力。但我也看到他没有付出多少努力，他有被淘汰出联盟的可能。"

　　格伦·泰勒在乎的只有一个高中球员，那就是凯文·加内特。泰勒希望得到公众的支持，也希望与加内特直接接触（弗莱彻自然将加内特和森林狼管理层隔离开，他把加内特送回了马尔丁以及自己位于纽约州维斯切斯特的家里），所以他把球队慷慨的合同报价通知了媒体。"格伦觉得人们在质疑他，质疑我们开出的合同。"麦克海尔告诉记者，"他是球队老板，我们也给出一份丰厚的合同。如果格伦·泰勒都没权利做出声明，还有谁有权利呢？"泰勒公开合同细节的做法激怒了弗莱彻，他宣称加内特将会打完在森林狼的最后一年合同，当其他 NBA 球队有机会在第二年夏天争夺加内特时，他不会接受森林狼的报价。"这和我们第一次坐下来讨论的结果是矛盾的。"弗莱彻说，"因为情况没有如他们的预期发展，所以他们做了那个决定。他们给出了一份非常非常丰厚的报价，但这份报价被拒绝了，那出乎了他们的预料。"

　　双方几周内没有进行任何对话，时间距离最后期限越来越近。泰勒不希望球队从零开始，他逐渐开始满足弗莱彻的要求。最后期限前一天，弗莱彻和泰勒、麦克海尔、菲利普·桑德斯以及森林狼球队总裁罗伯·穆尔进行了面谈。这些人都认同谈判被过多暴露在媒体上的事实，每个人都想为加内特争取最大利益。会谈的最后两个小时，加内特也加入了进来，泰勒和他讨论了巨额合同可能带给他的巨大压力，提到了成为球队基石球员所要承担的责任。麦克海尔喜欢加内特，但他还是建议泰勒不要给加内特开出那么大的合同。麦克海尔不仅担心让一个拥有无限天赋的年轻球员面对小球市球队时拥有这么大的优势会确立不好的先例，他还担心伴随着这份合同而来的重担。

"这是一份非常大的合同。"麦克海尔对泰勒说，"这会改变NBA。"泰勒的回复是，失去加内特的后果是球队无法承受的。

"我真的很害怕那份合同。"麦克海尔回忆，"我就是不知道……我知道经纪人的工作就是拿到每一分钱，他们也做到了。但是我为凯文感到不安，就是因为我知道那份合同之后还会出现什么。我的很多感受都是站在凯文的角度产生的。我心想，对于一个年轻人来说，想达到这份合同的标准真的很难。"

最后期限到来前的几个小时，泰勒决定给加内特开出一份六年1.26亿美元的合同，这份报价震惊了整个NBA。"凯文，你需要马上过来。"当加内特说他想听珍妮特·杰克逊的专辑后，弗莱彻这样对他说，"马上就到最后期限了，合同必须要签。"

"好吧。"加内特回答，他就这样不情不愿地创造了历史。

加内特的签约在明尼苏达州可以算重磅新闻。记者在前一天蹲守到了短暂出席谈判的加内特。当他们离开弗莱彻的酒店前往球馆签合同时，一架直升机一直在他们的头顶盘旋。加内特已经好几个月没有接受媒体采访了。"我跟经纪人说过，我在明尼苏达很舒服，我想留在这里。"加内特在签约发布会上表示，"你知道，这不光是钱的问题。我希望人们能理解，尽管我拒绝了第一份报价……钱并不总能让你快乐，它能解决一些问题。但从精神上说，有时候从社会角度说，钱不是一切。"

对森林狼而言，这本该是快乐的一天，但他们却有了一种劫后余生的感觉。"公牛只需要先用200万签下迈克尔·乔丹，下个赛季再做出补偿。"泰勒对《星论坛报》说，"一旦签了加内特，他们

（公牛）第二年可以用任何金额签下乔丹，因为给自己的球员多少钱是没有上限的。从薪金空间看，丹佛掘金的形势也很好，他们有钱签下加内特。"热火主教练帕特·莱利干脆对迈阿密媒体说，加内特就是"因为恐惧才拿到了钱"。

这份合同在联盟引起了巨大的骚动。加内特新秀合同的最后一年是1997-98赛季，他的薪水是210万美元。接下来一个赛季，他的薪水就飙升到了1400万美元。球队和球员都把加内特当作靶子，但他本人却不为所动。"我一点也不担心。"菲利普·桑德斯回忆，"凯文不是那种会被金钱改变的人，钱不会改变他的训练比赛态度。我确实不担心这个问题。从联盟的角度，我的意思是，那就是联盟的作用。如果能让人赚到钱，你就让他们赚钱。联盟没有限制球员顶薪。那改变联盟了吗？但从每个人的角度，那件事让联盟做出了好的改变。"

NBA走到了一个十字路口，局势有可能朝着最坏的方向发展。凭借乔丹巨大的个人魅力，NBA的人气和市场价值达到了顶峰。1998年总决赛面对爵士球员拜伦·拉塞尔的轻盈跳投，就是乔丹球员时代最完美的句号。乔丹倾向于退役，而联盟几乎没有人能继承他的衣钵，成为NBA的头牌球员。新签的一系列电视转播协议让联盟得到了26亿美元的收入，但不断上涨的球员工资蚕食了这些利润。1998年夏天，NBA陷入停摆，球队老板们要求对球员合同做出更多限制，加内特的合同成了大多数老板讨伐的对象。泰勒为自己进行了辩护，其他老板因为一个小球市来的新老板能对整个联盟产生如此深远影响而愤怒。"我不觉得停摆是因为我。"加内特告诉记者，"重要的是别人给你机会时，你要把握机会。"

《华盛顿邮报》体育记者托尼·科恩海瑟称这一争端为"大百万富翁和小百万富翁"的矛盾。其实他说错了，有12个NBA球队的老板身家过亿。他们都是老练的生意人，他们的惊人财富基本都不是靠职业篮球积累起来的。他们联起手来，希望限制球员薪金，并且为长期停摆做好了准备。

"我觉得联盟的矛盾积累到了那个阶段，（加内特的合同）只不过是压死骆驼的最后一根稻草。"麦克海尔说。大卫·斯特恩和球员工会执行主席比利·亨特均拒绝让步。"我们陷入了向下的旋涡，什么人做了什么事已经不重要了。"斯特恩说，"凯文不是重点，重点在于其他球员说这里存在等级秩序。如果有人觉得他和凯文·加内特一样优秀，突然之间，他少拿钱了，不被重视、不受尊重了。最后你面对的是一个不开心、效率不高的球员。这不是好事。所以我们想确立更多秩序。"

从秋天到冬天，NBA面临着整赛季停摆的风险。如果走到这个地步，他们就会成为第一个因为劳资纠纷而丧失整个赛季的主流体育联盟。老板和球员的损失合并高达数亿美元。1999年一月初，近200名球员集结在纽约第五大道的GM大厦。斯特恩刚刚拒绝了球员工会的最新提案。亨特将资方的方案摆在球员面前，在老板是否取消整个赛季的投票前几个小时，球员们以179票赞成、5票反对的压倒性优势接受了资方的方案。劳资双方匆忙拼凑起了一个50场常规赛的赛季，联盟也诞生了新的规则。球员接受了资方的大部分要求。NBA成为第一个对球员个人薪金上限做出规定的主流联盟。对不同等级的合同，NBA也分别做出了限制。进入联盟时间不足六年的球员，续约时合同第一年的薪金不能超过900万美元；合同尚未到期的球员可以和主队续签一份相似的合同；和新球队签约时要适用新的规则。劳资协议同时延长了球队对新秀球员的控制时间，新秀合同时间延长到四年，球队有权优先续约本队的新秀。

NBA不会再有加内特那样的合同。归根结底，相比自身，加内特的那份合同反而对后来者产生了深刻影响。森林狼控卫斯蒂芬·马布里曾经是加内特最亲密的朋友和盟军。1996–97赛季，作为新秀的马布里场均 15.8 分、7.8 次助攻，他和加内特一起帮助球队打进了季后赛。"（凯尔特人传奇控卫）鲍勃·库西和其他人估计会恶心到吐。"了解到加内特的合同后，马布里对媒体说了这样的话。尽管如此，马布里仍然认为自己和加内特属于同一等级的球员。"凯文签约后，他永远拿不到和凯文一样多的钱，但他认为自己理应拿到和凯文一样大的合同。"同样担任马布里经纪人的弗莱彻说。马布里和加内特的关系逐渐恶化，马布里有时会拒绝给加内特传球。马布里代表了自视甚高的一类年轻球员，他们评判自我的标准是与他人薪金的对比，而不是赛场上的表现。加内特在联盟里还没有打出什么名望，他展现出的更多的还是潜力。无论能力还是潜力都不如加内特的球员，还是对"加内特合同"感到不满。"斯蒂芬有点接受不了凯文挣到的钱可能是他两倍的事实，而且他们两人在球场上的贡献基本相当。"桑德斯说，"最终，这份合同疏远了斯蒂芬。"

9

绝大多数人有着同一个梦想。在电视上看到迈克尔·乔丹在赛场上起飞，这大概是所有梦想的起源。希望让自己和家人摆脱贫困，这可能是梦想继续发酵的原因。至于进入 NBA，这有点像中彩票。进入 NBA 的几率可以说微乎其微，而回报却是惊人的丰厚。凯文·加内特的例子证明，人们的固有观点是错的。他的成功，为新一代球员提供了未来发展的蓝图。如果他能做到，其他人也能战胜挑战，跳过大学立刻成为百万富翁。

这些幸运的少数人经历快速成长后，超越了同时代的其他人。很小的时候，他们就能运球、投篮和传球；他们是所谓的年轻才俊，注定要成为伟大的球员。全国发行的杂志为他们撰写赞美文章。排名分析专家在他们进入青春期甚至年龄更小时就把他们排在了榜单前列。激烈的竞争使得他们从小便眼界开阔。但他们游刃有余，他们的技术天赋碾压其他青少年。他们的梦想得到了呵护、延续以及鼓励。他们是特殊的一群人。不管是打比赛还是训练，他们把一切精力和时间投入到了篮球上。为什么不呢？篮球很有趣，篮球就像游戏。学业和融入社会被挤压到了不重要的位置。"他们是乐透赢家，百里挑一，是大海捞针才能找到的人才。是威尔特·张伯伦后最优秀的球员。"

夸夸其谈的人希望吸引他们的注意。他们承诺了美好的未来，声明自己才是最有能力指引这些年轻人收获大笔金钱的人。球员们能听到来自朋友、亲戚或者教练的建议。有时候来自各个方向的建议蜂拥而至，更多的人希望加入球员的核心小圈子。希望找到下一个迈克尔·乔丹的经纪人和星探围在他们身边，除此之外，还有同样热情的球鞋厂商。

高中教练曾经在过去很多年里承担了社区支柱这个角色，他们为尚未进入职业联赛的运动员们指引方向。麦迪签下合同后，夏季联赛的教练获得了更多的公信力和影响力。在那炎热的几个月里，除了在全美旅行、收获关注度和球鞋公司的赞美外，球员们也会得到排名、在人生简历上书写最初的经历。加内特出现后，"延迟享乐"的说法消失了。进入 NBA、获得财富和名气的过程中，障碍最少的路就是最受人偏爱的那条路。

这套体系会淘汰较弱的球员，那些经历的早期快速成长后没能继续实现飞跃的人。随着加内特、科比和其他人逐渐融入 NBA，一些高中毕业后试图直接进入 NBA 却失败的例子和那些实现成功转型的例子同样出名。读高中时，加内特曾经在夏季联赛里和一个名叫泰吉·迈克达威的孩子交过手。加内特在那之后随口对迈克达威说，他是个"球手"，后者把这个称赞记在了心里。迈克达威身高 6 尺 6 寸，他是身穿红白队服的帕尔梅托高中的全能型球员。他既能得分，还能抢篮板，也能防守。但帕尔梅托参加的是南卡罗莱纳州级别排在倒数第二的联赛。即便在南卡罗莱纳，迈克达威也没有名气。和迈克达威同一级的杰梅因·奥尼尔是南卡最顶级的球员，他从没听过迈克达威的名字，绝大多数大学教练和 NBA 管理人员也是如此。

迈克达威无视学业，但他是个出色的高中球员，他本可以在较低级别的大学联赛里成为一名不错的球员。尽管如此，他还是决定和小奥尼尔、科比一起报名参加 1996 年选秀。马蒂·布雷克是 NBA 球探部门的负责人。尽管在预测科比的问题上他大错特错，但他对迈克达威的评价却异常准确。第一次听到迈克达威的名字后，布雷克不得不给自己的消息源打去了电话。他害怕一个优秀球员或者说顶级潜力股被自己遗忘。

但情况并非如此。

"他不行。"布雷克告诉《波士顿环球报》，"是谁把梦想灌输给这些孩子的？"

迈克达威的决定让他的高中校长和教练无比震惊，他们均反对这个选择。"梦想有什么不对呢？"迈克达威接受《波士顿环球报》的采访时表示，"属于我的一天终会到来，我自己知道。我知道这一天会来的。这里没人觉得我疯了。"迈克达威的一个叔叔对报纸说，NBA 里没人能阻挡自己的侄子，之所以选情被看低，只是因为他在一所小学校里打球。

迈克达威和叔叔、母亲合住的活动房里的每一个角落都挂着装裱好的篮球证书，墙上还贴着公牛和乔丹的海报。选秀当晚，一家人看着电视，等待着好消息。

1996 年选秀夜，希望破灭的并非只有约翰·纳什一人。除了他的家人外，迈克达威如外界所料的那样落选了。他终究还是倒在了孩子的梦想与成年人的现实之间。

与此同时，史蒂夫·利顿正在安德森学院担任主教练，这是一所正在向大学二级联赛进军的大专。一天早上睡醒后，利顿在《安德森独立邮报》读到了这样一篇头条报道——"帕尔梅托的迈克达威选秀夜遭受打击"。安德森学院距离帕尔梅托高中只有 20 分钟的路程。利顿看过好几次迈克达威的比赛，他深信迈克达威有在大学某个级别联赛打球的实力。迈克达威的运动天赋很好，尽管投篮不算稳定，但他速度很快，又足够聪明，总能在自己打铁后抢下篮板将球补进。多年从事篮球工作的经验告诉利顿，在大学环境中和其他球员对抗几个月能起到神奇的作用，高中生的能力会得到极大提高，性格也会变得更加坚强。利顿担心迈克达威接受了糟糕的建议，未来可能因为错过成长过程中的关键环节而受到伤害，但他觉得自己没有立场向迈克达威提出自己的看法。

相反，利顿祝迈克达威好运。"我知道你有计划，也有抱负。"利顿对迈克达威说，"我只想让你知道，如果你遇到问题了，如果没能得到想要的邀请，希望你能给我与你合作的机会。"

落选时，迈克达威想起了这段话。迈克达威是否还有资格进入大学并不明确，但他决定加入安德森学院。他没把这个消息告诉利顿，后者是从球队成员口中才得知迈克达威入学的消息。利顿把迈克达威叫到了办公室。"你需要进力量房训练。"利顿说，"你需要练篮球技术，等赛季结束后我会帮你的。你得和我们的球员一起训练。不管是在这里，还是未来在篮球上的发展，这都对你都有好处。"

但这却是利顿与迈克达威进行的最后一次有意义的对话。通过申请，迈克达威重新获得了进入 NCAA 的机会，但他没有为安德森学院打过一场球，几乎从公众视野里消失。每隔一段时间，利顿总会听到迈克达威来到球馆的消息，但他从来没有定期训练。利顿不久后接受了弗吉尼亚理工大学助理教练的职位，他甚至不知道迈克达威在安德森学院有没有读完一个学期。在短暂的交流过程中，利顿很喜欢这个孩子。有时候他也在想，自己是不是有可能帮助这个孩子最大限度实现目标。"他做了一些糟糕的决定，也许听了一些不准确的建议。"利顿表示，"但很多人在人生中都会犯错，我自己也不例外。但很少有人像他一样付出这么大的代价。"

迈克达威试图重启职业生涯，他去了洛杉矶，和一个名叫埃利斯·理查德森的高中生交手。就像当初加内特对他那样，迈克达威称赞了理查德森。迈克达威高中时是校队的绝对核心，但理查德森根本没有融入自己在加州太阳谷理工高中的球队。理查德森换了学校，由于脚踝受伤，高三赛季他大部分时间是在板凳上度过的。理查德森的队友关系非常紧密，有没有他对球队来说并不重要。理查德森告诉队友，自己平时总和希亚·考顿这样的明星球员在一起。他是一个冷漠的人，连教练都觉得他性格古怪。

太阳谷高中主教练杰·维纳会问："埃利斯，你到底想不想打球？"他可能做出任何选择。

1998 年深秋，维纳出门度假。回到学校时，他无比震惊地听到了理查德森决定参加 NBA 选秀的消息。理查德森高一那年，加内特参加了 NBA 选秀。在那个容易受到外界影响的年龄，理查德森决定，未来有一天自己也要做同样的事。理查德森给 NBA 打去电话，询问需要做什么才能参加选秀，填好了所需的文件。几支 NBA 球队咨询他的情况，只是为了不遗漏任何情况。他们发现，理查德森甚至连加州前 100 高中生的排名都进不了。

"他是个运动能力很强的孩子，这毫无疑问。"维纳说，"但是NBA？或者说大学一级联盟？"

维纳和理查德森有一次曾短暂地谈过成长过程的问题，维纳建议他进入大专级别的学校。"你还没准备好。"维纳说，"你可以去那儿培养能力。"

"但是他听了其他人的意见。"维纳回忆道，"我心想，'你这是在搞笑吧。'"

理查德森没有在 1998 年选秀上听到自己的名字。宣布参加 NBA选秀的两年后，《洛杉矶时报》找到了理查德森。那时候，理查德森因为在圣费尔南多谷抢劫被判在监狱服刑八个月。

"选秀结束后，我意识到自己犯了错。"理查德森告诉《洛杉矶时报》，"过去两年半我学到了很多。我明白我面对的那些说我能被选中的人，都是冒牌货。我应该再等等的。"

在监狱里，理查德森祈祷、做俯卧撑，试图远离身边的暴力。被释放后，他会去公园打球，逢人便讲自己曾经参加过达拉斯小牛的试训，还说洛杉矶快船随时可能邀请他去打球。但这一天没有到来，他搬到了佛罗里达。

对于那些反对高中生参加 NBA 选秀的人，迈克达威和理查德森的故事就像是警示录。联盟就像被吊在前方、被众多孩子渴望、但却极少有人能触及到的一块巨大的糖果。持怀疑态度的人预测会有越来越的人倒在起跑线上，而这些孩子毁掉的是自己进入大学打球并接受教育的机会。迈克达威和理查德森面对大学级别的竞争都很挣扎，更别提职业级别的比赛了。

对于 NBA 来说，那些在索尼·瓦卡罗的训练营里接受检验、得到球鞋公司认可的新一代高中明星，可以说是相当棘手的一个群体。不少人在 NBA 取得了成功，但时不时也会有人明星梦破灭。年轻与潜力的结合，有时候会成为一杯毒药。而媒体对这两者的结合，总是有着过高的预期。潜力股的未来，总是比确定的现实更让人着迷。但结果，并不能总满足人们的预期。

没错，那些人确实被 NBA 球队选走了。他们实现了梦想，可梦想却变得越来越骨感。打篮球变成了工作。他们需要付出更多努力，流更多汗水，更加认真地训练。凯文·加内特和科比都明白，但有些希望借助他们的影响直接进入 NBA 的孩子却不明白这一点。没有人告诉他们，这个转变过程的难度会如此之大。球场上，他们面对的是需要养家糊口的成年人。打高中比赛时，他们从没遇到过这种级别的对手。到了 NBA，每个对手都要强于他们。他们不再像过去那样能轻易出手了，现在，他们需要跳得更高才能抢到那些高中时能轻松落到手里的篮板。进攻更加复杂，防守的难度变得更大。球队的教练还有赢球指标。教练们没有时间培养球员，也许当这些球员身体终于成熟时，教练要么被炒鱿鱼，要么离开了球队。

比赛也是一场接着一场。高中时，球员们一个赛季打30多场比赛。进入NBA后，球队几乎每隔一天就会打一场比赛。他们总是在旅行，需要不断适应新的床铺。尽管没什么上场机会，但他们依然很累。成为职业球员最初几个月里输掉的比赛，比他们之前人生中输掉的比赛总和还要多。他们觉得，媒体现在的吹捧只是为日后的攻讦埋下伏笔。他们想知道，为什么过去几年一直备受关注的孩子没有打出"下一个乔丹"的水平。被灌输了过高期望值的球迷开始揶揄、嘲讽他们。他们开始逐渐失去信心。

这些还只是他们在球场上面临的调整。球场之外，这些孩子发誓自己没有变化，可他们身边的一切、身边的所有人都发生了变化。一般来说，会有一个或几个朋友陪伴他们来到大城市，在新地方安家。可这些人和球员一样不知所措。管理财务？拿到NBA开出的第一张支票前，他们连银行账户都没有。可他们出人头地了，这意味全家人脱离苦海。全家人脱离苦海，等于其他亲戚发达了。其他亲戚发达了，意味着各种远房亲戚有出路了。每个人都有需求。假如球员给他们买了衣服，他们就想要车。给他们买了车，他们又想要房子。

没错，球员的收入确实高，可他们用得也快。连带收益——比如女人、恭维、名气、尊重以及更多的女人——当然也很好。可他们才刚刚踏入成年人的世界，完全不知道作为一个成年人到底意味着什么，也不知道如何才能投入精力开发自身的潜力。尽管已经有那么多人提出建议，试图讨好他们，可他们还是需要更多的建议。可问题是，这些运动员没有机会了解提出建议的到底是什么人，也不知道这些人到底想要什么。更衣柜相邻的32岁队友不愿意做他们的朋友或者导师，他们只想得到这些"孩子"得到的少数上场时间，以此让家人维持过去几年的生活水平。对手也不会照顾他们，这些人想要的是他们的合同。为什么这些小孩子没付出努力就拿到了三年保障合同、成了百万富翁？

一两年后，这些人的NBA生涯就走到了尽头。从一开始，他们就没有机会生存下去。每个人都有着出众的天赋，却在成长和发展过程中遇到了阻碍。想要继续向前，他们需要不断打磨自己。就像成长中的植物一样，他们需要水分、阳光与修剪，没有这些养分，他们的职业生涯终究会走向枯竭。绝大多数NBA教练和高管的建议是，进入NBA并非真正有意义的梦想。进入NBA只是开始。他们的目标应该是在联盟留下印记，好让自己获得第二份和第三份合同。否则，他们的名气也许能维持两三年。而他们从未考虑过的余生，就这样直接摆在了眼前。

但这不重要，每个人都会追逐下一个年轻的天才。至于水货、废柴，再见吧。

为什么要关注下一个孩子？因为他是乔丹之后最强的啊。

10

进入 NBA 的年轻球员成分出现变化，这让杰里·克朗格洛感到不安。克朗格洛是个白手起家的人，做过运动员的他是菲尼克斯受人尊敬的体育大亨。他一直担任菲尼克斯太阳队的总经理，直到1987 年，以他为首的投资人用 4450 万美元的价格买下了这支球队。自从 1992 年启用市中心的"美国西部"球馆后，太阳队的球票场场售罄。那个赛季，查尔斯·巴克利带领太阳打进了 NBA 总决赛，他的对手正是好友迈克尔·乔丹。公牛以 4 比 2 战胜太阳，完成了公牛王朝的第一个三连冠。

在体育界和菲尼克斯，克朗格洛绝对是一个有影响力的人物。截至 1994 年，他拿过四次 NBA 最佳总经理。他领头的一个财团创立了棒球队亚利桑那响尾蛇队（Arizona Diamondbacks）。橄榄球上，他拥有室内橄榄球联盟亚利桑那响尾蛇队（Arizona Rattlers）的股份。至于冰球？克朗格洛是 1996 年将温尼格喷气机队带到菲尼克斯的财团领袖。除了为体育版图带来改变外，克朗格洛还重振了菲尼克斯市中心地区。他把球队总部放在那里，为区域经济带去了活力。

克朗格洛在 NBA 浸染了数十年，亲眼见证了联盟从摇摇欲坠的初创期发展到球员薪水飙升到数百万美元的时代。他担心闸门一旦打开，局面会一泻千里，他担心人们只会记住高中球员失败的例子，忘记那些成功的球员。他也担心，NBA 满是那些心理、情感发育不成熟的孩子。克朗格洛认为，球员留在学校的时间越长，无论从运动还是人生角度他们便会经历更多，也会为职业生涯做出更好准备。1998—99 赛季停摆期间，克朗格洛提出了自己的担忧。可除了飙升的球员薪金，联盟还有更需要担心的事情。

好多年前，克朗格洛就预测到联盟和球员工会出现这样的对立。1989 年，球员工会主席拉里·弗莱彻（也就是经纪人埃里克·弗莱彻的父亲）去世，让球员和球队老板之间的互动机制出现了变化。在克朗格洛看来，拉里·弗莱彻很强硬。他知道什么时候该施压，但他也知道什么时候该退让。在克朗格洛看来，后者是谈判者的有利工具，也是各方能心平气和结束谈判的关键方法。工会新领导想要的越来越多，老板们则声称球队在经济上受到了损失。克朗格洛认为，球队老板联起手来，确立了一个更可靠的经济结构后结束了停摆。

联盟中有不少人赞同克朗格洛对联盟接纳高中球员的担忧。拉斯·格拉尼克是大卫·斯特恩手下的联盟副总裁，他觉得，整个流程能做到自我融洽。他认为，只需要一次重大失败就能阻止其他试图直接进入 NBA 的高中生。但在那个时候，规则就是规则，NBA 不禁止高中球员参加选秀。"即便凯文（加内特）已经进了联盟，但人们还是觉得他会是个例外。"格拉尼克回忆，"我觉得我们在预测有多少人愿意尝试并追随他这点上犯了错。"NBA 中大多数人并不认同杰里·克劳斯的观点，不觉得高中球员会是新的"人才池"。在前往中学球馆考察球员的问题上，他们极不情愿，态度也有所保留。人们很难预测一个青少年的身体究竟会发育到什么程度，也不知道这些孩子面对过去不曾想象的财富会出现什么变化。"我看过迈克尔·乔丹在高中打球的情况。"萨克拉门托国王队的球探基斯·德拉姆表示，"假如他高中毕业就成为职业球员，我们会对迈克尔·乔丹产生完全不同于现在的观点。他也许能够成长为一个很不错的球员，但他不会进入联盟就立刻成为明星。"选下凯文·加内特让凯文·麦克海尔及菲利普·桑德斯备受称赞，可即便这两人也不愿连续选择高中球员，最后放弃了选择科比的机会。冒险选下科比的杰里·韦斯特预测他能成为球星，但他也知道，科比像是个"局外人"。"有时候，潜力就像不好好保养的好车。"韦斯特说，"不认真保养，车很快就废了。这些孩子确实需要我们投入大量精力，想办法让他们走上正轨、帮助他们实现目标。很多人没能实现最初的预期。"

考虑这个问题时，大卫·斯特恩与格拉尼克想的是联盟的整体情况。选秀的目的，是为弱队补充球员。1995年选秀结束后不久，加内特是当届最出色的球员已经成为不争的事实。假如在大学打上一个赛季，让球队更准确地评估他的能力，加内特本可以成为状元秀。不过华盛顿子弹队的亚伯·波林敦促约翰·纳什不要进一步考察加内特，仅仅因为加内特是高中生。"签位比森林狼更好的四支球队没信心。"格拉尼克表示，"那时候所有人都知道他，也知道他会参加选秀。我们以为拥有更好选秀权的球队更有可能做出好的判断，但在这个问题上却很难真正做到。"

克朗格洛的结论，是建立在审慎思考基础上的。他管理过棒球队，在那里，一次选秀就会有数百名球员进入联盟。但这些球员会先在小联盟历练——这就好比进入大联盟前需要先从小联盟毕业一样。球员需要乘坐大巴往返于维萨利亚和梅肯这种无名小城，在酒店里睡着硬床，只有在小联盟里证明过自己后，名气、关注度、财富和外界的追捧才会到来。

克朗格洛本人曾是芝加哥高地布鲁姆镇高中小有名气的投手，

不少球队专程考察过他的比赛。由于没能收到理想数量的签约奖金，1957年，他决定进入堪萨斯大学篮球队。克朗格洛计划与伟大的威尔特·张伯伦搭档，赢下一个全国冠军。没想到，张伯伦这个超越了时代、让篮球更加现代化的人，竟然成为最早一批放弃剩余大学生涯、直接进入职业篮球领域的球员之一。

大三赛季结束后，张伯伦告诉克朗格洛，他准备提前离开大学，成为职业球员。大学比赛不再有趣，这些年里，对手的球员总是用种族歧视性的语言攻击他。张伯伦所在的时代还没有进攻时间限制，越来越多的球队在进攻时开始采用拖延战术，当堪萨斯进攻时，他们会派出三名球员防守张伯伦。大学毕业前，张伯伦无法进入NBA。但张伯伦并不准备规避这个禁令，他要加入哈林花式篮球队，进入NBA前的一年，他准备跟着这支球队四处表演。张伯伦以10000美元的价格把这个决定的故事版权卖给了《看》（Look）杂志，这比绝大多数NBA球员一个赛季挣得还要多。"我需要钱帮助家人。"他写道，"我们兄弟姐妹一共九个人，六个男孩三个女孩，我们的生活一直很艰难。我父亲57岁，他还得做杂工，一周挣60美元。我妈妈56岁，也得出门做家政。我想改变这种状态，好让他们不必工作，更多地享受生活。"张伯伦和哈林花式篮球队的合同金额达到65000美元，这在当时是篮球运动员闻所未闻的数字。

没过多久，克朗格洛也进入职业联赛，但他的身份并非球员。克朗格洛在1966年芝加哥公牛成立时贡献了一份力量。他在一个恰到好处的时间进入了NBA，那时篮球刚刚有了和棒球及美式橄榄球共同成为主流体育联赛的迹象。现场观众总数超过250万人，ABC电视台和NBA签下了五年400万美元的转播合同。NBA的版图不断扩张，1967年，圣迭戈和西雅图有了球队，1968年，密尔沃基和菲尼克斯也有了NBA球队。密尔沃基和菲尼克斯的球队都向克朗格洛发出邀请，请他担任新球队的总经理。克朗格洛觉得密尔沃基离家太近，和芝加哥相比，那里就像一个偏北的郊区。他决定前往菲尼克斯，以 28 岁的年龄成为职业体育史上最年轻的总经理。

＊　　　＊　　　＊

在高中球员进入 NBA 的问题上，克朗格洛的态度很明确。尽管如此，他还是会追随时代做出改变。和杰里·韦斯特一样，克朗格洛珍视年轻的科比的运动天赋及强大的动力。太阳试训过科比，科比的表现极为出色。为了得到科比，克朗格洛和球队主教练丹尼·安吉想尽各种办法试图向上交易自己的第 15 顺位选秀权。但他们没能找到愿意合作的球队，留在原地的他们选下了史蒂夫·纳什。

六年后，克朗格洛需要在另一个高中生身上做出决断。

阿玛雷·斯塔德迈尔是 2002 级排名第一的高中球员。他的身体和达雷尔·道金斯相似，身高 6 尺 10 寸、体重 240 磅的他远超普通青少年。想预测他身体完全发育成熟后会是什么样并不是难事。19 岁时，他已经有了棱角分明的肌肉。斯塔德迈尔经常被人称为"怪兽"，像他这种基因受到上帝眷顾的运动员，既能跑又能跳，还有着惊人的扣篮能力。还没叩开 NBA 的大门，斯塔德迈尔已经走过了一条非常艰难的道路。斯塔德迈尔在奥兰多外围地区长大，父母在他很小的时候就离婚了。阿玛雷 12 岁那年，父亲哈泽尔去世。他的母亲卡丽是监狱的常客，涉及的罪名包括盗窃、伪造和涉毒。哥哥小哈泽尔因为毒品和性虐待指控也进过监狱。幼年时的阿玛雷就经常靠自己填饱肚子。一般来说，总有教练愿意接纳有天赋的球员，这些孩子会像野草一样生根发芽。因为学籍问题和家庭闹剧，斯塔德迈尔一共上过六所高中，其中一所学校的教室还是在地下室。他只打过两个赛季的比赛，在这个过程中，他还帮忙抚养了同母异父的弟弟马万。斯塔德迈尔是唯一一个打出场均 29 分、15 个篮板和 6 次盖帽后仍然受到质疑的球员——那些正是他在佛罗里达柏树溪高中最后一年打出的数据。没错，他确实打出了惊人的数据，但他的球队输掉了 29 场比赛里的 13 场。

"考虑这件事时，我觉得这是个问题。"克朗格洛回忆，"我一直说，'我们不能选高中孩子。'团队里其他人说，'你得看看这个录像。'我看了阿玛雷在麦当劳全美比赛中的录像，他在里面就像一个成年人和孩子打比赛一样。"

太阳决定邀请斯塔德迈尔试训，由杰里·克朗格洛的儿子布莱恩·克朗格洛负责。布莱恩就读于康奈尔大学，后来被父亲带进太阳，最终成为球队总经理。斯塔德迈尔在试训中一半的出手投篮都是三不沾。"球连篮筐都碰不到。"布莱恩·克朗格洛回忆，"我们想知道到底是因为紧张还是技术问题，到底会是什么原因。后来我们知道，在那之前从来没有教练认真教过他，没有在投篮和技术上接受过真正严格的基础训练。"但斯塔德迈尔的运动天赋毋庸置疑，他给布莱恩·克朗格洛及太阳球探部门留下了深刻印象。但是否要赌这个高中生，太阳队内却出现了分歧。"单从天赋角度说，阿玛雷绝对属于已经做好了进入 NBA 准备的人。"布莱恩·克朗格洛回忆道，"问题在于，他在心理上有没有为 NBA 做好准备？他是否能确定取得成功，值得我们冒险？"

试训快要结束时，杰里·克朗格洛走进来看了几分钟。"就选他了。"克朗格洛说。太阳对斯塔德迈尔进行了心理测试，结果显示，他是一个有着极强动力的人。克朗格洛想到了自己早年的艰难生活，从而坚定了选择斯塔德迈尔的信心。

不过斯塔德迈尔仍须跌落到第九顺位，才能被太阳选中。拥有八号签的快船成为最大的隐患。选秀前不久，一个快船高管给布莱恩·克朗格洛打去电话。快船一直没能邀请斯塔德迈尔参加试训，更准确地说，他们根本没联系到斯塔德迈尔。快船高管指责太阳把斯塔德迈尔藏了起来，试图按照提前商量好的协议在第九顺位选下他。

"不，我们没这么做。"布莱恩·克朗格洛回答。快船表示，无论试训与否，他们都会选择斯塔德迈尔。"好吧，那就选吧。"克朗格洛说，"你比我们先选，想选谁就选谁。"不过快船最终还是用八号签选下了马里兰大学的克里斯·威尔考克斯，将斯塔德迈尔留给了太阳。

斯塔德迈尔成为第一个获得 NBA 最佳新秀的高中球员，他与史蒂夫·纳什的组合，也成为联盟中最致命的内外线双人组。12 年后，杰里·克朗格洛回想起了选择斯塔德迈尔时面临的两难局面，他坚持了当初的选择。"我必须为阿玛雷·斯塔德迈尔开一个特例。"他说。

11

停摆即将到来，迈克尔·乔丹可能退役，1998 年夏天的 NBA
已经是一番不同的天地，但这并没有阻止那些希望成为职业球员的
高中生。高四那年，新泽西圣帕特里克高中的埃尔·哈灵顿已经将
进入 NBA 设为自己的首要目标。放在四年前，这种想法必然会引来
嘲笑。从小到大，哈灵顿一直偏爱橄榄球。哈灵顿的妈妈莫娜·劳
顿总能在篮球一对一单挑时打爆儿子。那时的哈灵顿个子矮、动作
笨拙，还很胖，直到一年夏天，他就像被拉开的橡皮筋一样，个子
长高的同时也变得极为灵活。哈灵顿的技术成熟得很快，从各项
篮球技术看，他已经成为一个有能力的人，但还不是很出色。哈灵
顿能跳，但外界并不觉得他的弹跳很出色。他能投篮，但人们不觉
得他是投手。他也能防守，可人们也不会把他看作防守型球员。哈
灵顿并没有特别突出的能力，但人们普遍认为他是一个各项能力均
衡、有运动天赋且勤奋努力、随着时间推移能够不断进步的人。

听到哈灵顿高中毕业后准备直接进入 NBA 的消息时，莫娜·劳
顿一度觉得儿子被灌输了太多不切实际的幻想。哈灵顿收到大学奖
学金让劳顿很开心，她希望儿子进入北卡罗莱纳大学，她还特意给
教练打了电话，确保儿子有宿舍可住。让她失望的是，有一名和

哈灵顿位置重合的人已经决定加入北卡。"妈，我去上大学为了什么？"哈灵顿有一天问道。

"为了接受教育。"劳顿回答，"为了你大学毕业后能得到份好工作。"

"立刻进入NBA，意味着我能得到那份工作。"哈灵顿说，他还表示自己可以在夏天选修课程。劳顿发现她很难反驳儿子的逻辑。选择NBA这个决定反而能减轻哈灵顿的负担。有数不清的大学想招募他，拒绝所有学校总比向一所学校做出承诺简单。这个决定同样减轻了来自哈灵顿AAU球队和高中队友的压力，这些人都想和他在大学继续做队友。哈灵顿的一个高中队友沙辛·霍勒威就读于西顿霍尔大学。西顿霍尔有一次在夏威夷输了场比赛，霍勒威赛后给身在新泽西的哈灵顿打了电话。因为时差原因，哈灵顿已经睡了几个小时。"加入我们吧，加入我们吧。"霍勒威不停地说，总想让半睡半醒状态的哈灵顿加入西顿霍尔大学。

哈灵顿从NBA得到的反馈是，他会在第八顺位到第十五顺位之间被选中。这个预测让哈灵顿谨慎地选择留在家中，没有前往那一年设在温哥华的选秀大会现场。毕竟，只有少数高顺位新秀才有机会与大卫·斯特恩握手。几十个家庭成员、朋友、队友和教练与哈灵顿一起，聚集在新泽西南橘郡的尼斯南方风味餐厅。他们一起吃饭，一起盯着电视大屏幕。斯特恩首先宣布，快船选下了太平洋大学的内线迈克尔·奥洛沃坎迪，这是一名几年前才开始打篮球的球员。随后，斯特恩叫出了一个又一个名字，欢迎这些新人加入NBA大家庭。哈灵顿确信，黄蜂会用21号签选择自己，但黄蜂的选择却是爱荷华大学的后卫里基·戴维斯。选秀大会开始前哈灵顿的希望破灭了，乐观情绪也彻底消散了。"埃尔，你会成为明星的。"哈灵顿的姐姐蒂芬妮一边拥抱一边对他说，"头抬起来，不要灰心。"

随着选秀的进行，堪萨斯州威奇塔的柯里昂·杨也在不停祈祷。"上帝啊，让我在第一轮被选中吧。"他在心里这样说。他知道，首轮秀和二轮秀有着巨大区别。首轮新秀能得到至少三年的保障合同，二轮秀必须挤进球队大名单才能拿到钱，而且随时面临被球队裁掉的风险。柯里昂·杨是弗吉尼亚寄宿学校哈格雷夫军事学院的学生，他也报名参加了选秀。高中时期，他依靠身体优势压制各种对手。他的肩宽根本不像一个高中生，就像穿着橄榄球用的护肩一样。选秀大会当晚，邻居特意在一间酒吧为他举办了派对。整个威奇塔似乎有一半的人都聚集在了那家酒吧。柯里昂·杨他们原本预计会有100人参加派对，但至少有两倍于这个数字的人涌进了酒吧。所有人都盯着电视屏幕，首轮选秀结束，杨没有听到自己的名字。不管怎样，他的命运都会在那天晚上决定。酒吧放着刺耳的音乐，桌上放着吃的喝的。"去他妈的，不管被选中没有，今晚都要尽兴。"杨心想。

那天晚上，杨的父亲也来到了酒吧。尽管都在威奇塔生活，但父子俩形同陌路。据杨回忆，他的一个朋友要他父亲离开——敢留在酒吧，后果自负。一种震惊的感觉袭过杨的大脑，但这种感觉很快便消失殆尽。过去很多年，他一直梦想着这一天的到来。他想心无旁骛地庆祝，他同意打发走自己的父亲，全心投入到派对中。

有可能进入职业联赛的三名高中球员中（埃利斯·理查德森那年春天也错误地选择了参加选秀），只有拉沙德·刘易斯和其他顶尖新秀一起出现在温哥华。刘易斯从小在休斯顿长大。最初他并没有计划参加选秀，但他的家乡球队火箭拥有三个首轮选秀权。刘易斯得到保证，火箭会用其中一个选秀权选下他。但是，火箭分别在14、16和18顺位选下了迈克尔·迪克森、布莱斯·德鲁和米尔萨德·特尔坎。那一晚，坐在选秀小绿屋里的刘易斯度日如年。坐在周围的人听到名字被叫起时的庆祝，就像烟花一样炸开，他们实现了梦想。而刘易斯，仿佛亲眼目睹自己梦想的缓慢死亡。他感觉虚弱和眩晕。"我已经聘请了经纪人,所以我不能回去上学了。"他想。首轮选秀不断进行,刘易斯感到恐慌,如果这轮选秀结束时还没听到自己的名字,他害怕自己会一无所有。"得不到合同,什么也没有。"他心想。

刘易斯坐立不安。他得拼了命才能挤进一支球队,也有可能流落到海外联赛。对于他和大多数青少年来说,这种情况尤其让人害怕。

刘易斯最初的计划是进入休斯顿大学,和儿时的朋友成为队友。但休斯顿大学不久前炒掉了埃尔文·布鲁克斯,打乱了刘易斯和布鲁克斯的儿子埃尔文三世及其他人成为队友的计划。刘易斯又高又瘦,身高 6 尺 10 寸的他既能做内线,也有外线攻击力。NBA球探去阿里夫·埃尔西克高中考察过他,可直到布鲁克斯被休斯顿大学解雇后,他才开始认真考虑参加 NBA 选秀。

"不仅如此,我还可以留在家里。"刘易斯回忆,"我可以被休斯顿火箭选中,这样妈妈就能继续照顾我,这就让我更有兴趣直接进入 NBA。因为说真的,这就像在自家后院一样。"选秀当天,胡安妮塔·布朗坐在儿子身边。从小她就是体育迷,和哥哥、弟弟一起看过无数比赛。对于儿子的决定,她感到担心。她尽了最大努力,把过去失败的例子告诉儿子,不断强调谦虚、勤奋的重要性。最后,她还是把选择权留给了儿子。刘易斯马上就要成年了,胡安妮塔认为,如果抢走如此重要的决定权,儿子也许对她会心有怨言。现在,她开始担心自己是否做出了正确的决定。等待选秀结果的时候,她和儿子一样痛苦。胡安妮塔最初希望休斯顿以外的球队选走刘易斯,以便让他独立生活、迅速成熟。现在,她迫切地希望随便一支球队能够选走刘易斯,结束他们两人的痛苦。看着刘易斯的脸,胡安妮塔明白,因为前途未卜,两人都感到沮丧和痛苦。刘易斯向来是个安静的孩子,他只在做好准备时才开口说话。不管怎样，胡安妮塔试图聊天的努力没有成功。"拉沙德，总会来的。"她试图振奋刘易斯的精神，"你会被选中的。"刘易斯一度离开小绿屋，默默地在洗手间哭泣。胡安妮塔则在不停祈祷。

夜色越来越深。其他球员在庆祝，那些一只脚小心踏入成人世界的高中生们，还在等待。

＊　　＊　　＊

前文提到的三名高中球员同时参加那一年的选秀并非巧合。整整一年，他们都把对方视作标杆，在 AAU 联赛或高中比赛里互为对手。球鞋公司会定期安排比赛，这也是他们对业余比赛兴趣越来越浓厚、控制力越来越强的标志。耐克 1998 年 1 月主办了一个埃尔·哈灵顿与柯里昂·杨交手的比赛，共有六支球队参加了这个名为"耐克超级六强"的赛事，一共进行了三场比赛。

哈灵顿尤为期待这个比赛。那一年里，在全美高中生排名中，他和柯里昂·杨对第一名的争夺非常激烈。哈灵顿认为，如果他能打出好的表现，在柯里昂·杨面前证明自己，他就能跳过大学直接进入 NBA。大约有 5000 人观看了那场比赛，其中有大学教练，也有来自快船、国王、开拓者、尼克斯和马刺的球探。尽管观众数量远没达到麦迪逊广场花园球馆近 20000 人的规模，但在这座球馆比赛本身，足以让人们近距离观察每一名球员，更不要提逐渐老去的迈克尔·乔丹与年轻的科比·布莱恩特不到一个月前刚刚在这里上演了精彩对决。

热身时，哈灵顿的感觉很好，他相信比赛开始后手感绝不会背叛自己。开场后他的势头很猛，上半场就得到了 18 分。第二节时，哈灵顿投进了一个三分。他冲着柯里昂·杨微笑。"你怎么不进一个？"他调笑道。杨用一个三分球回敬了哈灵顿。"我喜欢你跟我说话。"两个人跑回后场时，杨对哈灵顿说。哈灵顿抢到进攻篮板后，再次用扣篮做出了回应。两个人很少互相防守，让人们看到了预想中的对攻场面。

对哈灵顿来说，能在麦迪逊广场花园打球已经是件非常了不起的事了。他在哈德逊河对岸的北新泽西州长大。和大多数 NBA 潜力股不同，哈灵顿属于后起之秀。他不是被娇惯的运动员。在高中表演《安妮，拿起你的枪》时，哈灵顿扮演过弗兰克·巴特勒。他做过教堂门童，在学校的平均绩点达到 3.4。

高中时，哈灵顿的篮球水平有了飞速提高。他的父亲老埃尔·哈灵顿曾是业余拳击手，十年前突然去世。这场悲剧让全家人的关系变得愈加紧密，作为林肯隧道的收费员，莫娜·劳顿没日没夜地工作，让哈灵顿和他的三个兄弟姐妹过上了温饱的生活。高一进入篮球队时，哈灵顿没能进入首发。不过那年夏天，他得到了新泽西尤尼恩地区 AAU 球队教练桑迪·佩奥宁的指导。佩奥宁曾经指导过艾德加·琼斯，后者曾是 70 年代中期新泽西州一个颇有统治力的球员。密尔沃基雄鹿选下了来自内华达大学雷诺校区的琼斯，而佩奥宁继续在新泽西州干着 AAU 教练的工作，开着他那辆用了很多年的道奇突击者，为自己的球队招募州里最优秀的业余球员。"他连上篮都够呛。"佩奥宁回忆。不过哈灵顿迅速成长，他成为佩奥宁队中的明星，往返于美国东海岸城市参加比赛。1996 年，哈灵顿在索尼·瓦卡罗的 ABCD 训练营打出了不错的表现，但在那一年，没有人能比得上特雷西·麦克格雷迪。第二年夏天，哈灵顿的高中教练凯文·博伊尔更换了签约的球鞋公司，哈灵顿放弃阿迪达斯，去了耐克在印第安纳波利斯的训练营。不久之后，大学的招募电话纷至沓来。西顿霍尔大学的汤米·阿梅科尔在教练可以接触高中球员的第一天凌晨 12 点 01 分就打来了电话，家里人把收到的数千封招募信件装满了几个鞋盒。不过佩奥宁告诉哈灵顿，如果努力训练、成为全美排名第一的高中生，他就能直接进入 NBA。哈灵顿相信这种说法，他努力训练，认真打球。他从商业角度考量了自己的决定，认定这是一条确保最美好未来的稳妥且快速的途径。在由全美高中篮球专家确定的排名中，哈灵顿在同届球员中非常接近第一的宝座。他需要做的，就是在柯里昂·杨面前证明自己。

哈灵顿正在证明自己，当他在上半场打出出色表现时，柯里昂·杨却迷失了。比赛开始前，在麦迪逊广场花园球馆里漫步时，同样登上过这片场地的运动员及艺术家的照片让杨感到无比惊异。上半场，杨出现了 7 个失误，圣帕特里克高中取得了 31 比 26 的领先。老麦伦·佩吉是杨的导师，尽管在球队没有正式职位，但他可以随意进出球队。中场休息时他来到更衣室向球员发出恳求，要他们拿出更好的表现，不要丢人。未来几年里，杨和佩吉的关系被放在了显微镜下，成为业余篮球日益严重问题的最好例证。

＊　　＊　　＊

柯里昂·杨在威奇塔市 24 街与洛琳大道交汇处的一栋房子里长大，他所在的街区经常能听到预示龙卷风来临的刺耳警报。柯里昂是金·杨的独生子，孩子出生前不久，她正在读《教父》。她参考书中脾气火暴的大儿子桑蒂诺·柯里昂的名字，给儿子起名桑蒂诺·柯里昂·杨。杨听说自己的父亲胡安·约翰逊高中时曾是田径明星，他偶尔看到约翰逊出现在威奇塔，但约翰逊从来没有承认杨是他的孩子。

柯里昂·杨总是在打架，不是和表兄安东尼，就是和嘲笑他口吃的邻居孩子。金·杨并不认为儿子是个爱惹事的人，相反，她认为性格活跃的柯里昂是在想办法控制自己无处释放的活力。她让柯里昂参加课外活动——用她的话说就是，"让他忙起来"。就这样，杨开始了各种尝试。他试过橄榄球，但篮球最终成为他的真爱。他拆掉自行车车轮上的辐条，做成一个篮筐。自行车越小，车轮也就越小，他的投篮技术就越能得到锻炼。柯里昂的祖父查尔斯·杨 60 年代曾短暂在哈林花式篮球队打过球，他后来为柯里昂做了一个真正的篮筐。

杨的个子长得很快，压过其他孩子一头。10 岁后，他开始和天赋满满的威奇塔先锋队一起打球。威奇塔先锋队是一支顶级球队，而且入队要求非常严格；球员每周日必须去教堂参加礼拜，在学校也需要拿到高分。杨迅速成为球队的明星，六年级时就完成了人生第一次扣篮。他既有身高、运动能力又好的说法，很快传到了堪萨斯城 AAU 联赛。1992 年，杨加入堪萨斯城一支名叫"儿童慈善医院 76 人"的球队，球队主教练是约翰·沃克。这支球队拥有七名未来的 NBA 球员，不过杰隆·拉什是全队最好的球员，他是一名技术细腻的前锋，年纪很小时，就因为出众的能力受到外界的关注。汤姆·格兰特是拉什的赞助人，格兰特是 LabOne 公司的 CEO，是本地的百万富翁，也是堪萨斯大学的校友。格兰特支付了拉什上私立高中的学费，还赞助了 76 人队，杰隆的好友小麦伦·佩吉很快也进入了球队。

1995 年夏天的一次训练中，格兰特向球员介绍了新主教练：老麦伦·佩吉。老佩吉曾经贩过毒，1989 年时还因为开枪射击堪萨斯城的警察而蹲了一年监狱。格兰特知道杰隆·拉什与佩吉一家的关系，他想要通过这种联系让自己的明星球员开心、满足。佩吉能言善道，靠着一张嘴，他爬到了球队最高层。"我们心想，'搞什么？麦伦做不了教练。'"杨回忆，"记住，他没做我们的教练，我们有教练。他只想掌控一切。佩吉就是表现出一副强硬的样子，坐在板凳末端，吓唬其他 AAU 球队教练。"

佩吉的蹿升，与耐克试图锁定高中球员、隔离瓦卡罗与阿迪达斯恰好重叠在了一起。为了抵挡瓦卡罗和阿迪达斯，耐克聘请佩吉担任公司的顾问。儿童慈善医院76人队很快成为一支到处参加比赛的全明星球队，队里满是即将进入大学一级联盟的球员。在全美旅行时，他们乘坐头等舱，住豪华酒店。

"我们搞砸了一切。"杨说，"妈的，那成了场战争。我们挑起了耐克和阿迪达斯的战争。我、科里（马盖蒂）、杰隆、埃尔（哈灵顿）和拉沙德（刘易斯）。"

格兰特和耐克最后都给佩吉涨了薪水。"我们勾搭上了迈克，这真美好。"杨开玩笑地说，"我和我妈1996年得到了一辆1996年产的日产天籁，我还有一辆82年的英帕拉。我只穿耐克。耐克每隔几个月就会送来装满东西的包裹。耐克的影响就是终极影响，否则怎么所有孩子都穿Jordan球鞋？"

佩吉会把钱分给手下的顶尖球员——杨、拉什和他的弟弟卡里姆·拉什、马盖蒂和安德烈·威廉姆斯。后来一份联邦起诉状诉称，佩吉谋求的是阿尔维斯·史密斯和乔尔·霍普金斯早年帮助麦迪得到的那类报酬。

夏天时，柯里昂·杨的生活完全围绕AAU展开。开学后，他需要听东威奇塔中学主教练罗恩·阿伦的指挥。阿伦是个强硬的人，当柯里昂六年级一鸣惊人时，他就知道了这个名字。柯里昂高一时，阿伦就选他进入校队，他的计划是循序渐进地培养。可是当14岁的杨出战第一场比赛时，阿伦的设想就破灭了。柯里昂·杨表现异常出色，第一次参加校队比赛就拿下了27分。在阿伦的印象中，柯里昂·杨就是一个没经验的查尔斯·巴克利，能对抗比自身更高大、更强壮的对手。阿伦试图让自己的明星球员更加脚踏实地。阿伦属于老派教练，70年代初他曾在亚利桑那大学打过球。当柯里昂·杨要脾气时，他，阿伦不会迎合他的要求。他经常禁止杨参加训练，以此表明立场。阿伦会说："今天不是好时候，明天再试试。"

但在 AAU 联赛急速膨胀的权威面前，阿伦还是太天真了。夏天一开始，他就把杨交给了佩吉。杨高三前那个夏天拜访 AAU 联赛的场地时，这个项目的规模让阿伦感到无比震惊——无论是球鞋、队服、观众，还是有关比赛的一切。"对我来说那就像走进了一片新天地。"他回忆道。

那年夏天晚些时候，杨从堪萨斯消失了。1997 年 8 月，《今日美国》的一名记者给阿伦打去电话，求证柯里昂·杨是否转学到了弗吉尼亚查塔姆的私立寄宿学校哈格雷夫。阿伦完全被蒙在鼓里，这个消息让他非常意外。他给杨的母亲金打去了电话。"教练，柯里昂没跟你说吗？"她问。

阿伦知道，杨不愿意承认他有转学的打算。但金逼迫儿子接了电话。"怎么回事？"阿伦问道。

"我就是准备留在这儿。"杨回答。

"为了什么？"阿伦问，"因为什么原因？"

杨沉默了。

"听着，如果你想这么做，如果这真是你的决定，我会支持你。"阿伦说，"但如果你是为了别人或者别人的目的这么做，我不同意。我们的谈话到此为止，等你回到威奇塔，等 AAU 比赛结束，我们希望你回来，我们一起吃顿汉堡，坐下来谈谈这件事。"

回到威奇塔后，杨和阿伦见了面，说明了他要转学的决心。杨自己说，他已经超越了这座城市。媒体对他未到饮酒年龄而喝酒的事大篇幅的报道，也让他坚定了信念。那年早些时候，杨和几个球员以及一些拉拉队员去托皮卡客场打比赛时，偷偷带酒进了酒店。事情败露后，杨谎称自己没有参与。事后证明他确实参与其中后，因为被禁赛一场，杨觉得自己被专门针对了。当地电视台把摄像机架到了母亲家门口。那时，他就在考虑转学的事了。但他又听说哈格雷夫球队里有不少好手的消息，小麦伦也有转学到那里的计划。

阿伦恳求他重新考虑这个决定，但杨的态度很坚决。

"我对这个孩子的爱没有减少。"阿伦回忆，"我仍然关心他这个人。他是个好人，他愿意为你做任何事，他就是那样的人。但是他太年轻了，不能独立生活。到了最后，那对他造成了反噬。"

转学到哈格雷夫的过程并不轻松。在威奇塔时，柯里昂·杨通常可以随心所欲地做任何事情。由于想招募他的人太多，他的妈妈那时不得不在家里装上第二部电话，杨天天给其他女孩打电话。但哈格雷夫尤其强调纪律。哈格雷夫的校长是约翰·W·雷普利上校，他是一个受过多次表彰的海军陆战队成员。学校不允许杨拥有电话和电视。每天早上六点必须起床，晚上十点必须睡觉。最初几周，只要有机会，杨都会打电话向妈妈哭诉。尽管如此，哈格雷夫还是拥有自己的优势。因为学校在全美范围内的名望，杨可以从不同的大学中进行选择。他差一点就去堪萨斯大学，也差一点和贾伦·拉什一起去了 UCLA。"在哈格雷夫最疯狂的是，我们教练组从来没有讨论过他会跳过大学直接进入 NBA。"当时在哈格雷夫担任助教的凯文·基茨表示，"我们说的全是大学、招募以及他会选择哪个学校。"

杨希望在面对更强的对手时得到更多曝光度，与哈灵顿的交手满足了他的愿望。两人交手的下半场，比赛还剩不到五分钟时，圣帕特里克中学领先了 7 分。哈格雷夫奋起反击，杨在比赛还剩 2 分 23 秒时，将比分扳为 56 平。在那之后不久，杨就因为犯规次数已满被罚出场。所幸，拉瓦尔·亨菲尔的三分为哈格雷夫打破了僵局。圣帕特里克本有机会扳平比分，但却在试图为哈灵顿创造单打机会时出现了失误。哈格雷夫最终以 63 比 59 取胜。

哈灵顿打出了更好的个人表现，他 15 投 9 中，拿到 28 分和 7 个篮板。杨克服了开局慢热的问题，拿到了 20 分和 8 个篮板。尽管哈格雷夫偷走了一场胜利，但这场比赛反而让哈灵顿更有信心，认为自己是全美最强的高中生。

＊　　＊　　＊

埃尔·哈灵顿是那天晚上第一个被选走的高中球员，印第安纳步行者在第 25 顺位选中了他。听到自己的名字后，哈灵顿跳了起来，高高举起双手。他走到餐厅的角落哭了出来。

抬头时，他看到有人推出了一块大蛋糕。蛋糕上写着："天空才是极限，大埃尔。"

哈灵顿将要加入的，是联盟里的一支优秀球队。步行者拥有众多老将，之前一个赛季打出了 58 胜 24 负。在东部决赛中，他们将公牛拖入了七场大战。步行者的"总设计师"唐尼·沃尔什曾经认为高中生不会打出多大名堂。但他看到了凯文·加内特的影响力，也意识到了科比·布莱恩特的潜力。沃尔什依然认为青少年无法立刻改善球队的成绩，但他希望哈灵顿跟随老将学习几年，在个人逐渐成熟且老将们淡出后承担更重要的角色。凯尔特人传奇球星拉里·伯德回到家乡，成为步行者主教练。伯德的观念是，只要有能力，就该得到上场时间——年龄多大不重要。球员时代，伯德本可以提前离开印第安纳州大加入 NBA，凯尔特人 1978 年就用六号签选下了他。但伯德选择在大学打完最后一年，除了让他和"魔术师"约翰逊的宿敌意味变得更深，也让球迷重新燃起了对大学篮球的兴趣。"我觉得这些孩子应该留在学校。"伯德这样评价哈灵顿，"但他做出了决定，我们会慢慢培养。再等两三年，他本可以成为前五顺位的新秀，但他觉得现在的自己就能打职业联赛。具体怎么样，我们会知道的。"

首轮选秀结束了，拉沙德·刘易斯没精打采地坐着。他知道自己的高中队友聚集在家乡教练的家里观看选秀。作为小绿屋里剩下的最后一名球员，他觉得特别丢人。

超音速了结了刘易斯的痛苦，他们在哈灵顿之后七个顺位，用第二轮的三号签选下了刘易斯。超音速同样是一支优秀的球队，前一个赛季它打出了 61 胜 21 负。选秀前，刘易斯甚至没有在这支球队试训过。但他并不在乎。压在身上的重担似乎全部消失了。他转身看着妈妈，"妈，我会进入这支球队的。"刘易斯说，"首轮和二轮不一样，一切都没有保障。"

"我知道，但你能做到。"布朗回答，"你能入选这支球队。"

"没错，我知道我能。"刘易斯说。

威奇塔的派对进入了高潮，底特律活塞终于在第 40 顺位选下了柯里昂·杨。活塞总经理里克·桑德那年夏天在芝加哥的选秀前训练营里看过杨的表现。杨已经发育成熟的身体引起了他的巨大兴趣。桑德认为，选择高中球员最有难度的部分，就是无法确定他们的身体会怎样发展，不知道他们能否承受比赛的强度。在桑德看来，杨属于无成本投资，他的上限很高，风险却很低。如果发展不如预期，球队随时可以放弃他。对于不久前还没定义为潜力明星的人来说，这似乎是一个本不该出现的结果。"这是个好的赌博。"桑德回忆，"你不会在首轮做这种赌博。"

12

拉沙德·刘易斯想知道，到底会不会有雨停的那一天。西雅图的天永远是阴沉沉的，每天似乎都能看到厚厚的乌云。他的心情和天气一样阴沉。并不是说他抑郁，但是刘易斯认真思考了自己发生巨大变化的人生。变化太大了。德州与西雅图不同的气候，只是整体变化中一个显著的环节。选秀结束后刘易斯留在德州，忍着闷热、潮湿的环境，和高中教练杰雷尔·哈特菲尔德一起在一个小训练营里训练。尽管不确定的未来以及 NBA 整体的不稳定让刘易斯感到紧张，但家乡仍然能带给他熟悉、自如的感觉。NBA 陷入停摆边缘时，刘易斯赶到西雅图，搬进了一间公寓。他的妈妈胡安妮塔·布朗提出和儿子一起搬到西雅图的建议，不过最后他们还是决定，胡安妮塔应该留在德州，和刘易斯的兄弟姐妹一起生活，继续工作。

想法设法试图保持身体状态的几个超音速老将向刘易斯发出了打野球的邀请，这让他很是兴奋。刘易斯和来自 UCLA 的一个新秀杰拉尼·麦考伊一起坐上了一辆车。司机走错了方向，两个人抵达时，比赛已经开始了。加里·佩顿是球队的明星控卫，他经验丰富，说话直来直去。看到迟到的两个人时，佩顿停下了运球。"你们到底在干什么？"佩顿大喊，"你们迟到了，你们应该按时到。"所有目光都聚集在了刘易斯和麦考伊身上。刘易斯说，他们和不愿意上学的学生不一样。他们指着司机，"那是他的错。"刘易斯说，"他迟到了，还不知道方向。"

在佩顿看来，这两人的迟到，再一次证明了联盟新生代球员的心态。30 岁的佩顿已经在西雅图效力了接近 12 年，超音速是联盟的强队之一，而球队未来的成败完全取决于佩顿的场上表现与领导能力。随着迈克尔·乔丹基本确定退役，1996 年总决赛输给过乔丹和公牛的超音速被看作争冠热门球队。当乔丹和与他同一代的超级巨星——"魔术师"约翰逊、拉里·伯德、帕特里克·尤因、查尔斯·巴克利、卡尔·马龙等人——退役或者步入职业生涯末期时，佩顿跻身联盟顶级球星，他是乔丹之后崛起的众多球星之一。尽管如此，他还是从老一代球星身上学到了很多。佩顿得到的一切都是靠自己争取的，没有人会把荣誉白白送给他。而新一代的球员先是成了百万富翁，随后再去学习深奥复杂的比赛。佩顿觉得，他必须立刻得到刘易斯和麦考伊的尊重。"你是新秀，那又怎样？"佩顿心想，"你被选中了，那又怎样？在你之前被球队选中的人和你们一样强，甚至比你们还厉害。你们就像对待一份普通工作一样出现在这里？要尊重这份工作。如果其他人都能准时出现，为什么你们要迟到？"

"我不管。"佩顿对着新秀大喊，"给我的人打个电话，他们会去接你。但你们必须过来，必须努力。"

佩顿的警告让刘易斯吃了一惊。也许他想要的东西太多，想要得太急。他早就意识到，自己的职业生涯存在一个"保质期"。他希望成为 NBA 球员，签下一份合同，在出现任何可怕的伤病前保证未来的生活。仅仅几周前他还是个青少年，更准确地说，他还是个孩子；早上妈妈叫起床、帮他装好午餐、送他上学的生活让他很是满足。刘易斯还没有签合同，但已经买下了一份价值 250 万美元的保险。尽管靠打篮球挣钱不是问题，但胡安妮塔·布朗显然不允许儿子花掉还没挣到的钱。她带着刘易斯开了人生第一个银行账户，但他们没有买刘易斯喜欢的"艳俗货"，比如大屏电视。不过胡安妮塔还是允许刘易斯买了一个新手机和一辆车，也不再禁止他在二头肌上文身。恍惚间，刘易斯突然明白，他要自己起床、自己支付各种账单，还要有足够的纪律性克制每天都吃快餐的欲望。

保持沉默，听教练的话，小心谨慎不与球队老将产生冲突，对拉沙德·刘易斯来说，这些事情并不难做。佩顿的训斥为刘易斯提供了动力。有机会上场比赛时，他会拼尽全力。超音速助教德维恩·凯西观察到了刘易斯的这些举动。凯西注意到，刘易斯和任何人的话都很少，他只是在场上做自己该做的事，慢慢融入球队。刘易斯在一瞬间展现出了自己的天赋。他抢断了佩顿，改变了场上的攻防态势。佩顿奋力紧追，跳起后试图盖掉刘易斯的出手。在佩顿头上完成扣篮后，刘易斯大吼了一声。就在那一刻，凯西相信，刘易斯有成长为球星的能力。佩顿是联盟的垃圾话高手，即便和乔丹对位时，他的嘴巴也从来没停下过。刘易斯扣篮后，佩顿只是要求队友界外发球给自己，小心地带球到前场，观察刘易斯的位置，确保不会第二次被抢断。

由于停摆，NBA 管理层无法与球员联系。联盟取消了新秀营、训练营、季前赛和常规赛揭幕。当完整赛季面临被取消的风险时，劳资双方突然宣布达成了协议。球员在工资部分损失了近 5 亿美元。常规赛匆忙开始，整个赛季只有 50 场比赛，而非 82 场。球队有时会三个晚上连打三场比赛。乔丹退役了，他说自己已经拿到了篮球比赛里所能拿到的一切荣誉。联盟需要应对对比赛失去兴趣的球迷，他们失去的不只是最受欢迎的篮球运动员，还是地球上知名度最高的人物之一。联盟公布的赛程中取消了训练营和季前赛，各支球队如何培养年轻球员变得尤为重要。和其他新秀相比，高中球员尤其需要严格训练与指导。太多原本前途光明的新秀被烂队选中后，最终变成了水货。但出色的教练团队有时能够督促球员突破个人上限。拉沙德·刘易斯、埃尔·哈灵顿和柯里昂·杨从球队得到的待遇各不相同，这既反映了球员的个人价值，同样也反映出了球队的价值观。

超音速的教练们一致同意，对于刘易斯的培养要从长计议。因为赛季匆忙开始，绝大多数球员都受到了伤害。不过刘易斯却从中受益。在佩顿头上完成扣篮后不久，超音速就给刘易斯开出了一份两年保障合同。超音速没有义务为刘易斯开出合同，他们也可以选择送出一份小合同。但相反，超音速展现出了在刘易斯身上投资的决心，缓解了他的紧张情绪。停摆也让刘易斯拥有更多时间，在不被外界关注的情况下衡量自身与职业球员的差距，这让他变得更有信心。在那之后，刘易斯曾经想过，如果没有停摆，自己到底能不能留在球队。赛季开始后，一切都在飞速进行，刘易斯根本没有时间多想。布朗仍然担心自己的儿子，他们几乎每天都会打电话。不过佩顿和其他队友发誓照顾刘易斯后，布朗的焦虑得到了一定程度的缓解。刘易斯几乎没有上场时间。尽管如此，少数的几次上场机会却成为刘易斯从一年 30 多场的高中赛季进入职业联赛的完美过渡。有时和双胞胎姐姐聊天，当对方聊起大学经历时，刘易斯会产生一丝嫉妒心理。他偶尔会去华盛顿大学的校园里打球、闲逛，"我就像一边做 NBA 球员，一边试图过上大学生活一样。"刘易斯回忆，"我在想办法跟上他们的节奏。"

接下来几年，刘易斯会成长为内外兼备的可靠攻击手，最终成为全明星球员。2007 年，他和奥兰多魔术签下了 1.18 亿美元的合同。当被问到哪份合同具有更重要的意义时，刘易斯没有丝毫犹豫。"第一份合同。"他说，"作为一个小孩子，梦想着进入 NBA。签下第一份合同，我不在乎是 100 块还是 10 万块。能签下一份 NBA 合同，能在 NBA 打球，我已经很开心了。钱对我来说一点也不重要，我只想进入 NBA。签下合同后，我给所有人打去了电话。我签的是底薪，数量甚至还不到底薪，而是按比例拿到一部分（需要扣掉停摆时损失的场次）。第一个赛季我挣了 10 万美元，甚至还不到那个数。但我觉得自己就像一个百万富翁。我不在乎。"

*　　*　　*

公牛王朝解体后，印第安纳步行者是众多想要抓住这个机会的球队之一。步行者的明星雷吉·米勒多年来一直是乔丹的死敌，但他的球队却总是无法跨越实力更强大的公牛。随着乔丹离开，以米勒为首，拥有马克·杰克逊、克里斯·穆林、里克·施密茨、安东尼奥·戴维斯和戴尔·戴维斯这套核心班底的步行者，已经做好了登顶的准备。这是一套实力强劲又非常团结的阵容，彼此已经合作多年。停摆之初，等待着梦想变成现实的埃尔·哈灵顿在新泽西、印第安纳和亚特兰大之间来回奔波，试图寻找最好的野球赛。由于是首轮新秀，哈灵顿短期内的未来已经有了保障，所以他借钱购买了往返的机票和酒店。

和超音速一样，步行者的老将们为了让身体做好准备也组织了野球赛。毕竟，常规赛季转瞬间就有开打的可能。更准确地说，只要大卫·斯特恩和比利·亨特同意，赛季就能开始。哈灵顿也打野球，但是和刘易斯不同，这些对抗让哈灵顿变得越来越没有信心。敢于参加 NBA 选秀，哈灵顿靠的是强大的信念。他相信自己是最优秀的高中球员，靠着这个信念，他打出了相应的表现。但是面对职业球员时，他不可能产生"我最强"这种想法。站在哈灵顿的角度，即便最微不足道的任务，比如挤过一个防守掩护球员，都需要付出巨大努力。而经验丰富的老将们却能像穿过幽灵一样挤过凶悍的挡拆。"我得从零开始。"哈灵顿心想，"为了得到尊重，为了在这个联盟立足，我需要再一次重新开始。"

哈灵顿也得到了老将的提点，不过与刘易斯从佩顿那里得到的指导不同。安东尼奥·戴维斯是一个广受球迷喜爱的球员。1990 年，步行者在第二轮选下了来自德州大学艾尔帕索分校的他。不过戴维斯的职业生涯开始于希腊，随后他又转战到意大利。1993 年，戴维斯终于进入 NBA，成为步行者的稳定轮换，作为大前锋为球队提供得分和篮板。职业生涯初期颠沛流离的生活让戴维斯非常珍惜立足 NBA 的机会，他知道年轻球员需要怎样的帮助。戴维斯相信唐尼·沃尔什和拉里·伯德。如果步行者相信哈灵顿，认为他未来可能成为球队重要成员，那么戴维斯愿意尽个人最大努力提供帮助。哈灵顿还没有在印第安纳找到房子，他住在一个训练师家里。一次周末，哈灵顿提出在戴维斯家里过夜。戴维斯给妻子肯德拉打去了电话，后者同意了这个请求。

戴维斯想象不到高中毕业后直接进入职业联赛的样子。哈灵顿先在他家住了一个周末。一个周末变成了一周，接着变成了一个月。没过多久，哈灵顿不再只是住客，他也成了戴维斯一家的成员。对于哈灵顿来说，30 岁的戴维斯既是队友，又是父亲。戴维斯也希望把职业球员的真正内涵传授给哈灵顿。"不是说不能出去玩，但是说到训练，我们要提前一小时到场。"戴维斯告诉哈灵顿，"等到训练开始时，我们已经出了一身汗，已经做好了准备。经过训练，我们会一天比一天好。这不是你想做就做的事。这是工作，如果有人掏钱让你做这事，你也想长久地做下去，努力就不是一道选择题。"

在家时，哈灵顿很喜欢和戴维斯的双胞胎——小安东尼奥及凯拉一起玩耍。哈灵顿住在地下室，经常打电子游戏。最初，他有很多空闲时间，这对他来说是一件既新鲜又兴奋的事。高中时，学业和训练占据了他的全部时间。现在，即便一天训练六个小时，他还会有大把时间。安东尼奥·戴维斯有妻子和孩子，所以他不可能一直看着哈灵顿。他告诉哈灵顿，不必在自由时间太过忙碌。"不要非去做那些 18 岁的人做的事。"戴维斯说。但有时候戴维斯也只能无可奈何地微笑。只要两个人一起去看高中橄榄球赛，哈灵顿总会消失在高中生人群里。"好吧，那是他的同龄人。"戴维斯心想。戴维斯一家雇用了一个清洁工，肯德拉·戴维斯的父母住在不远的地方，经常帮助夫妻俩照顾双胞胎兄妹。他们也想给哈灵顿分配一些任务，让他的生活更充实一些。他们会让哈灵顿倒垃圾、刷盘子，偶尔从幼儿园接回三岁的双胞胎。每天开车送安东尼奥·戴维斯去训练，这是哈灵顿的任务。哈灵顿大多数时候会遵守不带访客回家的规矩，戴维斯则试图在"父亲形象"和队友之间寻找一个平衡点。他并不喜欢哈灵顿太晚回家，但他知道这应该由哈灵顿自己决定。他对哈灵顿只有一个要求，就是把去向告诉家里人。

没用多长时间，戴维斯和步行者就意识到外界对高中时期哈灵顿的评价非常准确。哈灵顿训练非常努力，他希望提高自己的水平。哈灵顿很感激，他没有独自生活，而是和一个关心自己的家庭生活在一起，这减轻了他的思乡之苦。莫娜·劳顿看过儿子，戴维斯一家让她感到很安心，他们给哈灵顿起了"埃尔宝宝"这个名字。不过劳顿还是要求哈灵顿在停摆结束前回到家乡。安东尼奥·戴维斯坚持表示，回家会阻碍哈灵顿在篮球方面的成长。"我们每天都会训练，不让自己闲下来，保持身体状态。"戴维斯告诉劳顿，"莫娜妈妈，他没事的。"劳顿计划在停摆结束后搬家到印第安纳波利斯。她觉得，让儿子寄住在一个脚踏实地的家庭里是个好选择，所以她允许儿子继续留在戴维斯家里。

戴维斯是步行者的球员代表，劳资谈判时冲在最前面。哈灵顿觉得，他会是最早知道协议是否达成、停摆是否结束的一批人之一。劳资协议达成时，哈灵顿欣喜若狂。但他还是需要找一个住处，而赛季很快就要开始了。"赛季很快开始，但距离结束只有几个月时间。"戴维斯对哈灵顿说，"你干吗不住在这里呢？"就这样，哈灵顿留了下来。

在帮助球员适应 NBA 的问题上，那时的步行者相比其他球队还有一个优势，这就是卡茜·乔丹。和一个名叫沃尔特·乔丹的篮球运动员结婚时，卡茜刚刚大学毕业，而沃尔特也正准备开启职业生涯。沃尔特曾短暂效力过克利夫兰骑士队，在那之前，这对夫妇一直在拥有篮球队的小城市生活。每到一个城市，卡茜发现几乎没有人能帮助他们了解一座完全陌生的城市——不管是住在哪里，在哪儿吃饭，还是如何融入社交圈。对卡茜来说，这种情况毫无道理可言。球员就像活动的商品，而没有被当作实实在在的人。在她看来，外界对球员妻子的关注更少。她觉得自己就像一件行李，被搬到丈夫落脚的每一座新城市。沃尔特的职业生涯因为一次受伤而中断，夫妇俩最终选择了分居。卡茜进入步行者，成为宣传助理。她成为了全能人物，球队的每一个角落都能感受到她的影响。步行者在 1984 年，也就是卡茜进入球队工作的第一年选下了弗恩·弗莱明。弗莱明来自纽约市，他已经结婚，还有一个孩子。卡茜·乔丹想到了自己年轻时刚刚接触职业篮球时的茫然，想到了没人出面缓解她的紧张与不安。于是，她给弗莱明一家打去了电话，询问他们对在印第安纳波利斯生活以及人生的转变是否心有顾虑。这就是卡茜·乔丹的起点。1987 年唐尼·沃尔什成为球队总经理后听说了卡茜的工作，他要求卡茜在这方面继续努力。她成为最早与步行者队新球员家属会面、问候并提供信息的工作人员之一，而这些正是她在年轻时不曾享受到的待遇。她会告诉球员家属，哪里的生活环境更好，哪所学校最适合孩子。哈灵顿把卡茜·乔丹称作自己的"第二个母亲"，雷吉·米勒称她为"姨妈"。

最初，卡茜·乔丹只是欢迎新秀和他们的家人来到这座城市。大部分新秀都是大四学生，他们已经做好了进入 NBA 的准备。随着越来越多的青少年进入联盟，卡茜的角色逐渐也有了变化。步行者之外的人称她为"步行者之母"，但她认为自己更像是人生导师，而非母亲。她开始与其他球队合作，进行球队与年轻球员及其家人如何形成健康关系的演讲。卡茜的工作与 NBA 及 NBA 球员工会 1986 年开始的"新秀过渡项目"联系在了一起，所有新秀必须参加这个过渡项目。联盟的先锋人物颇受新球员喜爱，比如主管过渡项目的凯尔特人传奇"萨奇"汤姆·桑德斯。这个项目还会开设讲座，告诉球员如何处理与媒体的关系，传授给球员个人形象管理、赌博、财务管理和 HIV/ 艾滋病的相关知识。球员不可能在短短几天里了解到所有可能毁掉他们一生的陷阱，但过渡项目无疑是个良好的开始。

*　　*　　*

柯里昂·杨没有西雅图的拉沙德·刘易斯和印第安纳的埃尔·哈灵顿拥有的"安全网"。杨身边有不少人，可大多数时候，这些人的想法是错的，只会给出糟糕的建议。从小到大，杨被当做明星运动员而受到娇惯。成长为高中篮球明星的同时，他却没有为进入成人世界做好任何准备。底特律活塞也是强队，他们的明星是在杜克大学打了四年的格兰特·希尔。1994 年进入联盟后，希尔立刻成为超人气球星，他也是最有可能填补乔丹离开后球星空缺的那个人。活塞不像超音速和步行者，他们对柯里昂·杨的未来和发展并没有投入多少精力。杨签了一份两年的合同，活塞拥有第二年的球队选项。金·杨留在威奇塔，继续在赛斯纳飞机公司工作。职业生涯刚开始，柯里昂·杨就遇到了问题。选秀结束后没多久，杨就和经纪人杰罗姆·斯坦利分道扬镳。斯坦利帮助杨和耐克谈下了50万美元的合同，可随着停摆即将到来，这个球鞋合同的分量远不符合麦伦·佩吉的预期。"我拒绝了。"杨回忆，"我让人拒绝了50万美元。这是真的，是事实。耐克准备在新秀年就给我50万，什么也不要求。"随着斯坦利被解雇，卡尔·波斯顿和凯文·波斯顿这对兄弟成为杨的经纪人。波斯顿兄弟的客户还包括NFL球员查尔斯·伍德森、奥兰多·佩斯和查普·贝利。"我们选了更有名的经纪人。"杨回忆，"这是我做的最糟糕的选择。"

　　NBA赛季重新开始时，杨需要在球场上证明自己。进入职业生涯末期的乔·杜马斯想起了在一次训练时听到柯里昂·杨讲话的事。"上场时，你能看出他是个有天赋的人。但你知道整个过程会非常艰难，因为他太年轻了。"杜马斯说，"他就像一个年少的高中孩子，突然间被扔进了NBA的世界。"不过活塞上下仍然希望杨能凭借身高和技术成为球队有用的一分子。曾经训练过凯文·加内特的约翰·哈蒙德看过几次杨和格兰特·希尔在训练里的对位。在那时的NBA，没有几个人能真正防住希尔。但哈蒙德觉得，杨是为数不多的几个有可能阻挡希尔的球员。尽管如此，对于杨能否成熟起来，活塞主教练埃尔文·金特里仍然心存疑虑。高中时，杨在禁区无所不能。尽管非常强壮，但杨的身高只有6尺7寸，这让他无法像高中那样在内线为所欲为——想在NBA取得成功，他必须练出外线技术。"我只是觉得他太多地方需要提高了。"金特里回忆，"控球技术需要提高，他需要从高中时期的内线球员转变为锋线球员。他需要认真防守。我觉得他需要改进的地方太多了。"金特里表示，在NBA这个竞争通常极为残酷的环境里，柯里昂·杨得到的其实是很不常见的优待。"我们留了他一年，真的，就是因为我们替这个孩子感到难过。"金特里说。随着时间推移，杨在球队里逐渐边缘化。按照杨的说法，有几次球队甚至在训练时安排他去参加社区活动。他心想："我还算球队一员吗？"

与此同时，金钱、空闲时光和新接触的夜生活合起来产生了巨大的破坏力。他离开活塞队所在的郊区奥本山，前往底特律市中心的脱衣舞俱乐部及夜店。尽管只有19岁，但杨知道，只要和队友一起，就不会有人查他的身份证件。有些球员关照过他，杨很高兴地回忆起和克里斯蒂安·莱特纳在一起的时光，拜森·迪尔还教他开过手动挡的车。可因为背部痉挛，赛季大部分时候杨都是伤病名单上的成员。当他终于有机会上场时，活塞的老将让他带头出场。兴奋的杨冲到场地上，球场里的观众开始欢呼。可回头一看，杨却看到了让他惊恐的一幕：场地上只有他一个人。他的队友们仍然站在球员通道里，因为对新秀的完美恶搞而大笑不已。杨后来表示，这个笑话既是他人生最美好的瞬间，也是最糟糕的一瞬。那个赛季，他只在三场比赛里得到上场机会，总共只打了15分钟。第二个赛季，活塞拒绝执行他的合同选项。接下来一年的秋天，杨试图进入76人队的训练营（76人主教练拉里·布朗同样毕业于哈格雷夫）。一天早上，走在费城中心城区的杨被两人从身后打倒，他身上的现金和珠宝被洗劫一空。常规赛开始前，76人裁掉了他。

柯里昂·杨在两支球队均失败了，但他只有20岁，他还希望自己能在NBA有一个未来。但黑历史终于找上了麦伦·佩吉、杨和其他收了钱的AAU球员。2000年4月，联邦检察官起诉佩吉，称其向球员支付了35500美元，其中包括支付给杨的14000美元。一个名叫安德烈·威廉姆斯的球员告诉汤姆·格兰特，佩吉送钱的行为让他感到不安。当格兰特询问佩吉时，他断然否认了送钱的事。但格兰特随后向联邦调查员拿出了一份秘密录音带，上面记录了佩吉与威廉姆斯讨论送钱的对话。

"这个案子，不是50美元、一双鞋或者舞会上的一束花这么简单。"联邦检察官小斯蒂芬·L·希尔表示，"他之所以送钱给球员，想的是自己日后能收钱。"佩吉最终承认了四项诈骗指控，他承认自己通过送钱给球员，影响他们进入大学的资格。一个联邦法官判处他37个月监禁。"孩子们懂我，我也理解他们。他们知道我不是有意伤害任何人。"佩吉在宣判时表示，"对于最后的结果，我感到抱歉。"

对于佩吉，柯里昂·杨的看法复杂又矛盾。没错，佩吉确实想从杨的天赋中获利；但杨取得成功也符合佩吉的利益。佩吉做的并不只是把装满现金的包送给杨，他会自掏腰包帮助杨注册参加比赛，也会在杨上学需要时送他一盒铅笔。"他是我的顾问。"杨解释道，"他让我做什么，我就会做什么。我自己做的决定，却要把责任推给别人，这很难。可在你还是个孩子时，有很多人会影响到你。"

很多年时间，杨一直混迹于低级别篮球联赛。最初，他加入了大陆篮球协会（CBA）的洛克福德闪电队，在前公牛球员斯塔西·金的执教下拿到了18.3分和7.3个篮板的场均数据。那段时间的杨几乎不再同记者交流。"我的梦想是再次回到NBA。"2001年6月罕见地接受《威奇塔鹰报》采访时，杨这样说道，"我属于那里。"斯塔西·金采用的是三角进攻，对这套战术的熟悉最终帮助杨成为2001年湖人夏季联赛队的成员。"除了三年前他被选中外，目前最有吸引力的，是他的年龄。"湖人总经理米奇·库普切克告诉《洛杉矶每日新闻》。但杨没能入选大名单，他在澳大利亚联赛的堪培拉火炮队度过了那年秋天。

从那之后，杨的职业生涯开始直线下落。他在澳大利亚联赛的第一场比赛里就出现跟腱撕裂。第二年一月，他在澳大利亚首都堪培拉出了车祸。车祸前，杨在一家酒吧喝酒。一个朋友提出开车送他和队友伊曼努尔·迪克莱斯回家。"兄弟，我能行。"杨回答。意识不够清醒的杨按照美国的方式开起了车，他在一个环岛处开错了方向。尽管避免了和其他车辆相撞，但他却把车开到了沟里。安全气囊炸了出来，杨被震晕了。车祸前，车里的广播被调到了快节奏的音乐。醒来时，广播已经变成了慢节奏音乐。

杨觉得是安全带救了自己一命，他的左边脖子上至今还留有一道伤疤。恢复意识后，杨逐渐清醒过来。他看到了仍然昏迷的迪克莱斯。杨说，他背着迪克莱斯走了快两英里才回到公寓。迪克莱斯的脖子骨折了，杨说医生后来告诉他，如果背着迪克莱斯再走远一些，后者可能再也无法走路了。车祸后，火炮队和杨同意终止合同，与此同时，杨的签证也失效了。

杨考虑过退役，但他终究还是走上了自我毁灭的恶性循环。尽管一些海外球队对他还保留一丝兴趣，但杨的身体状态却迅速恶化。他把国外球队的试训看作免费度假，从 1999 年到 2006 年，他分别在澳大利亚、俄罗斯、中国和以色列打过球。去的地方越远，杨与他的 NBA 梦之间的距离也就变得越远。他觉得自己是受害者，他酗酒、抽烟、在派对上放纵自己。杨出现了抑郁症，曾经的错误让他备受折磨。"妈的，我太蠢了。"他说，"那时候我租东西用。我有一辆福特探险者，一辆雪佛兰科尔维特，我还有几辆摩托车。我就是个大孩子。我有玩具，孩子才有玩具。"

在那段时间里，杨聘请了一个顾问监管他的财务。但他自己就会破坏财务顾问的工作，比如说为了看望女儿准备去休斯顿呆上几周。财务顾问会把旅行所需的资金交给他，而杨只会在休斯顿停留几天，接着回到家里，用多余的钱买更多的车，或者去夜店挥霍。越来越多的钱被他送给了越来越多的朋友和亲戚。杨的父亲时不时找他要钱，杨说，只要自己有钱，他就会给父亲一些。直到杨无法在海外球队获得机会时，这种循环才终于停止下来。回到威奇塔后，杨因为缺席子女抚养费听证而被警察逮捕。

拉沙德·刘易斯和埃尔·哈灵顿成长为可靠的职业球员，拥有成功的 NBA 生涯。两个人在很长一段时间里都没有听到柯里昂·杨的名字。"我一直在问他的情况。"哈灵顿对一个记者说，"你听说过他吗？"

"我、他还有埃尔·哈灵顿，我们互为对手。"2013 年作为热火一员为总决赛做着准备的刘易斯说，"埃尔还在 NBA，他有一个成功的职业生涯。但柯里昂·杨是我们那届参加选秀的高中生中最出色的球员。他可以说是我们那个时代最有统治力的球员。活塞之后，我不知道他到底发生了什么，他就像消失了一样。"

*　　*　　*

停摆缩水赛季最后，NBA 出现了各种各样的问题。少了乔丹，比赛收视率大幅跳水。赛季开始前，球员们拼命训练，试图恢复身体状态，紧密的赛程也让他们感到疲惫不堪。超音速、步行者和活塞都有取代人员四散的公牛走上 NBA 王座的野心。超音速遇到了麻烦，他们没能打进季后赛；活塞在季后赛首轮输给了老鹰；步行者虽然打进了东部决赛，却败在了尼克斯手下。1999 年 NBA 总决赛在尼克斯和马刺间打响。人们意识到，马刺队年轻的中锋蒂姆·邓肯是多年以来进入 NBA 的能力最全面的球员之一。邓肯的球场效率很高，经历过好教练的调教。作为内线支柱，他可以在任何角度投进打板投篮这种难以被防住的出手；在球场上，他总能做出正确的选择。他与马刺队大卫·罗宾逊的内线连线，正如两个时代的连接。邓肯本可以在 1995 年大二那年离开维克森林大学，成为 NBA 的状元秀。如果大三结束后离开大学，他也能毫无悬念地成为状元。但维克森林大学主教练戴夫·奥多姆从来不认为邓肯会过早离开大学。14 岁生日前，邓肯的母亲去世，她一直强调大学和教育的重要性。

"我从来没见过哪个孩子比蒂姆更喜欢大学。"奥多姆偶尔会产生这样的想法。

让奥多姆坚定信念的，是他和邓肯共同前往洛杉矶参加约翰·伍登奖宴会的经历。"那里会有不一样的记者和电视媒体。"奥多姆对邓肯说，"他们不了解你。他们知道你是个优秀的球员，但他们不了解。他们会问，你明知道可以成为状元，可以为自己和家人挣到很多钱，为什么还要在大学再留一年。你需要准备一个答案。我不知道答案是什么，但你需要一个答案。"

"教练，这不难。"邓肯说，"我一直在想，如果一年后我的准备更充分，为什么现在就去 NBA 呢?"奥多姆想不出比这更好的回答了。

和之前一个赛季公牛与爵士的总决赛相比，1999 年总决赛前两场马刺赢球的比赛，收视率下跌了 39%。那个赛季 NBA 的比赛质量也不高。球队每场比赛的平均得分只有 91.6——比前一赛季少了 4 分，这也是 1954 年引入进攻时限后的最低值。除了疯狂的赛程、身材走形的球员以及上一代超级球星的老化，外界对 NBA 的普遍观点是，联盟的年轻化走得太快了。联盟满是没有为 NBA 级别竞争做好准备的球员。大卫·斯特恩第一次开始认真考虑是否要为新球员增加 20 岁的年龄限制。"我已经准备提高球员进入 NBA 的年龄门槛。"斯特恩告诉记者。

印第安纳的安东尼奥·戴维斯并不认为这是一个坏主意，他又一次想起了自己离开高中时的脆弱精神状态。出于这个原因，他才怀着友善、教育的态度帮助、指导埃尔·哈灵顿。总决赛结束后，戴维斯被步行者交易到猛龙，换来了那一年的第五顺位选秀权。步行者用这个选秀权选下了来自密西西比州小城皮卡尤恩的高中生乔纳森·本德尔。

想要给选秀附加年龄限制，斯特恩仍然需要争取大众支持。具有警示作用的反例数量还不够，凯文·加内特、科比·布莱恩特和特雷西·麦克格雷迪正走在巨星之路上。泰吉·迈克达威和埃利斯·理查德森并没有受到大学的青睐，NBA 自然不会关注他们。柯里昂·杨那时还没有彻底沦为水货。但里昂·史密斯的悲剧，将会成为大卫·斯特恩的绝好例证。

13

比尔·彼得森无助地看着达拉斯帕克兰纪念医院的医护人员手忙脚乱地抢救里昂·史密斯。彼得森是为了查看史密斯的情况，这个达拉斯小牛选下的高中生新秀却试图自杀。作为小牛的助理教练，这种事完全超出了彼得森的职责范围。彼得森是小牛新招募的教练，1998年，他离开大学加入了这支NBA球队。NBA诞生初期，一支球队只有一名教练，有时他还要兼任球员。到1999年时，NBA的教练团队已经扩大到四至五人，而小牛给彼得森确定的工作范围极广，其中还包括培养球员。他不仅负责提高球员的篮球技术，随着越来越多的青少年进入联盟，他还要帮助这些孩子适应成年人的世界和全新的生活方式。NBA球队将数百万美元投入到年轻球员身上，很大程度上是看中了他们的潜力。所以培养、发挥他们的潜力，对球队来说更多地变成了对经济投入的负责，成为球队的核心工作。球队可选择的范围越来越大。NBA选秀已经扩张到了全球范围，球探前往世界各地寻找顶级人才。他们也不会失望。

在迈克尔·乔丹和他的梦之队队友在巴塞罗那尽情戏耍对手影响下长大的一波年轻球员中，就有德克·诺维茨基。诺维茨基身材瘦高，他的投手特质让人们想起了拉里·伯德。1998年，在德国打了三年半职业联赛的诺维茨基被小牛选中，彼得森成为专门负责他的教练。彼得森很有耐心，这是在较低级别大学和社区大学执教期间培养出来的特质。彼得森发现，诺维茨基愿意学习，而且充满活力；他不仅需要了解 NBA，也需要了解美国的风俗。诺维茨基那时还在学英语，两人经常一起出门办事。彼得森会带着诺维茨基一起出门购物，购买生活必需品和床。

菜鸟赛季，诺维茨基很是挣扎，他很少得到上场机会。即便上场，他也经常在身体上受到对手的压制。"我会继续拼的。"诺维茨基向彼得森保证，"你看吧，我不会让这些人在我头上扣篮，不会让他们欺负我。明年他们不可能再推得动我了。我会去力量房好好练，我会认真训练。"

诺维茨基信守了承诺，他的德国教练霍格尔·盖施温德勒会定期拜访他。第二个赛季时，除了变得更强壮，诺维茨基的投篮手型也改善了不少。他正逐渐成长为明星。

"我知道他会成功。"彼得森回忆，"他刚到美国时的表现并不重要，看到他你就知道了。"

彼得森觉得，从总体上说，与诺维茨基的配合经历很好，值得未来再次实践。在选拔国际球员的问题上，小牛走在了联盟前列。唐尼·尼尔森不仅是主教练的儿子，也是球队的助理教练。他协助执教了立陶宛国家篮球队，在国际篮球圈内颇有名气。小牛一向以自身培养名气不大的新秀而骄傲，在史蒂夫·纳什职业生涯初期，彼得森正是负责他的教练之一。当小牛选下里昂·史密斯时，彼得森希望能和他形成当年与诺维茨基和纳什那样的关系。史密斯身体素质极为出众，但技术相当青涩。1999 年从芝加哥的高中毕业后，史密斯就被小牛选下。可这段旅程从一开始就状况百出。不论在生活中，还是在迅速升入 NBA 的过程中，几乎所有与史密斯关系亲密的人用尽人们可以想象出的各种方法，做出了让他失望的事情。每个人都说自己帮助过史密斯，为他的崛起接受外界的赞誉。但是在史密斯下落时，没有一个人愿意承担责任。

彼得森意识到，自己正在医院陪伴史密斯，这个年轻的球员吃下了250片阿司匹林，试图自杀。他在脸上涂满油彩，对医护人员说自己是与哥伦布抗争的印第安人。彼得森接到通知来到医院，他不知道在这种疯狂的状态下该做些什么。他建议护士撤掉史密斯右臂上的静脉注射器，因为那是他的投篮手。彼得森不知道还能做什么，他想到了史密斯人生中本该出现、如今却在他最需要时缺席的那些人。

＊　　　＊　　　＊

里昂·史密斯从没见过这么新、这么干净的东西。他不想离开有着旋转门和闪亮凳子的警察局。史密斯只有五岁，身边还有弟弟杰里。生活在芝加哥，两兄弟很多时候只能靠自己。有时候他们得在垃圾箱里找吃的，有时候他们会偷便利店里的糖果。对于他们来说，偷东西已经变成熟练掌握的生存技巧，不管住在什么地方，他们在家里吃不饱肚子。但这一次，他们被抓了现行。警察问兄弟俩他们的妈妈在哪里，两人回答不知道。这让警察感到很难过。他们的母亲被剥夺了监护权，父亲早已消失，监护权判归伊利诺伊州后，两兄弟被送到了"莉迪亚之家"。这个男童收养所成立于1913年，最初的作用是收容芝加哥市的孤儿。莉迪亚之家的执行主管多瑞斯·鲍尔从两兄弟的脸上看到了熟悉的表情，在其他孩子脸上她也见过这种掺杂着谨慎和困惑的表情。

史密斯兄弟惊喜地发现，他们想吃饭就能吃到饭，而且第一次有了属于自己的干净的床。从小无人疼爱，这给里昂·史密斯造成了不小的伤害。对于外界的关爱，他有着迫切的渴望。好在里昂·史密斯的绝大多数基本要求都得到了满足，对于幼小的他来说，这意味着人生向前迈了一大步。一个女人有一天在公园找到里昂和杰里，问两人是否认识她。兄弟俩说不认识，这个女人说她是兄弟俩的母亲。但这次重逢很快便结束了。

八年级结束后，进入儿童向成年人过渡期的史密斯被安置到了另一个寄养家庭。和弟弟分开后，里昂觉得自己就像一个陌生人。他曾试图返回莉迪亚之家，但每次都被拒之门外。有时候，他会在公园的板凳上过夜。多瑞斯的儿子卡尔·鲍尔听说了史密斯的处境，不过这时史密斯已经被转到了位于城市南部的另一个寄养地"沙利文之家"。史密斯不喜欢第一所高中，他要求转学到芝加哥市的篮球强校"国王学院预备校"。最初，史密斯只是打打野球。直到八年级前的那个夏天，身高猛长 5 英寸的他变得异常适合这项运动，史密斯才开始系统化地训练。与此同时，他也在看精神科医生。医生们都能看出他的问题——每个人都知道，从未得到过关爱是他痛苦的根源。但史密斯不喜欢吃药。

在国王学院预备校，史密斯成为主教练"索尼"兰登·考克斯的可塑之才。1981 年接受学校的篮球项目后，考克斯培养的球员中有 15 人进入伊利诺伊州最佳阵容，学校拿到了超过 500 场胜利。但成功也让他和学校被放在了显微镜下。对手总是抱怨他招募学生时的行为，伊利诺伊州高中委员会似乎也总是在调查他和国王学院预备校。考克斯手下不少球员进入了大学，可能毕业的却不多。"我没法控制他们高中后的人生。"考克斯有一次对美联社的记者说，"他们有了大学的经历，再往后就是他们的事了。"

史密斯却没有过如上经历。在多瑞斯·鲍尔看来，史密斯是一个懒散的孩子，甚至会表现出昏昏欲睡的状态。可一踏上篮球场，他就会展现出一种前所未见的活力。一切都不重要，球场变成了安全的天堂，他可以把人生的所有痛苦抛在脑后，狠狠地发泄生活中的沮丧与失落。在国王学院预备校，他花了一年多时间才融入到环境中，和同学一起去食堂吃饭。很多时候，他会和一个助理教练一起在篮球队的办公室吃饭。

最初，史密斯的篮球技术进步得比较缓慢。可到了高三，谁都意识到他拥有不可限量的天赋。史密斯不仅在进攻上能轻松压制对手，他对盖帽时机的选择也无比出色，完全能够打消对手进攻篮筐的欲望。史密斯很快就引起了芝加哥 AAU 联赛知名教练马克·厄文的注意，他也加入了厄文夏季联赛的球队。厄文是阿迪达斯旗下的教练，所以史密斯得到了参加 ABCD 训练营的邀请，还拿到了MVP。不久后，在索尼·瓦卡罗的另一个训练营上，瓦卡罗把史密斯叫到了身边。两人聊了几个小时，瓦卡罗发现史密斯是个极有魅力的孩子。史密斯会随口说出字典里对某个词的定义，还能背出著名诗人兰斯顿·休斯的诗。瓦卡罗问史密斯未来有什么打算。"我想打职业联赛。"史密斯回答。瓦卡罗问他的大学入学考试准备得如何，史密斯表示他并没有参加任何考试，他甚至不太确定自己在学校里的成绩。尽管如此，瓦卡罗还是很喜欢他。"我会帮你的。"瓦卡罗承诺，"我会让你被选中的。"

1998 年 11 月，史密斯从学校和沙利文之家中消失，有报道称他想转学到加州康普顿的百年高中。1998 年夏天时，史密斯在拉斯维加斯的一个篮球训练营中和来自百年高中的志愿教练乔治·博斯维尔成了朋友。博斯维尔看到了史密斯面对泰森·钱德勒时的优势，后者那些年一直是加州教练圈里有名的潜力内线。沙利文之家的一个人向警方报案，称史密斯失踪。史密斯那时刚刚年满 18 岁，可他仍然需要官方认可才能被看作成年人。

多年后谈起史密斯时，博斯维尔说他很难控制住自己的眼泪。"这孩子没有人可以倾诉。"博斯维尔说，"没人关心这孩子，根本没人在意他。他们都是在利用这个孩子。"博斯维尔向史密斯承诺，他可以加入球队，也能接受教育。可就在一个赛季前，这支球队里有六名球员被认定学业成绩不合格。外界将博斯维尔描述成试图引诱史密斯走向堕落迷失的人，博斯维尔自然不认同。"他们把我说得好像要绑架那个孩子一样。"博斯维尔说，"好像我在 AAU 比赛里见过他后要绑架他一样。我心想，'什么玩意儿？'这个孩子身高7 尺，体重 275 磅。我只有 5 尺 7，170 磅。我绑架他？面对里昂时的唯一问题是，我当时不懂法律。我们等着他被认可为成年人，但这个过程花了一段时间，我们没有更早启动整个流程。"

史密斯回到了国王学院预备校，高四那年，他打出了 25 分、15 个篮板和 8 次盖帽的场均数据。他离开了沙利文之家，留宿于不同地方，最后搬到了朋友史蒂夫·布朗家里。布朗认识经纪人卡尔和凯文·波斯顿。史密斯与布朗爆发争执后，多瑞斯·鲍尔帮史密斯找到了一个临时的住处。"我们给他拿去了一个床垫、几把椅子，其他也没什么东西了。"鲍尔回忆，"他当然没有钱，所以我每周大概会给他 20 美元。一两个月后，他签下了超过百万美元的合同。"

尽管有经纪人、周围人和其他有影响力的人出主意，但史密斯最终还是做出直接进入 NBA 的决定。他总感觉自己一生都是由别人决定的。在他看来，这些人很少能真正帮助到他。"我还年轻，还能犯错。"他告诉《芝加哥论坛报》，"我不想等到二十一二岁才想明白自己要做什么。我已经知道自己的人生想做什么了。现在的人们不愿意接受真正的自己，不愿意接受自己的人生。这就是我在自己人生中的角色。"而现在，史密斯就是要把命运把握在自己手里，而这一段声明能够让他实现梦想。"我听到电台里、也看到报纸上的那些傻瓜说他做这事很蠢。"兰登·考克斯对《芝加哥论坛报》说，"听着，如果（NBA 球队）要给他钱，他就该接受。除非你设身处地经历过他经历的一切，否则你就该闭嘴。这孩子的人生太悲惨了。"史密斯有没有资格进入大学，其实也有疑问。由于糟糕的学业成绩，很少有学校招募他。每一年在国王学院预备校，他似乎总能遇到新校长，学校也放任他在学习上的散漫。

外界原本并不认为史密斯能够成为首轮秀，但达拉斯小牛决定用两个二轮签换来马刺的一个首轮末签位，随后选下了史密斯。唐·尼尔森年轻时曾是凯尔特人王朝的一员，作为一个具有创新意识且特立独行的人，那时的他正执掌着小牛的教鞭。可不论是老尼尔森还是小尼尔森，都没有看过史密斯打球。但两个人听说了他的身材和天赋，他们担心湖人这个宿敌会在第二轮的第一顺位抢走史密斯，让本已拥有奥尼尔的阵容变得更高、更强，板凳深度更好。他们要求史密斯去海外打一年比赛锻炼锻炼，但遭到了史密斯的拒绝。在史密斯看来，要他去 NBA 之外的地方打比赛，就是阻碍他实现梦想。作为首轮秀，他的合同是完全保障的，小牛和他签下了三年 145 万美元的合同。多瑞斯·鲍尔带着史密斯开了人生的第一个银行账户，而他带着一包脏衣服就去了达拉斯。

选下史密斯后，比尔·彼得森和尼尔森父子见了面。"多抽出点时间陪里昂。"唐·尼尔森提出建议，"未来他还有很长的路要走，但他很有天赋。"

没过多久，史密斯的麻烦就来了。最初的一次训练中，由于一名球员速度太慢，唐尼·尼尔森要求全队再做一次冲刺跑。"你去跑！"史密斯大声喊道，他脱掉队服，径直走回更衣室。"他还没为 NBA 做好准备。"彼得森心想，"他还有很长的路要走。"

史密斯返回了芝加哥，同为潜力篮球运动员，史密斯的女友决定与他分手。由于朝前女友母亲的车窗扔石头，史密斯被警察逮捕——讽刺的是，这辆车正是史密斯送给前女友的礼物。彼得森意识到，史密斯不怎么会应对压力。一些小事情也会让迅速发酵到让他无法承受的地步。彼得森经常开车接史密斯去训练，他发现史密斯有提高自身水平的欲望，却不知道实现目标究竟需要付出多少努

左图：14岁那年，摩西·马龙在圣经背面潦草写下了愿望，他想成为职业运动员。1974年，从弗吉尼亚州彼得斯堡高中毕业的他接受一支ABA球队的邀请，成为美国历史上第一个高中毕业后直接进入职业联赛的篮球运动员。不久后，马龙加入NBA，三次获得常规赛MVP，还入选了联盟评出的历史50大巨星。

上图：也有1981年季后赛封盖卡里姆·阿卜杜尔－贾巴尔这样的高光时刻，但比尔·威洛比始终没能实现梦想、成为明星。很多人认为，威洛比从高中到NBA艰难的历程，是在他之后20年时间里再没有高中生进入NBA的主要原因。威洛比最终获得了大学学位，如今他希望为年轻球员提供帮助。

左图：尽管所有NBA高管都在谈论凯文·加内特，但他的母亲谢莉·厄尔比还是希望儿子从芝加哥的法拉格特学校毕业后去上大学。

左图：1995 年，当加内特宣布高中毕业后直接参加 NBA 选秀时，他重新为高中球员打开了进入 NBA 世界的大门。加内特成了超级巨星，但他并不希望其他人追随自己。他知道这是一个极为艰难的转变过程。

下图：科比·布莱恩特在洛尔·梅丽昂高中打出了惊艳的表现。他的高中教练格雷格·道纳认为，即便一年前加内特没有参加选秀，科比也会做出直接进入 NBA 的决定。

上图：选择在高中毕业后进入 NBA 的球员通常都会与阿恩·塔勒姆签约。塔勒姆是科比、麦迪、艾迪·库里及夸梅·布朗的经纪人。1996 年，他一手将科比送到了洛杉矶。他拒绝让科比为数支球队试训，同时参与策划了湖人与黄蜂的交易。2015 年，塔勒姆离开自己的经纪公司，成为拥有底特律活塞队的宫殿体育＆娱乐公司高管。

上图：索尼·瓦卡罗的 ABCD 训练营成为优秀高中生展示个人天赋、跳过大学的平台。科比、麦迪及勒布朗·詹姆斯都是因为在这个训练营中的表现才第一次在全美获得关注。

上图：科比希望在 NBA 迅速成名。他的第一任主教练德尔·哈里斯意识到，科比与绝大多数球员都不一样。他痴迷于篮球。

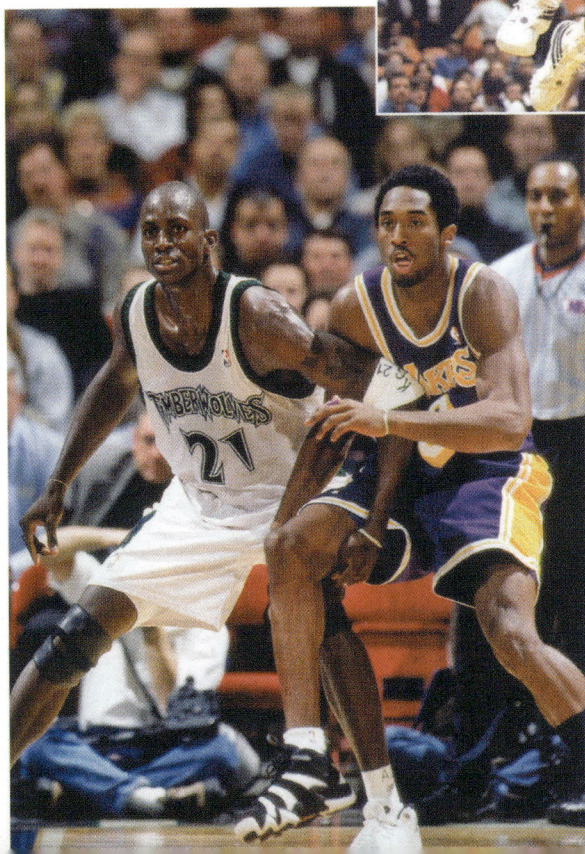

左图：加内特与科比争抢位置。1995 年，加内特成为 20 年来第一个直接进入 NBA 的高中生。紧接着在 1996 年，科比选择进入 NBA。最初两人都经历过坎坷，但很快就成长为具有统治力的球员，为大量追随他们的高中生重新打开了 NBA 的大门。

上图：对高中生最有信心的，莫过于当年的公牛总经理杰里·克劳斯，图中他正在与公牛的球队主席杰里·雷因斯多夫交谈。克劳斯认为，选择高中球员能让他在与同行的竞争中取得领先。乔丹第二次从公牛退役后，克劳斯在 2001 年选下了艾迪·库里，并且交易到了泰森·钱德勒，两人都是高中生。两人的表现均为达到预期，克劳斯最终在 2003 年离开公牛。

上图：1996 年高中毕业后进入 NBA 的杰梅因·奥尼尔，从家乡南卡罗莱纳州来到了遥远的俄勒冈。在波特兰开拓者的生涯初期，小奥尼尔并不顺利，他很少能进入首发阵容。但是加入印第安纳步行者后，他成长为出色的前场球员，也成为全明星常客。

右图：来自伊利诺伊州的高中生艾迪·库里被外界视作第二个沙奎尔·奥尼尔。库里的家乡球队公牛在 2001 年选秀大会上用四号签选下了他。尽管打出过高光时刻，但库里的 NBA 生涯整体让人失望。

下图：2001 年，被迈克尔·乔丹选中加入华盛顿奇才的夸梅·布朗，成为历史上第一名高中生状元。状元的身份，加上被乔丹亲自选中，这些巨大的压力最终毁掉了布朗的生涯。他成为一名角色球员，没能成长为很多人预期的明星。

上图：在 2001 年从南加州的高中毕业直接进入 NBA 前，泰森·钱德勒在职业篮球圈已小有名气。进入 NBA 让他跳过了青春期，正如他本人所说："我的人生加速了，因为我得学会保护自己，利用那些自以为利用了我的人，尽一切可能实现自己的梦想。"

右图：出现在 ABCD 训练营前，没人知道特雷西·麦克格雷迪的名字。一记暴扣，让他成为众多大学争抢的对象。但麦迪在 1997 年决定放弃大学，直接进入 NBA。

左图：1997年秋天，麦基开始了人生第一个NBA训练营。一堆队内对抗赛中，他从底线突破，在沙伦·莱特头上完成了劈扣。"那算得上我见过的最凶狠的扣篮了。"麦迪的猛龙队友达蒙·斯塔德迈尔说。

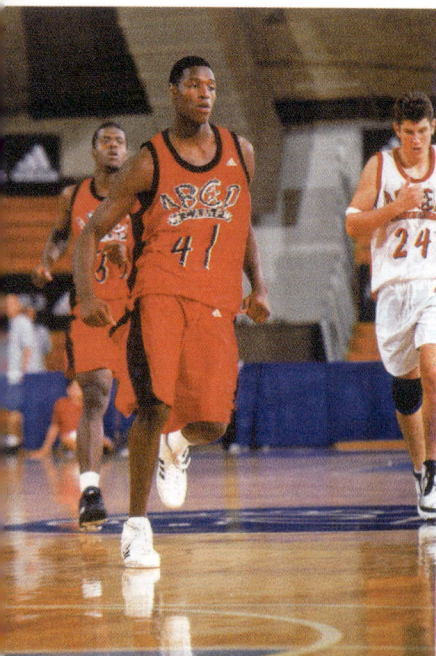

上图：在很多人眼中，里昂·史密斯就是无法适应快节奏的NBA的最好证据。1999年，达拉斯小牛未经试训就在首轮选下了史密斯，但他没有为小牛打过一场比赛，自己也出现了严重的心理问题。

上图：1998年高中毕业后，拉沙德·刘易斯宣布参加选秀。但是在首轮选秀中，他始终没有听到自己的名字。西雅图超音速终于在第二轮用32号签选下了他。和其他在首轮就被选中的高中生不同，刘易斯没能以一份保障性合同开启NBA生涯。但他逐渐成长为一名内外线均有威胁的球员，并在2007年与奥兰多魔术签下了价值接近1.2亿美元的大合同。

右图：还是俄亥俄州的一名高中生时，勒布朗·詹姆斯就凭借个人的天赋与努力带动了经济的蓬勃发展。他的一些高中比赛甚至得到了全美直播的待遇。《今日美国》估计，詹姆斯在高四那年为学校、推广人及其他利益相关人带来了 150 万美元的收入。但是按照业余球员的规则，詹姆斯本人无法获得任何收入。

下图：2004 年新秀挑战赛开始前，勒布朗·詹姆斯与卡梅洛·安东尼坐在一起。詹姆斯是所有高中生球员中准备最充分的一个，可即便是他，也经历了青少年职业球员常见的成长烦恼，甚至在 2003 年加入骑士队后遭到了队内老将的嫉妒。

右图：1999 年从密西西比州皮卡尤恩的高中毕业后，很多人预测身体劲爆的乔纳森·本德尔可以在 NBA 效力多年。可严重的膝盖伤病缩短了他的职业生涯。被步行者用五号签选下后，本德尔在 NBA 一共只首发了 28 场比赛。篮球生涯结束后，本德尔在商业大放异彩。他成立了一家公益机构，还发明了一种阻力训练设备。

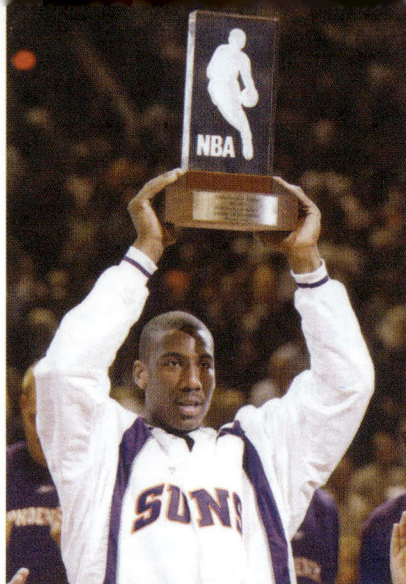

左图：2003年，作为菲尼克斯太阳一员的阿玛雷·斯塔德迈尔成为NBA历史上第一个赢得最佳新秀的高中生球员。斯塔德迈尔小时候生活环境艰苦，但他克服众多阻力，一进入NBA就展现了强大的实力。掌管太阳的杰里·克朗格洛并不热衷于选择高中生，但他明白，想要保持竞争力、积累天赋，他必须随着时代做出改变。

上图：2004年在俄克拉荷马城，塞巴斯蒂安·特尔费尔、德怀特·霍华德、鲁迪·盖伊和约什·史密斯坐在麦当劳全美高中明星赛的板凳上。如果在这场比赛中表现出色，就能迅速提高球员在NBA高管心中的价值。最终，特尔费尔、霍华德和史密斯均跳过大学直接进入了NBA。盖伊在康涅狄格大学度过两年后才宣布参加选秀。

右图：2004年决定放弃大学参加NBA后，德怀特·霍华德成为状元秀；听到自己的名字后，他走上讲台与斯特恩握手。对斯特恩来说，高中球员毕业后直接进入NBA已经成为稳定的趋势。2004年，前19顺位的新秀中有8人为高中球员。但NBA最终做出了改变，2005年选秀结束后，NBA不再允许高中球员直接参加选秀。

力与汗水。NBA比赛与训练的节奏极快，强度极大。球员需要调整自己的情绪，太兴奋与太低落都不可取。要忘记打完的比赛，球员不能让一次糟糕的表现影响后面的比赛。可彼得森发现史密斯做不到。一个回合里的糟糕表现导致全场比赛状态糟糕，这又会影响他第二天的心情，从一件小事导致整整一周都处于糟糕的状态中。

除了篮球，彼得森也想让史密斯学会更好地生活。彼得森会说："你得好好吃饭。你得下楼去餐馆吃饭，或者叫房间服务送一些。你不能去7–11买一堆垃圾食品，整天就吃这些。"

彼得森也是一个虔诚的宗教信徒。"每个人都会在人生中犯错。"他想。他祈祷史密斯能想明白一切，但他不可能一天24小时陪在史密斯身边。没人能全天候陪在史密斯身边。"你知道啊，他不是小孩子。"彼得森说，"他得自己做决定。他只是想在一个成年人的联盟里做一个成年人。"小牛最终认定史密斯不适合NBA，而史密斯拒绝了小牛提出的去低级联盟打球的要求。由于陷入僵局，小牛要求史密斯离开球队，单独和彼得森及其他教练训练。小牛以背伤的名义把他放进了伤病名单。史密斯觉得自己本已实现了梦想，但又被人不公平地剥夺了一切。

史密斯的压力越来越大。多瑞斯·鲍尔的孩子曾经去达拉斯拜访过史密斯，他不敢相信有那么多芝加哥的人打电话找史密斯要钱。鲍尔认为她能帮史密斯留住他刚刚得到的财富。"里昂，你知道我认识你已经很多年了。"她说，"你可以相信我。你可以给我一些钱，我帮你存起来。等这一切结束后，你能有钱买栋新房子、新公寓，或者其他属于自己的东西。"鲍尔知道史密斯很顽固，她的提议遭到了拒绝。

1999年11月史密斯试图自杀时，鲍尔正好在照顾他。在那之前，史密斯开车从芝加哥回到了达拉斯。当史密斯的行为越发怪异时，鲍尔离开了公寓。史密斯已经在脸上涂满了油彩，比过去更加封闭自己。鲍尔后来赶到了医院，她表示医护人员最初不让她去见史密斯。把名片交给社工后，鲍尔终于得到允许进入史密斯的房间。史密斯很沮丧，他在哭泣。医生已经结束了洗胃。

每个人，即便史密斯不认识的人，也想从他身上索取些什么。他曾经觉得自己没有家人，可现在，他的家人太多了，每个人都在伸手要钱。史密斯觉得自己的 NBA 梦想已经被抢走了，再加上和女朋友分手，这一切让他难以承受。"我只想摆脱痛苦。"史密斯后来接受休斯敦一家电视台采访时表示，"自杀方法很多，我觉得那是最不痛苦的，因为我内心已经非常痛苦了。没有必要再承受外界的痛苦。"

史密斯留下了两份遗书，一份给前女友，另一份给尼尔森父子。"我觉得他压力太大了，他就想结束这一切。"多瑞斯·鲍尔说。在那之后，她发现自己与史密斯的联系受到了限制。她说 NBA 和达拉斯小牛在搞"损害控制"那一套。鲍尔认为自己是个无私的人，她只是在为史密斯着想。"他们知道我是白人。"她说，"他们问，'你想对这个人做什么？你为什么关心他？'我说，'他是我的孩子，从他五岁开始我就爱他了。'当然，所有人都以为我们有钱了。我们一分钱都没拿过，我们只想尽全力为他做些事。"

在球员工会的帮助下，史密斯进入亚特兰大的一家精神疾病护理中心接受治疗。可是因为威胁前女友，他惹来了更多麻烦。唐·尼尔森认为史密斯需要帮助，但小牛已经为他做了很多。兰登·考克斯说，小牛就像对待垃圾一样对待史密斯。没人愿意承担责任。

鲍尔说，当史密斯试图挽救自己的职业生涯时，两人的关系得到了修复。史密斯加入过圣路易斯、苏福尔斯和印第安纳州的加里的发展联盟球队。2002 年，他为亚特兰大老鹰队打了 14 场比赛，2004 年又为西雅图超音速打过 1 场比赛。在西雅图时，史密斯曾一脸羡慕地看着和父亲布鲁斯一起训练的罗伯特·斯威夫特。斯威夫特那时刚从加州的高中毕业，超音速用首轮签选下了他。"有爸爸陪着一起成长，我觉得特别好。"史密斯对资深篮球记者史蒂夫·凯利说道。那时的史密斯已经23岁了。尽管早已不再是需要决定人生方向的年龄，但他仍然不知道自己的未来到底应该做什么。"他还是个孩子，还需要一个父亲形象的人给他建议。"

史密斯曾短暂地展现出惊人的天赋，但他从来没能兑现这份天赋，甚至连接近兑现都没有做到。更糟糕的是，他的生活始终没有稳定下来。在超音速助理教练杰克·希克马看来，史密斯有天赋，但无法与外界沟通。"被人利用或者信了不该相信的人之后，我不确定里昂那时的状态好不好。"希克马回忆，"有一天他直接放弃了。"

史密斯就这样从一个地方漂泊到另一个地方。每隔一段时间，鲍尔就能听到史密斯在她其中一个女儿家里的沙发上过夜的消息，最后一次听到史密斯的消息已经是几年前了。"从那之后他就消失了。"鲍尔说，"我听说他弟弟也不知道他在哪儿。在我看来这是个非常悲伤的故事，有多少人能实现梦想、去NBA打球？我在想，在几周、几个月时间里，你是怎么从住在高档公寓沦落到睡别人家沙发的？他没能取得人生成功，我非常伤心。我不是说他没有百万美元，我只是说他过得很不开心。"

时至今日，还是没有几个人愿意为史密斯直线下滑的人生承担责任。"小牛没做错什么。"索尼·瓦卡罗说，"因为能力，他们选下了史密斯。包括我在内，没有一个人知道他有心理问题……除了他的高中学区和芝加哥的教练，没人做过对不起他的事。是那些人对不起他，他们让情况恶化成那样。不是说进入职业联赛这事，跟那没关系。他可以参加高中篮球赛，他的情况，想看是能看出来的。但没有人愿意说出来，因为他们就想让他打球。不要责怪里昂·史密斯，不要说他失败了。他已经尽了全力了。只不过，他不该被放在那个位置。在加入小牛、参加训练营前，他早就需要帮助了。"

几年后，罗伯特·斯威夫特的职业生涯同样走向沉沦。2006年，他赢得了超音速首发中锋的位置。但是在与萨克拉门托国王队的季前赛比赛中，他扭伤了膝盖，最终造成前十字韧带撕裂。三年后，斯威夫特的 NBA 生涯走向终点。2013 年，斯威夫特位于西雅图郊外萨玛米什的房子被银行取消赎回权。在数周时间里，斯威夫特无视要求他搬离房子的命令。但突然有一天，他留下了绝大多数财产，只身离开了那里。西雅图当地电视台 KOMO 的记者乔恩·亨伯特写下了房子里的混乱状态。

"地板上到处是动物粪便，墙上都是被砸出来的窟窿，一面墙上甚至还有签名。厨房地板上堆满了披萨盒和啤酒瓶。在房间里发现了几把枪……通往楼下的墙边堆着一盒来自全国各所大学的信，看上去就像另一个垃圾桶。印有 UCLA、亚利桑那、康涅狄格和其他大学纹章及标志的信件放在一起，仿佛在诉说斯威夫特无人而知的回忆。"2015 年，因为涉嫌持枪入室抢劫，斯威夫特被警察逮捕。

与斯威夫特关系亲密的人认定，他的父母成为他成长过程中的障碍，他们试图控制他的职业生涯。尽管都是悲剧，但缺少父母关爱的史密斯没有比斯威夫特过得更好，而在父母庇护下长大的斯威夫特也没有过上比史密斯更好的生活。正是因为这个原因，是否允许高中生直接进入联盟，很难形成一个有效的通用规则。如阿玛雷·斯塔德迈尔这样在 NBA 取得成功的高中生和里昂·史密斯这种泯然众人的球员，尽管都有着艰苦的成长环境这一类似背景，真正导致两种人职业生涯走上不同道路的区别，很多时候非常微小。太阳队总经理布莱恩·克朗格洛精准地指出了斯塔德迈尔的问题——青少年无法控制的外部因素。这也是里昂·史密斯问题的根源。

斯塔德迈尔成功了，史密斯失败了。那些成长为出色球员的人，共同将 NBA 视作实现目标的起点，而非终点。而科比·布莱恩特用他对总冠军和荣誉偏执般的追逐，将这种追求发挥到了极致。

科比·布莱恩特将手臂伸向了天空。随后，他用左手指着右手的无名指。他刚刚镇定地投进了两个罚球，帮助湖人赢下 2000 年与印第安纳步行者的总决赛第六场比赛的同时，锁定了那一年的总冠军。这是科比个人五个总冠军中的第一个。"我等不及再赢一次了。"当斯台普斯球馆上空飘下紫金色的彩带时，兴奋的科比对 NBC 电视台的艾哈迈德·拉沙德说出了这样一番话。

21 岁的科比刚刚结束了个人第四个 NBA 赛季。尽管拥有出众的个人能力，但外界眼中的"自私"，使得科比让队友和教练感到兴奋的同时也会非常沮丧。他就像一个有着致命一击能力的拳手，寻找着每一个施展这一能力的机会。天赋引领科比走上了伟大之路，也让他在球队内部遭到排挤。但在那个赛季，一切都很顺利。

菲尔·杰克逊成为湖人主教练，与公牛丑陋地分手后，湖人为他提供了缓冲。杰克逊很快意识到科比与乔丹的相似之处。杰克逊成为公牛主教练时，乔丹已然成长为巨星。尽管不很请愿，但他还是主动参与到公牛分享机会式的进攻体系中。杰克逊在科比身上看到了极强的天赋，但他太多时候太想依靠自己的能力解决问题。乔丹也从未和沙奎尔·奥尼尔这样的内线支柱做过队友，想让奥尼尔发挥，必须给他球权和足够的空间。那个赛季的很多时候，杰克逊都在指点科比，告诉他应该在何时何地发起攻击。

季后赛期间，科比展现出了极为出色的状态。第二轮面对太阳，他在比赛最后时刻命中跳投，帮助湖人拿到系列赛第二场比赛的胜利。西部决赛面对开拓者，在第七场比赛中，他传给奥尼尔的空中接力就是湖人实现疯狂大逆转的象征。不过科比超越时代的一刻发生在总决赛对步行者关键的第四场比赛里。那场比赛打进了加时，而奥尼尔犯满离场。杰克逊终于给了科比自犹他溃败以来梦寐以求的东西——最大舞台上的绝对自由。"这种情况下，杰克逊不会让球队输球。"科比告诉队友，"我也不会允许球队输球。"科比拿下了湖人最后 8 分中的 6 分，他全场拿下 28 分，帮助湖人取胜的同时锁定了 3 比 1 的大比分。步行者队主教练拉里·伯德站在边线见证了一切。伯德计划那个赛季结束后退休，而科比这个正在走向传奇的人，好像正催促着另一个传奇早日离开。"每一球都是空心。"伯德对记者说，"我的意思是，我们甚至没办法接近。他打出了一个又一个关键球。我记得雷吉（米勒）命中了几个关键球，但我们知道科比会接管比赛。我们就是无法阻止他……这太神奇了。"

当科比凭借罚球越来越接近个人的第一个总冠军时，坐在斯台普斯球馆媒体席的马克·海斯勒正注视着他。海斯勒是《洛杉矶时报》报道 NBA 的资深记者，很多年后，回忆科比与步行者比赛的时候，海斯勒说，那是科比第一次"真正成为科比"。在那之后，科比不是没展现过他的优秀。但是在球场上，他总要和奥尼尔或者其他老将队友竞争。与步行者的第四场比赛，湖人能否赢球完全在他的掌控之中。在海斯勒看来，那也是球员打入 NBA 的形态发生转变的决定性时刻。

海斯勒本人是体育新闻变革时代的一员。1969 年，25 岁的海斯勒刚刚从新闻学院毕业，来到费城的他做好了全身心投入城市体育报道的准备。海斯勒属于"花栗鼠"成员，知名记者吉米·卡农看到年轻体育记者聚在一起急匆匆地聊天时，他就把这个绰号送给了当年的新生代记者。老一代记者崇拜体育人物，他们会写出故事，描述体育人在赛场上的神奇表现。但"花栗鼠"不一样，他们追求真正有价值的新闻。就像时政记者报道市政会议一样，他们会严肃对待每一场比赛。新一代的记者有的不是朋友，而是消息源。他们不崇拜体育人物，却经常四处树敌，使得自己与对方的隔阂越来越深。1975 年 76 人选中达雷尔·道金斯后，海斯勒被指派跟队报道。在海斯勒看来，76 人选择道金斯的决定并不具备太多开创性意义。几个赛季前，76 人还是全联盟最烂的球队，他们需要在战绩上得到巨大提升。同一年选秀，76 人还选下了很快改名为 World B. 的劳埃德·弗里，并且交易来了"甜豆"乔·布莱恩特。海斯勒发现，这三个人关系异常亲密，甚至难以区分。海斯勒觉得，听他们的对话分辨不出谁上过大学、谁没上过大学。第一个找到海斯勒的是道金斯，他想让海斯勒写一篇讲述主教练吉恩·舒不给他上场时间的报道。没过多久，弗里也提出了类似的要求。当乔·布莱恩特要求海斯勒写一篇他想得到更多上场时间的报道时，海斯勒让他缓一缓，他得先把弗里的抱怨刊发出去。舒想要一个能抢篮板的防守型中锋，就像队中的卡德维尔·琼斯那样，道金斯得不到太多上场机会也就顺理成章了。因为无以伦比的扣篮能力，道金斯颇受球迷喜爱，但他始终没有超越这个阶段再进一步。"他过早得到了太多东西，这些对他来说已经足够了。"海斯勒这样认为。

无论用什么方法，吉恩·舒也无法改造道金斯这个天才高中球员。第二年，76 人球探杰克·麦克马洪看过一场高中全明星赛后，大力吹捧一个名叫达雷尔·格里菲斯的球员，说他不管什么时候参加选秀都会是最有天赋的那个人。舒回绝了，他说："我们不要再经历一次这种事了。"

由于道金斯和比尔·威洛比在职业生涯中遭遇的问题，高中生进入 NBA 的通道关闭如此之久，海斯勒并不感到意外。不过当海斯勒来到洛杉矶时，加内特已经有了影响力。"有点脑子的人都能看出来他很有天赋。"海斯勒心想。

紧接而来的就是科比。海斯勒发现，科比有着和父亲一样的小脸和大耳朵，篮球天赋非常出众。不过非常了解这一家的海斯勒明白，科比克服一切困难的强烈欲望，其实源于他的母亲帕米拉。在芝加哥时，海斯勒在选秀前的训练营里遇到了科比。他做了自我介绍，提到了曾报道过科比父亲的事。海斯勒眼中的科比，是一个诚挚的年轻人。"跟那个喜欢上报纸的孩子不一样。"海斯勒心想。科比告诉海斯勒，很快他就要前往洛杉矶参加湖人的试训。那时听到消息的海斯勒并没有想太多，但他后来意识到，正是这次命中注定般的试训，让杰里·韦斯特下定决心尽全力选下科比。外界最初不确定科比这种身材的球员离开高中后能否在 NBA 生存、能否学会团队篮球时，海斯勒记录了一切。他知道，这是科比人生中第一次和真正有天赋的球员成为队友。科比过去从不畏惧挑战，海斯勒认为，就算曾经和更优秀的球员做过队友，对科比来说也不会有什么区别。他把科比比作了独狼——不知道会在球场上做出什么，但毫无畏惧。

海斯勒见证了科比新秀赛季在犹他投出的那几个三不沾，从那以后，他再没见过科比被对手压制。经过一个夏天不懈的训练，每年秋天，科比总会带着一项精进的技术出现在训练营——无论是跳投、刺探步还是交叉运球。慢慢的，能力掩盖了缺点。夺得总冠军前与乔丹交手的那次全明星赛，海斯勒专门记录了科比的出手。"13 次接球，他出手了 11 次。"海斯勒小声和湖人公关雷蒙德·里德尔说。"这比他去年参加全明星新秀赛少了两次。"里德尔回答。那场比赛，科比在与乔丹的对抗中没有落于下风。比赛结束后，海斯勒在麦迪逊广场花园见到了乔·布莱恩特。"他打得很不错。"海斯勒这样评价科比的表现。乔·布莱恩特的回答很简单，"看见了吧？"

在海斯勒看来，只有为数不多的几个人预见到了科比的成功：科比本人和他的家人。约翰·纳什曾经认为乔·布莱恩特的预言是天方夜谭，尽管纳什迫切地希望选下科比，但他也没有想到科比这么快就能成为球星。尽管乔·布莱恩特对儿子初期成功的预测有些偏离事实，但他的预测基本都成为了现实。

14

体育馆里的气氛突然出现了变化，正在圣莫妮卡男孩女孩俱乐部进行训练、背对大门的泰森·钱德勒感受到了这种变化。不用回头，钱德勒就知道"他"来了。钱德勒立刻听出了那个声音，任何对篮球有一丝兴趣的孩子都能听出来。那个声音浑厚而温和。"泰森，做这个训练时，你要注意自己的落脚位置。"

钱德勒还是不想转身，已经很紧张的他害怕转身后会变得更紧张。知道不回应就是不尊重对方，钱德勒终于还是转过身去。"好的，乔丹……先生。"钱德勒害羞地说，"我不知道该怎么称呼您。"

"叫我迈克就行。"乔丹回答。

钱德勒小声说了几句话，他希望继续训练，乔丹这个历史上最伟大的球员坐在场边评判他这件事好像没发生一样。这是 2001 年春天，乔丹刚刚出人意料地重返 NBA，成为华盛顿奇才的股东，还拥有篮球事务的决定权。乔丹前往奇才的过程进展得很快。在停摆缩水赛季，乔丹试图淡出，远离聚光灯。媒体上偶尔出现他要复出的消息，但这些都不是乔丹的意思。尽管如此，一个具有强烈好胜心的人总是需要找到一个宣泄能量的地方。泰德·莱昂西斯是"美国在线"的资深高管，也是奇才队的小股东。莱昂西斯笃定乔丹的好胜心会让他不甘寂寞，而他赌对了。与亚伯、艾琳·波林夫妇共进晚餐后，乔丹和奇才达成了协议。亚伯·波林 1964 年买下了巴尔的摩子弹队，搬迁到华盛顿后，他把球队的名字改成了奇才。波林很早便参与到 NBA 的经营中，联盟人气大爆发时他赚了不少钱，可现在，他在球员身上的投资越来越大。对于了解波林夫妇和乔丹的人来说，这三个人能一起吃晚饭已经很出人意料了。停摆期间，由于抱怨球员飙升的薪水，波林曾和乔丹爆发过激烈争吵。乔丹曾经对他说，"如果赚不到钱，你就该卖掉球队。"而波林也被乔丹的评论激怒。不过一起吃饭时，波林发现乔丹态度非常友善，对于如何将球队带上正轨也有着清晰的方向。波林开始展望双方的成功合作。

不管怎么说，从历史上看，奇才一直是 NBA 的鱼腩球队。1984年乔丹进入 NBA 前，子弹队连一次季后赛系列赛都没赢过。对乔丹来说，掌控一支球队是一种全新而不一样的考验。和波林吃饭时，乔丹 36 岁。从运动员的角度，这个年龄当然算老了。可如果说开启人生下一个阶段，他还相当年轻。双方很快公开了协议，乔丹也"恰好"赶上了奇才又一个失败赛季的末班车。2000-01 赛季，当科比和湖人再次夺得总冠军时，奇才的常规赛战绩为队史最差的 19胜 63 负，比他们战绩更差的只有金州勇士（17 胜）和乔丹离开后解体的公牛（15 胜）。乔丹的助手罗德·霍金斯作为球队代表参加了五月的乐透抽签仪式。这个仪式确定的是球队选秀时的顺位，战绩最差的球队获得状元签的几率最高。前往机场准备坐飞机赶到新泽西的路上，霍金斯停下来，将他找到的一枚硬币装进了兜里，他一直想找一个幸运符。"我不知道硬币上有洞。"多年后，霍金斯这样痛苦地开着玩笑。

乔丹用打高尔夫逃避紧张的乐透抽签，霍金斯却在这个过程中饱受煎熬。在乔丹和霍金斯的预想中，奇才需要经历漫长的重建。

为了腾出薪金空间，他们已经着手甩掉罗德·斯特里克兰德、米奇·里奇蒙德和朱万·霍华德这些老化且合同巨大的球队核心。状元签自然能大大加快球队的重建速度。

抽签前，公牛得到状元签的几率最大，但最终结果公布后，他们落到了第四。状元签几率第二高的勇士落到了第五。老鹰上升到第三，快船第二，奇才得到了状元签。"迈克尔仍然无处不在。"曾经在活塞做过教练、那时前往快船的埃尔文·金特里开起了玩笑。

乔丹的运气在那天晚上出奇地好。他不仅得到了状元签，还搅黄了一直觊觎这个签位的公牛总经理杰里·克劳斯的计划。但是那年新秀并不像沙奎尔·奥尼尔或者阿伦·艾弗森一样，存在明确的状元人选。那一年的新秀候选人，实际上预示了篮球这项运动的变化。当年的两个热门新秀，一个是杜克大学经历过各种考验、拿过几乎所有大学奖项的大四前锋肖恩·巴蒂尔，另一个是保罗·加索尔，来自西班牙的全能前锋。泰森·钱德勒、艾迪·库里和夸梅·布朗这三个被外界认为拥有无限潜力的高中内线，也是当年的热门人选。在那之前，没有一个NBA球队用状元签选过高中球员。人们对状元秀的预期是，进入NBA后立刻做出贡献，改变球队的命运。大多数球探预测，巴蒂尔在大学时已经开发出了全部潜力，而且他也得益于杜克的团队打法。至于加索尔，更像是个未知数。仅仅几年前，波林还因为凯文·加内特是高中生而拒绝考察他。而那一年，奇才的未来命运将会由那届新秀中的几个潜力高中生决定。上任后，乔丹立刻提出了选择某一个高中生的可能，他也开始积极地考察这几个高中生。

乔丹去圣莫妮卡看了钱德勒的训练。选秀前试训已经变成了球队、经纪人和球员之间的"猫鼠游戏"。试训这个"亲密接触"球员的环节，可以让球队更好、更深入地了解他们即将付出百万美元的投资对象。高中生进入NBA的大门打开后，这个环节变得至关重要。球探当然可以看高中比赛,可是看一个未来 NBA 球员在低水平比赛中大杀四方,并没有太多参考意义。邀请球员试训,球队可以让他参加特定的训练、分组对抗和个人测试。不过发展到那个阶段,球员有时会拒绝球队的试训要求。参加湖人的试训前,科比曾在太阳、凯尔特人等队的私下试训中给球队高管和教练留下了深刻印象。但是当杰里·韦斯特心动后,科比的经纪人阿恩·塔勒姆开始拒绝其他球队的试训要求。当加内特在公开试训中打出令人惊艳的表现后,由于担心伤情被人知晓,埃里克·弗莱彻便不再让他参加球队的单独试训。有些球员会拒绝为自己不喜欢的球队试训;有些人因为球队顺位低于预期而拒绝试训;有些人只是因为不想训练、不想和对手同台对抗而拒绝。对球员来说,试训就是工作面试。由于选秀顺位和第一份合同的金额直接挂钩,选秀前的每一个环节对新秀来说都有着重要意义。

球员面临着数不清的压力,他们要不断打出好的表现,不断给外界留下好的印象。来自加州的泰森·钱德勒是一个拥有出色弹跳的瘦高内线球员,很少有高中生像他一样为外界的严密审视做好了准备。钱德勒很早便做出决定,不会逃避任何试训。他知道自己被认定为高顺位新秀,参加试训对他来说很有可能得不偿失。但钱德勒想成为状元,他不希望其他人在自己之前被选中。三月时,钱德勒带领康普顿的高中母校拿到了加州冠军,从那之后,他就离开了学校。钱德勒参加了独立课程,和同学一起毕业,但高中显然已经不在他的计划之中了。

钱德勒搬到了前佩珀代因大学球员汤姆·刘易斯家里,两人总是在一起训练。那时的钱德勒非常瘦,人们总是开玩笑,让他小心地上的裂缝,以免走路时不小心掉下去。钱德勒身高 7 尺 1 寸,体重只有 205 磅。钱德勒希望在试训前增加 20 磅体重,以此在试训中承受更强的身体对抗。吃完早饭后,钱德勒会喝上一杯蛋白质奶昔。接着进行训练，然后吃饭、午睡。钱德勒会在一天时间里重复这种循环，慢慢增加体重与肌肉，让自己在试训前拥有足够的对抗能力。

在这个过程中，钱德勒没能将各种情绪排除在外。"试训的输或赢不会决定未来的百万美元。"他试图这样说服自己。他并不是有意吸引快船、奇才或者公牛的关注，这和他夏天时进行的训练没有区别。但是周围前来考察他的 NBA 人士，却让他不得不考虑其中的风险。和乔丹一样，杰里·韦斯特曾经看过一次钱德勒的试训。钱德勒不怎么了解球员时代的韦斯特，但他知道韦斯特是个伟大的总经理，因为他有足够的决心选下科比。试训看了没几分钟，韦斯特就离开了。"天啊，我搞砸了。"钱德勒心想。所幸韦斯特后来告诉他的训练师，钱德勒让他想起了科比，只需看一会儿就知道他在 NBA 会有光明的未来，钱德勒这才放下心来。

外界对钱德勒 NBA 前景光明的预测已经持续了一段时间。人生最初几年，钱德勒是在外公位于加州汉福德的农场长大的。克里奥·斯雷德吉尔亲手建了这个农场，钱德勒干过挤牛奶、喂鸡和耕地这些活。外公告诉他，成功源于勤奋与自律，钱德勒牢牢记住了这些话。钱德勒的生活中并没有生父的影子，他只知道弗兰克·钱德勒身高 6 尺 8 寸，曾经在圣何塞州大打过篮球。1992 年，钱德勒的母亲弗妮·斯雷德吉尔在加州圣伯纳迪诺找到了工作，两人随后搬到了那里。农场的宁静与城市的喧闹之间的对比，让钱德勒无比震惊。钱德勒进入青春期时，母子俩住在一个犯罪高发的街区。由于身体发育太快，钱德勒的所有衣服和鞋子都穿不了太久。又高又瘦的他自然遭到了周围人无情的嘲笑，而篮球似乎是唯一能让他的身材派上用场的事情。14 岁那年的一年，钱德勒所在的 AAU 球队在人手不足的情况下轻松战胜了橘郡全明星队。橘郡全明星队的所有成员均由教练帕特·巴雷特亲自挑选，巴雷特则是南加州 AAU

圈内的名人，也是耐克签约的教练。巴雷特挖走了钱德勒，送了大量耐克的球鞋和装备给他。电视节目《60分钟》讲述运动球鞋公司对年轻篮球运动员影响的节目中，钱德勒是采访对象之一。即便现在不愿再提起那段时光，但从很小时开始，钱德勒就意识到其他人觊觎他的潜在收入，想利用他的未来为自己谋利。他明白，这是一种双向关系，也是实现进入NBA这个梦想的途径。"这件事变得不再纯洁，不再完美无瑕。"多年后钱德勒这样说，"我得明白，那是个狗咬狗的世界。"加入巴雷特的球队后不久，钱德勒就换了所高中。圣伯纳迪诺和康普顿之间往返总长120英里，进入康普顿的多明格斯高中，让钱德勒获得了更高的曝光度和全美知名度。巴雷特手下的泰夏安·普林斯和肯尼·布兰纳也在这所高中。

与之前大多数高中毕业后直接进入NBA的孩子不同，钱德勒从未认真考虑过大学这个选项。大多数知名大学没有考察过钱德勒，反过来，钱德勒也没花时间参加过任何大学的入学考试。他只是在非正式的状态下拜访过密歇根大学。钱德勒以未来的收入为担保找人借钱，身为高中生，他开的是凯迪拉克凯雷德，戴着劳力士手表。

钱德勒高四那年，多明格斯高中在全美各地参加比赛。2000年12月，钱德勒在圣路易斯的Shop'n Save/KMOX比赛中与艾迪·库里直接交手，后者是全美唯一排名与钱德勒不相上下的球员，外界甚至认为艾迪·库里是"第二个沙奎尔·奥尼尔"。库里身材极为强壮，手感柔和，脚步动作也非常灵活。从小到大，库里的梦想是成为体操运动员。尽管身材不再适合体操运动，但脚穿17码大鞋、体重300磅的库里还是保持了不可思议的灵活性。库里在芝加哥郊区的小学校索恩伍德高中打得风生水起，他承诺加入附近的德保罗大学。德保罗大学的运动主管比尔·布拉肖曾经招待过库里一家。艾迪·库里的母亲加尔·库里提出，如果德保罗的中锋史蒂夫·亨特不参加 NBA 选秀、在学校再留一年，她不知道自己的儿子能否得到上场机会。这个疑问，让布拉德肖突然产生了好奇。

"这孩子要是想进 NBA，肯定是乐透秀。如果进入德保罗，他绝对是全国最好的大一球员。而他妈妈真的在担心如果史蒂夫·亨特留下来自己的儿子会不会有上场时间。"布拉德肖心想。"他想要多少时间就有多少时间。"布拉德肖回答。尽管是一个身材惹人注目的大块头，库里却是一个随和而友好的人。库里的父母没有想到外界的关注和炒作会这么厉害。老库里是个卡车司机，在全美各地拉活挣钱。加尔·库里在一家日托所工作。突然间，库里一家接到了各种各样的邀请。有的大学提出，只要艾迪·库里入学，夫妇俩都能得到新工作，所有生活费由学校负责。

可随着与钱德勒交手的时间越来越近，大学似乎逐渐退出了对库里的考虑范围。NBA 的人似乎都挤进了萨维斯中心，全场 13000 名观众里，有老鹰的皮特·巴德库克、从活塞跳槽到超音速的里克·桑德和猛龙的格伦·格伦沃德。过去一向暗中行事的杰里·克劳斯和副手加尔·福尔曼及 BJ·阿姆斯特朗一起出现在了球场，只不过坐在远离同行的地方。29 支 NBA 球队中，只有两支没有派人看比赛。

巴德库克找到座位坐下时，还是有种不自在的感觉。尽管说不清楚原因，在考察高中生的问题上，巴德库克还是有点抵触情绪。他就是感觉不对，也不想坐在那里。但这场对决，却是高中比赛里罕见的势均力敌的比赛。库里和钱德勒在 AAU 里没能交上手，尽管两人参加了两年耐克训练营，但却从没正面交锋。球队高管想知道钱德勒能否扛住库里那样的体格，他们还想知道，面对钱德勒出众的运动天赋，库里会有怎样的表现。

钱德勒特别期待这场比赛。他知道，有一些比赛能够决定他的未来，而这场比赛就是其中之一。钱德勒听说过库里身材高大，等到第一次见面时他才明白，库里不仅身材高大，而且他的身体素质已经完全达到了 NBA 的标准。不过钱德勒也觉得库里的身材有点发福了，他决定用加速冲刺的方式利用这个优势。对钱德勒来说，这场比赛也是一种解脱。就在一周前，多明格斯的主教练拉塞尔·奥提斯因为被控猥亵球员而遭到禁赛。

很少有高中比赛能像钱德勒和库里交手这场受到那么多的关注，但比赛的过程却让人失望了。库里那周一直在生病，他因此缺席了一次训练。按照凯文·黑赫斯特教练多年的规定，不管因为什么原因缺席训练，球员都不能在接下来的一场比赛中首发，库里也不得不遵守这个规定。听到杰夫·布雷尼将顶替库里首发的消息后，球场里响起了嘘声。比赛开始后第一次死球，库里就被换上场，那时第一节比赛只进行了 44 秒。钱德勒和库里拒绝互相致意，不愿意互相认可。很快，库里的前七次出手全部打铁。钱德勒尽管速度更快，但是和一个比自己重将近 100 磅的人纠缠在一起，很快就让他精疲力竭。钱德勒只抢到一个篮板，和库里一样，他拿到了 16 分。两个人的表现都不惊艳。库里投丢了 18 次出手中的 13 次，进攻时过多地飘在禁区之外，而且在比赛还剩 24 秒时犯满被罚下。钱德勒上半场 10 投 7 中，但他下半场大失水准，只得到 4 分。钱德勒的多明格斯高中最终以 54 比 50 险胜。"比赛有点虎头蛇尾。"索尼·瓦卡罗后来回忆。库里告诉记者，他感冒了，比赛时呼吸困难。"只有他自己知道是不是真生病了。"18 岁的钱德勒赛后对记者说，"我受到的教育一直是不找借口。如果他上场了，他就该好好打球。"

钱德勒认为，那不会是他最后一次和艾迪·库里交手。他想的没错。那场比赛结束几个月后，两个人如外界预期一般宣布参加 NBA 选秀。钱德勒预期，状元将在他和库里之间产生，夸梅·布朗选秀预期的突然蹿升并没有引起他的注意。"夸梅进入高排名是最后时刻的事。"钱德勒回忆，"我和艾迪高中时付出了那么多才获得了地位，我觉得夸梅就像凭空出现的一样，突然就蹿到了我们前面。"

＊　　　＊　　　＊

比利·多诺万从他极其重视的招募对象的声音里感受到了一丝犹豫。尽管时间很短，但多诺万也在 NBA 打过球，所以他能理解顶级业余球员面临的巨大压力。成为佛罗里达大学主教练后，多诺万很快将球队带到了全新高度。NBA 一个又一个地"挖走"他的球员，到了 2001 年春天，夸梅·布朗告诉他，他要打破进入佛罗里达大学的承诺，直接进入 NBA。在多诺万看来，布朗想说服的是他自己，而不是多诺万。

"我理解。"多诺万说。

多诺万过去几年一直关注夸梅·布朗。一个熟人当年在多诺万面前提起了乔治亚州布伦斯维克身高 6 尺 11 的高二学生夸梅·布朗，从那之后，两人的关系就非常紧密。大多数关于"某人很厉害"的消息最终都被证明不实，而拥有足够好奇心的多诺万亲眼看过布朗的比赛后，对他大为赞赏。不久后的 2000 年 11 月，他就给布朗提供了一份奖学金，后者也签下了加入佛罗里达大学的意向书。布朗还保有一种天真，多诺万很是喜欢。"他是个好孩子。"多诺万心想。天真是种正面评价，但放在高中运动员身上，就不那么合适了。想在体育领域取得成功，"恶毒""凶狠"有时是不可避免的。

多诺万认为，夸梅·布朗是一个有着高中生问题的高中生。布朗担心的是高中舞会和学习成绩——他并不在乎能否迅速成名或者得到财富。越来越多的 NBA 人士出现在布朗的格伦学院引起了多诺万的注意，观众中 NBA 球队的队标显得异常显眼。布朗的选秀行情最初在 NBA 圈内只是缓慢上涨，但在最后出现了火箭般的飙升。最初，他只是个首轮末新秀。接下来的预测中，他上升到首轮中段。考察布朗已久的多诺万自然知道他的众多优点，但他同样知道布朗的缺点，也知道他有能力克服缺点。布朗的身体似乎就是为 NBA 而生的，他的比赛风格也是力量和运动型。多诺万觉得，他没有立场反对布朗的决定，毕竟对方也为自己的未来和家人的生活负责。像他一样的孩子，有谁会放弃唾手可得的财富呢？

"教练，我不想这么做。"不久后夸梅·布朗向多诺万坦承。多诺万询问原因时，布朗回答："如果第一个被选中，我知道人们的期望会有多高。我离真正状元的差距有点大，我还没准备好。"回想这段对话时，多诺万说他为布朗承受如此沉重的负担而感到难过。"在他内心深处，他其实很想上大学。"多诺万回忆，"我觉得他知道自己还没准备好，但他不得不去职业联赛。他真的是为家人做出的选择，但他也确实很担心。"布朗问多诺万，去 NBA 是不是意味着必须一个人住，还问他怎么干洗衣服。"这是从一个极端到了另一个极端。"多诺万说。十多年后，他离开大学，成为俄克拉荷马雷霆主教练。

乔伊斯·布朗希望儿子上大学，可她的家庭不仅需要听到好消息，也需要儿子进入职业联赛带来的经济收入。夸梅·布朗出生于南卡罗莱纳州的查尔斯顿，他在威利·詹姆斯和乔伊斯·布朗的八个孩子中排名老七。多年来，乔伊斯一直试图离开丈夫，摆脱破损的夫妻关系。威利·詹姆斯不仅吸毒，还从身体和精神上虐待乔伊斯。当威利·詹姆斯莫名其妙地大发雷霆时，没有人能幸免。即便如此，他却总能说服乔伊斯回到自己身边，这已经变成了一种毁灭性的循环。终于有一天，乔伊斯彻底离开了詹姆斯，回到了家乡布伦斯维克。1989 年，她与詹姆斯正式离婚。一年后，威利·詹姆斯因为用斧柄谋杀女友被判终身监禁，不得假释。

布伦斯维克是一个只有 15000 人的港口城市，位于杰克森威尔和萨瓦纳之间。布朗一家住在迪克希维尔，这里有一个绰号——"底部"。除了向上努力，他们别无出路。布朗一家生活的社区，到处是教堂和酒吧。一年中的大多数时间，由于天气太过潮湿，出门只需几分钟就会浑身湿透。离布伦斯维克不远处便是由四座小岛组成的著名的"黄金群岛"——有钱人有时喜欢去那里度假。很多在黄金群岛从事服务业的人都住在布伦斯维克。乔伊斯在布伦斯维克的戴斯酒店（Days Inn）做清洁工。1993年，由于退行性椎间病，乔伊斯残疾了。除了残疾津贴，她靠着做保姆贴补家用。全家的主要交通工具，是一辆自行车。为了摆脱贫困状态，布朗的哥哥们走上了犯罪道路。小威利·詹姆斯·布朗因为销售可卡因获刑12年半，泰伯特·李·詹姆斯因为枪击在州监狱服刑15年。

布朗一家想方设法让夸梅远离这种绝望的环境。哥哥们让他远离犯罪，他被送到迪克希维尔外的一所小学上学。在丹·摩尔考虑是否接受格伦学校主教练职位时，他看到几个中学生在球场打球。看到那时身高已经达到6尺5的夸梅·布朗后，他接受了那份工作。夸梅的哥哥塔巴里已经是校队球星了，而在摩尔的预想中，布朗一家的孩子们未来几年将会陆续进入他的球队。

摩尔发现，夸梅·布朗有时候很容易变得沮丧。高一那年，由于在训练中不高兴，他挥拳砸向墙壁，造成了手掌骨折。布朗的时间观念也有问题。不论是训练还是坐大巴去客场比赛，他都迟到过。那种时候，摩尔会让司机在队中明星不到场的情况下开车离开。不过总体来说，执教布朗对摩尔来说是一段快乐的经历。这个孩子文质彬彬，很聪明，也愿意学习。摩尔有时甚至让布朗照看自己的孩子。回想起来，摩尔不记得两人发生过任何争吵。

因为布朗极强的运动能力，摩尔必须设计出新的训练项目。其中一个训练，布朗需要从罚球区的一个边跳到另一边，同时做着干扰投篮的动作。尽管如此，没有人能在布朗的防守下得分。布朗成为一名全能球员，在约翰·威廉姆斯的帮助下，他也逐渐成为一个扎实可靠的人。威廉姆斯是附近青年教会的执行主管，摩尔成为教练前，他就参与到当地的篮球运动中了。威廉姆斯会鼓励当地孩子，有时还会帮他们找些兼职工作。对夸梅·布朗来说，威廉姆斯填补了空白——他是布朗人生中第一个不带有隐秘动机的男性形象。当泰森·钱德勒开着酷炫的 SUV 时，夸梅·布朗开的是威廉姆斯的别克"世纪"。威廉姆斯做出过承诺，只要布朗保持好成绩，他就会借车给布朗开。

高四那年，布朗的场均数据达到 20.1 分、13.3 个篮板和 5.8 次盖帽。在他带领下，格伦学院打进了州"最终四强"锦标赛。在麦当劳的全美大赛上，布朗拿到 17 分、7 个篮板和 5 次盖帽。布朗过去参加过一些球鞋公司的训练营，也打出过不错的表现。在北卡罗莱纳达累姆的卡梅隆室内体育馆里，在这个受全美关注的舞台上，夸梅·布朗打出了惊艳的表现。也正是在那个时候，他开始认真考虑直接进入 NBA 这个选择。

摩尔没有参与布朗的决策过程，他认为自己没有权利参与。布朗还是个青少年，摩尔希望他尽可能保持这种状态。越来越多的 NBA 的人涌进摩尔的球场，而他也尽量将布朗与这些隔离开。"利用篮球，不要让篮球利用你。"摩尔说。

在布朗亲自通知比利·多诺万前，摩尔一直认为布朗会加入佛罗里达大学。但他后来还是接受并理解了这个决定。"21 岁时，他已经挣到了 1900 万美元。"摩尔说，"我 21 岁时还在找工作。"布朗让威廉姆斯担任中间人，而他本人则逃避了大多数采访要求，不愿回答有关个人未来的问题。他在一份声明中表达了进入 NBA 的意愿："有人说，从高中到 NBA 是一个艰难的转变。对于这些人我想说，艰难的转变对我和我的家人都不是新鲜事。事实上，挫折让我们一家变得更加坚强。"声明发出后几个小时，身穿黑色西装和背心的布朗和女友乔伊一起参加了高中舞会。

布朗在甘尼斯维尔的比利·多诺万家附近买了栋房子，他想在佛罗里达大学准备选秀。看到布朗后多诺万明白，他的身体并不在最佳状态。在多诺万看来，布朗喜欢打篮球，但他似乎并不喜欢训练。"夸梅，你得让身体状态再好一些。"多诺万建议，"你得再努力些。"多诺万不再对布朗的未来拥有发言权，尽管还想帮忙，但他认为，布朗在没有完全准备的情况下进入了"不成功便成仁"的状态。

训练起到了作用，布朗参加了所有拥有高位签球队的试训，他给每支球队都留下了很好的印象。库里更壮，钱德勒更高，但布朗的身材最匀称，他可能是三人中运动天赋最好的一个。迈克尔·乔丹分别参加了布朗、钱德勒和库里的试训。有时他会亲自下场考察他们的能力，这让外界不禁猜测，乔丹是在为复出而有意保持身材。随着选秀日临近，奇才要求最后一次试训，重头戏就是布朗对钱德勒。奇才的要求最初激怒了布朗，他认为早已证明了自己拥有状元的实力。

与钱德勒的试训中，布朗表现得异常凶狠。在一些训练中，他靠力量直接压制了钱德勒。在另一些训练中，他的速度比钱德勒更快。夸梅·布朗表现得无所不能——在低位，他的力量比钱德勒大；到了外线，他的技能又比钱德勒更娴熟。罗德·霍金斯心想，布朗能里能外，也许能成为第二个凯文·加内特。

试训期间，钱德勒过多地飘在外线。钱德勒告诉霍金斯，他想成为拉希德·华莱士那样的球员，而华莱士是一个拥有柔和手感、具有外线攻击能力的内线。但霍金斯并不觉得钱德勒能变成那种类型的球员，他想到了自己的NBA生涯。1982年从福莱斯诺州大毕业后，霍金斯进入NBA。霍金斯知道，高中毕业时自己太嫩了，肯定不适合NBA，可眼前已经是新一代球员了。霍金斯觉得，这种环境很严酷。球队高管需要预测球员五年后的未来，而这些孩子通常对自己的 NBA 生涯有着不切实际的预期。霍金斯认为这就像猜谜游戏，而这既是美好，也是诅咒。

钱德勒并不知道，奇才安排这次试训只是为了下决心选择布朗。试训结束后，他有了一种不祥的感觉。和乔丹简单聊过几句后，他发现自己不再是状元人选。离开前，布朗也和乔丹进行了交流。他一句大胆的话，唤醒了乔丹内心深处的好胜心。假如年轻时有过类似机会，乔丹也会说出这种话。

"如果选了我，我保证你不会后悔。"布朗自信地说。

15

1998 年成为多伦多猛龙主教练后，布奇·卡特接到的第一个电话，来自阿尔维斯·史密斯和乔尔·霍普金斯。接到这通电话的卡特很吃惊，但史密斯和霍普金斯在猛龙队、或者说某名球员身上投下了太多赌注。这两个人将特雷西·麦克格雷迪培养成出色的球员，但却眼睁睁地看着他在达雷尔·沃克执教猛龙期间得不到上场机会，信心日渐流失。史密斯和霍普金斯担心麦迪在新教练手下也得不到机会。布奇·卡特也曾在 NBA 打过球，在那之前，他和伊赛亚·托马斯是印第安纳大学的队友。"给我一点时间。"卡特对史密斯和霍普金斯说。

卡特很快意识到，这时的 NBA 和他打球时完全是两个世界。教练必须回应来自各个方面的要求，提出要求的也不再只是球员。"高中生进入联盟后，他们带来了高中教练和 AAU 教练，而这些人想的都是尽快拿到自己那份利益。"卡特回忆。

卡特评判麦迪的角度与沃克不同。1986 年退役后，卡特前往高中母校俄亥俄米德尔顿中学担任教练。在卡特看来，高中球员很脆弱，他们的身体和心理仍处于成长阶段。卡特认为，不论麦迪拥有怎样的天赋，他和其他高中生不会有多少区别。卡特决定，评价麦迪时，不会以他在训练中面对成年人的表现或进步为基础。卡特给出的理由是："让麦迪和查尔斯·奥克利、道格·克里斯蒂这样的队友交手，肯定不会有好结果。"卡特认为，麦迪具有成为明星的特质。卡特认为麦迪拥有极高的运动天赋，但他只是个孩子。麦迪随时随地都能睡着，他的队友达蒙·斯塔德迈尔认为这并非懒惰，而是因为麦迪还在长身体。卡特决定，他会观察球队训练之外的麦迪，比如他在跑步机上练了多久，又看了多少比赛录像。"肯塔基德比①上不用两岁的赛马是有原因的。"卡特说。他要求麦迪每天必须扎实训练一个小时。他希望将麦迪的身体改造到适应 NBA 的强度，让他从第一个赛季无伤病出战 30 场提高到第二个赛季的 60 场。前者相当于大学赛季的强度，后者就是 NBA 的强度。

麦迪也开始和德尼塔·特纳见面，后者是个人管理顾问，帮助麦迪学习如何管理个人时间、确立职业目标。卡特认为，与特纳的交流至关重要。他希望特纳能让麦迪学会更自私一些。"大多数教练不知道，年轻球员认为自私是件坏事。"卡特这样解释，"作为教练，我认为，除非球员自私起来，否则我没法彻底开发他的全部潜力。他必须自私起来，在自己身上投入更多。"

尽管有所提高，可麦迪还在挫折面前栽了跟头，他还是不知道成为职业球员到底意味着什么。卡特给了他相当的上场时间，告诉他无论比分多少，他都能在第一节还剩 6 分钟时上场。换麦迪上场后，卡特也总会特意为他叫一个战术，帮助他快速得到出手机会，适应比赛节奏。卡特认为，只有通过上场比赛、犯错误也不会害怕被教练换下时，球员才能获得自信。但全明星周末结束后，返回球队参加训练的麦迪却动作迟缓，勉强完成了训练。"这孩子人是在这儿，但他的心还在佛罗里达。"卡特心想。接下来的一场比赛，

---

① 肯塔基德比是美国的一项传统赛马比赛。——译者注

卡特指出麦迪的每一次轮转换位都有问题。麦迪发现自己又一次遭到冷藏。比赛结束后卡特说，这就是不认真训练的后果。"那时候，我俩达成了一致。"卡特说。史密斯和霍普金斯很快便意识到卡特这种奖惩结合的作用。"我希望特雷西上场打球。"史密斯回忆道，"但归根结底，布奇是对的，我错了。特雷西是没上场，但是对他这样的潜力新人，你得慢慢培养。"

"布奇·卡特法"收获效果比史密斯预想的还快，麦迪似乎在一夜之间变身成了球星。1998年，麦迪和远房表哥文斯·卡特一起成了一组强有力的搭档。麦迪展现出了基石球员的所有特征：他能投篮，能控球，还能防守。麦迪身高臂长，关键是，他还很年轻。在布奇·卡特的监管下，麦迪逐渐积累了自信。"他更关心我这个人，而不是我的球员身份。"麦迪说，"他会确保我的心态没问题。他知道只要心态没问题，一切就能顺其自然。这给了我很大帮助。"个人第三个NBA赛季进行到一半，外界有了麦迪当选最佳第六人的呼声。在猛龙输给尼克斯的季后赛首轮中，麦迪的发挥非常出色，有时甚至压过运动天赋惊人的文斯·卡特。"特雷西是那支球队里最好的防守球员，他能防守三个位置。"布奇·卡特回忆，"他知道所有战术，了解所有对位。他只是不够强壮，不能像文斯一样在第四节打出战术。"

麦迪的前途很光明，但多伦多并不是他的归宿。外界刚刚窥得他真正潜力不久，就传出了他想成为球队头号选择的流言。可作为文斯·卡特的副手，麦迪永远不会成为猛龙的头号球星。除此之外，麦迪希望为美国的球队效力，以此增加曝光度。成为球星的同时，麦迪也走到了每一支培养高中球员球队所担心的关键十字路口。当这些高中球员对比赛的理解加深、对球队的贡献日渐重要时，他们恰好也成了自由球员。而那些培养了他们的球队只能眼睁睁地看着他们和其他球队签约，走上职业生涯巅峰。

杰里·克劳斯等的就是这个机会。他认为自己犯了大错，没有在机会来临时直接得到还是新秀的麦迪。如今，克劳斯当然不会放弃成为自由球员的麦迪，他的公牛也迫切地需要麦迪这样的球员。公牛王朝解体得惊人而迅速，公牛痛苦地结束了停摆缩水赛季，只赢下东部最差的 13 场比赛。得到 1999 年的状元签后，公牛选下了埃尔顿·布兰德这个才华横溢的前锋，他也是大学未毕业就离开杜克的最早一批球员之一。尽管布兰德很出色，但公牛依旧没有起色，只取得了悲惨的 17 胜 65 负。尽管过程很痛苦，但公牛的挣扎却正好迎合了克劳斯的计划。组建冠军之师并非一日之功。克劳斯囤积高顺位选秀权，保留薪金空间，等待 2000 年夏天的到来。他的目标不仅是麦迪，还包括蒂姆·邓肯和格兰特·希尔这样的优秀自由球员。效力猛龙期间，麦迪大部分时间并非首发。他希望得到球队的招募，希望得到被需要的感觉。麦迪有很多选择，而猛龙极度渴望他留下，还在布奇·卡特和队内老将产生矛盾后将其解雇。和公牛一样，为了吸引顶尖球员，让沙奎尔·奥尼尔离开后的球队重新找回统治地位，魔术也清理出了大量薪金空间。

2000 年 7 月，麦迪和阿尔维斯·史密斯乘坐飞机离开奥兰多，抵达芝加哥奥黑尔国际机场。走出 C-20 登机门时，不只是公牛，麦迪得到了整个芝加哥市的热烈欢迎。两名拉拉队员和公牛吉祥物"公牛本尼"挥舞着写着"T-Mac，芝加哥第一"的横幅。乐队演奏着《芝加哥，美好的家》，周围的球迷高喊"T-Mac！T-Mac！"，等在那里的杰里·克劳斯和 BJ·阿姆斯特朗（乔丹的前后场搭档，那时成为克劳斯的助手）拥抱了麦迪和史密斯。在克劳斯眼中，这更像是一次重逢。对麦迪来说，这个场景太过梦幻了。他想象自己走出文斯·卡特的阴影，接过乔丹的火炬，带领公牛再次成为豪强。麦迪的芝加哥之旅持续了两天。他先分别听了克劳斯和布兰德的游说，随后现场观看了 MLB 小熊和白袜的比赛，最后游览了密歇根湖。

公牛确实引起了麦迪的兴趣，但克劳斯不知道，麦迪已经做好决定。他选择了魔术，在 21 岁那年得到了一份六年 6750 万美元的合同。"特雷西根本不该离开多伦多，但这里面有两个原因。阿恩（塔勒姆，麦迪的经纪人）没法从猛龙得到那样的合同，因为猛龙老板根本不懂篮球。"布奇·卡特说，"他们根本不知道年轻人怎么做决定，麦迪身边全是那种人。我们找来了阿尔维斯·史密斯，看他能不能和（猛龙小股东）拉里·塔纳鲍姆达成协议，但塔纳鲍姆也不懂。所有人都忘了联盟有工资帽这回事，每个人都在说，'好吧，怎么在工资帽里做文章？'尽早进联盟，你会想办法让自己的人去挣钱最多的地方。"

魔术的角色球员更好，他们的年轻教练道格·里弗斯精力充沛。此外，魔术还签下了格兰特·希尔，麦迪认为他们俩能成为新一代的乔丹和皮蓬。更重要的是，奥兰多意味着家乡。"我在特雷西身上花了两年。"克劳斯回忆，"通过他身边的人，包括直接和他接触。但在最后一刻，如果我记得没错，特雷西的妈妈否决了我们的合同，因为她想让他去佛罗里达。"

按照麦迪的回忆，这个决定是他自己做的。"没什么能影响我和家乡球队签约。"他说，"事后再想？当然，留下（留在猛龙）会是最完美的情况。"阿尔维斯·史密斯并不赞同麦迪的选择，这也是两人关系的第一道重大裂痕。史密斯告诉麦迪，他不认为魔术有实力，而且麦迪的身体会因为负担过重而出问题。"我不希望特雷西去奥兰多。"史密斯回忆，"我们可以选择去魔术或者公牛。我希望他去公牛，我觉得他们补强阵容做得比任何人都好。"

加入魔术的麦迪成为联盟最出色的得分手，但不愿努力训练的缺点也跟随他一起回到了家乡。"他靠的是能力，而不是能力和职业精神。"在里弗斯担任魔术主教练期间担任助教的约翰尼·戴维斯说，"他没有两者的结合，他并不天生就有职业精神。如果他有职业精神，那么无论对他自己还是用个人能力提高球队，外界对他的评价都会更高。"格兰特·希尔遭遇了让他冉冉上升的职业生涯进入下坡路的重大伤病，他不再是活塞时期那个顶级球员。史密斯的预测没错，麦迪需要扛起魔术全队。在那里，他从来没有突破过季后赛首轮。

*   *   *

杰里·克劳斯一直认为，是有能力的球队得到的冠军，而非个别球员。他见证了拉里·伯德和其他核心老化时无动于衷的凯尔特人最终走向平庸。克劳斯觉得，重建要迅速，还要提前预测那不可避免的重建过程。这是特雷西·麦克格雷迪第二次与他擦肩而过，但聪明的球队总有备选方案。2000-01赛季，公牛又一次经历了灾难般的赛季，他们只赢了15场比赛。迈克尔·乔丹的奇才赢得了2001年的状元签，克劳斯的公牛拿到的是第四顺位选秀权。克劳斯仍然认为，这是一次能够改变球队命运的选秀。那个赛季的大部分时间，克劳斯都在考察、评估高中球员，比如夸梅·布朗、泰森·钱德勒、艾迪·库里，还有德萨加纳·迪奥普这个技术粗糙但潜力巨大的塞内加尔孩子。

NBA管理层预测，最多会有六名高中生入选在纽约麦迪逊广场花园举办的2001年选秀。相处时间越久，这些孩子对彼此的尊重也就越深。对他们来说，那是一段共同出发的旅行。选秀前一天他们互相交流，想知道谁会成为迈克尔·乔丹钦定的接班人。过去几周，乔丹表现出有意交易状元签、换回老将或者更多选秀权的意愿。奇才之后的大多数球员，包括克劳斯的公牛都向乔丹提出交易方案。但到了最后，乔丹留下了这个状元签，他的目标已经明确在一个人身上。

乔丹创造了 NBA 的历史，他让夸梅·布朗成为联盟历史上第一个高中生状元。凯文·加内特、科比·布莱恩特、特雷西·麦克格雷迪和其他未来入选过全明星的高中生，在选秀夜都曾经历过煎熬的等待。听到自己的名字后，布朗缓慢地从座位上站起来，拥抱母亲后，一脸微笑地与大卫·斯特恩握手。尽管有所期待，可当这一刻终于到来时，布朗还是激动了。"我这辈子还没这么紧张过。"他对记者说，"我现在是所有高中毕业生的代表了，我必须证明选我不是错误。"

"我最大的梦想就是有朝一日能击败（迈克尔·乔丹）。"布朗在华盛顿的新闻发布会上这样说道。"这确实是个梦想。"乔丹赞同道，他在发布会上补充，"我们觉得我们选下了一个很扎实的孩子，他的天赋不可限量。我们不知道这孩子能做什么，而这正是我们选他的原因。我们不知道。几年后，也许他就是明星。"

拥有榜眼签的是快船。一年前，他们在第三顺位选下了圣路易斯东部地区出身的达柳斯·迈尔斯，他也是夸梅·布朗之前选秀顺位最高的高中球员。无论对他还是对快船，这都是一个学习过程。快船是支烂队，迈尔斯很轻松就得到了上场时间。他成为 NBA 历史上第一个进入最佳新秀一阵的高中生。尽管运动能力极强，但迈尔斯却很不成熟，他拒绝在夏天训练、提高自己的能力。迈尔斯告诉主教练埃尔文·金特里，他想去拍电影。迈尔斯说，拍一部电影他能挣到 90 万美元。金特里问他："达柳斯，你知不知道，如果努力提高技术，未来你能挣到 8500 万美元？"但迈尔斯并不理会金特里的劝告。

2001 年，奇才选下布朗后，快船选下了兴奋的泰森·钱德勒。尽管快船的成绩始终不好，但钱德勒还是很高兴加入一支离家近的球队。可快船并不愿意连续引入高中球员，让本已年轻的阵容更加年轻。钱德勒不知道，如果选秀进程按照克劳斯的预期进行，快船就会将他交易到公牛。一切取决于拥有探花签的老鹰会做出怎样的选择。有消息称，老鹰中意一个名叫保罗·加索尔的西班牙球员。公牛和奇才都没花太多精力评估加索尔，日后他们都会意识到这是个错误。曾做过达雷尔·道金斯经纪人的赫伯·鲁多伊成为加索尔的经纪人。选秀前几天，鲁多伊请求奇才的罗德·希金斯再考虑一下加索尔，但奇才那时已经锁定了夸梅·布朗。"这事发生在国际选秀井喷之前。"希金斯说，"这么说吧，我们没做准备。他完全被忽略了。"克劳斯表示，公牛队中有人告诉他，加索尔不值得花时间考察。

加索尔后来成长为全能的内线球员，在湖人赢得两个总冠军后，他终于在 2014 年加入公牛。"这不是贬低任何人，但确实有人跟我们说不要去看加索尔。"克劳斯说，"那时候的负责人不停地说，'不要去看他。'我们说，'好吧。'我们错了吗？应该是错了。我们应该去考察他，但我们没有。"老鹰确实在第三顺位选下了加索尔，随后又将他交易到了孟菲斯灰熊。

杰里·克劳斯感到一阵激动，加索尔被选中帮了他大忙，他就像赌徒一样，把全部身家压在了那一届的高中生身上。克劳斯用第四顺位选下了艾迪·库里，又用埃尔顿·布兰德换来了快船刚刚选下的泰森·钱德勒。在那之前克劳斯决定，只有第四顺位还能选到库里时他才会做这个交易。克劳斯有意让库里和钱德勒成为球队的前场搭档。乔丹退役后，布兰德是公牛队中罕见的亮点之一。他和史蒂夫·弗朗西斯一起当选最佳新秀，展现出了长期 20+10 的潜力。布兰德技术成熟，也很可靠。但他身高不足，公牛认定，尽管还年轻，但他已经摸到了潜力的天花板。而库里和钱德勒年龄更小，似乎拥有更好的潜力。克劳斯相信，钱德勒和库里能够联手统治全联盟。连布兰德都不反对这种说法。"这两个年轻人，一个身高七尺，弹跳极好，另一个6尺10，体重300磅，还能做后空翻。"布兰德说。

公牛考察了大学以及未来几年有可能进入大学的高中内线球员，没有一个比得上钱德勒和库里。克劳斯觉得，他已经将未来最出色的内线纳入麾下。自从14年前在同一年选下斯科特·皮蓬和霍里斯·格兰特后，这是他第一次如此兴奋激动。"很多人说我们一口气选了这些孩子是疯了。"克劳斯回忆道。

在克劳斯看来，钱德勒的防守更好，而库里能在最短时间里练出 NBA 级别的进攻。他用类似查尔斯·奥克利和格雷格·安东尼这样的老将填补了其他阵容空缺。"我们知道选他们两人是冒险。"克劳斯说，"但我们也觉得他们是最好的选择。显然，我们觉得这个风险不至于阻止我们选择他俩。"

几个月前钱德勒非正式地拜访密歇根大学时，贾马尔·克劳福德曾经招待过他。克劳福德提起自己上过的一门伦理课中讲到了外界给高中篮球运动员那么多关注和吹捧，而课上的讨论对象正是钱德勒。聊到这个话题时，两人笑了很久。艾迪·库里高四那年前往公牛主场看比赛时也跟克劳福德成了朋友。如今，成为队友的三人多了一个外号，"公牛宝宝"。克劳福德身穿 1 号。钱德勒想要 2 号，但公牛的装备经理谨慎地提出了反对意见。在那之前几年，每一个穿过 2 号的球员不是被交易、被裁，就是受伤。最后，钱德勒选了3 号。浑不吝的库里选了 2 号，他声称："我要打破这个诅咒。"

几个月后，在公牛主场与步行者的赛前上篮热身时，艾迪·库里仿佛产生了过电般的感觉。这一天终于到了，他来到了 NBA。站在联合中心的球场上，他即将开启一个充满期待的全新赛季。库里看着观众席他的家人和朋友坐的地方。为了招待所有人，他买了 26张票。库里想做很多事，但他不知道自己会得到多少出场时间。得到上场机会时，他希望自己能尽快找到比赛节奏。

上半场时，公牛主教练蒂姆·弗洛伊德用库里换下了布拉德·米勒。当克劳斯聘请弗洛伊德接替菲尔·杰克逊时，这个前艾奥瓦州大主教练还曾梦想乔丹会继续在公牛打球。如今，公牛主教练生涯进入第四年的弗洛伊德，还在执行着一个看不到头的重建计划。球队的命运系于两个孩子的成长，弗洛伊德觉得，做大学主教练时他都不曾如此依赖过两个大一新生。

对库里来说悲剧的是，比赛的节奏不仅没有慢下来，甚至远超他的最坏预想。钱德勒坐在板凳上神游时，库里投出了在 NBA 的第一次投篮——一个三不沾。两队在上半场打得十分焦灼，第四节还剩一分多钟时，公牛将比分追到了 64 比 65。公牛这时选择了区域联防，步行者身高臂长的杰梅因·奥尼尔发现了公牛防守中的漏洞。五年前进入 NBA 的小奥尼尔终于在步行者稳定下来，找到了归宿。尽管过去也很优秀，但是在天赋球员和老将云集的开拓者，小奥尼尔得不到太多机会。身在波特兰时，随着女儿阿斯加的出生，小奥尼尔迅速成熟起来。他与梅沙·罗珀的初次相见发生在阿迪达斯总部，罗珀那时还是波特兰州大的学生。两人开始约会后不久，小奥尼尔就把当初对母亲说过的话告诉给了罗珀：他希望在年轻时就成为父亲。高中一毕业就进入 NBA，小奥尼尔知道自己没做好准备，但是为了养育自己的孩子，他愿意付出一切。"我知道我会尽全力成为最好的父亲。"小奥尼尔回忆，"我觉得那是摆脱针对我父亲的伤痛、愤怒和痛苦的一种方式。我父亲没有陪伴我成长，因为他根本不在乎，不把我当作他的孩子。"

由于不满意上场时间，小奥尼尔和乔·克莱恩被开拓者交易到步行者，换来了全明星球员戴尔·戴维斯。在猛龙经历权力斗争后来到步行者担任主教练的伊赛亚·托马斯和球队总裁唐尼·沃尔什同意在极少被用上的小奥尼尔身上赌博一次。被他们交易走的戴维斯是步行者那时的标志性球员，曾连续七个赛季成为步行者队内的篮板王，而小奥尼尔那时还是个未知数。来到步行者后，他终于不再是队内年纪最小的球员。步行者连续选了埃尔·哈灵顿和乔纳森·本德尔这两个高中生，搭配雷吉·米勒、里克·施密茨和特拉维斯·贝斯特这样的老将。小奥尼尔还在印第安纳读高中时，伊赛亚·托马斯就很关注他了。在托马斯看来，给小奥尼尔机会，就像学校里的老师在问题学生身上发现闪光点一样。在印第安纳时两人住得很近，小奥尼尔经常到托马斯家去。加入步行者后，小奥尼尔的上场时间飙升。在开拓者的最后一个赛季，他只有 12.3 分钟的出场时间；而在步行者的第一个赛季，这个数字上升到了 32.6 分钟。

对阵公牛时，小奥尼尔在下半场得到了全场 25 分中的 20 分，帮助步行者建立了较大的领先优势，他还在库里头上完成了扣篮。而库里全场 6 投仅 1 中，只在最后的垃圾时间上篮成功，公牛最终以 73 比 98 惨败。几乎没得到上场时间的钱德勒情况并不比库里好，在 6 分钟时间里，他只命中一个罚球，两次出手全部打铁。

公牛的状态在赛季迅速恶化，实际上，从一开始这支球队就没有机会。已经受够了的主教练扭曲了球队的意图，他没有给钱德勒和库里足够的上场时间，没有培养这两个新人，却把时间留给了老将。两个新秀只能获得零星的出场机会。赛季前 13 场比赛，公牛输掉了其中 12 场。赛季初客场惨败魔术 30 分后，无比沮丧的钱德勒在更衣室里哭了。过去一直是人生赢家的他，终于在连续输球面前崩溃了。钱德勒相信，尽管球迷不会把他看作"完成品"，可他们还是希望他能做出贡献，好对得起他的高顺位。而那时的他，既不是完成品，又做不出贡献。"你有什么问题啊？"弗洛伊德问他。

"什么叫我有什么问题？"钱德勒问道。弗洛伊德又重复了一遍问题。

"输球就是问题。"钱德勒回答。

"如果你在 NBA 不能忍受输球，那你打不长。"弗洛伊德说。

"我不想忍受。"钱德勒哭着说。

赛季进行了 25 场比赛后，弗洛伊德辞职了，接替他的是比尔·卡特莱特。在比尔·威洛比和达雷尔·道金斯的时代，卡特莱特曾被认为有高中毕业后直接进入 NBA 的实力。进入 NBA 后，卡特莱特也成为全联盟最受尊重、最有威慑力的内线球员之一。他希望将所有基本功传授给库里和钱德勒，但他很快发现，自己要负责的不只是篮球。克劳斯为球队招聘了一个厨师，这个人的工作实际上就是给两个新秀准备早饭和午饭。库里养了两只罗威纳犬，他不知道去客场打球时该由谁照顾这两只狗。当警察告诉库里不能在市区开他的新越野车时，他干脆把车扔在了公牛的训练中心，好几周没去过问车的情况。"虽然那是两个人，每个人面临的挑战也不一样，但他们面临的共同挑战就是远离家人。"卡特莱特说，"即便艾迪一直在这里生活，但他要靠自己了。两个人都要面对家人和朋友，要适应新环境，就像大一新生一样。只不过他们面对的是真实的社会。"克劳斯定期安排了见面会，以评估两名新秀场上场下的成长情况。但他很快决定，必须和两人分别面谈。克劳斯发现，钱德勒成熟得多。"他们是两类不同的孩子。"克劳斯回忆，"两个都是很好的孩子，这也是我们选择他们的原因。我们相信两个人都能成熟起来。"

根据公牛工作人员的建议，钱德勒和库里没有住在市区，而是在位于郊区球队训练中心不远的地方租了公寓。汤姆·刘易斯搬进了钱德勒家，闲暇时，两人不是打游戏就是打台球。刘易斯有点可怜库里，库里身边的人总是在伸手索取，却没有人愿意安慰他、帮助他。曾经做过库里导师的唐尼·科克希表示，库里遇到的情况在 NBA 很常见。"你得拒绝父母的要求，你的朋友有自己的小算盘，你还要面对女朋友，以及给你生了孩子的人。"科克希说，"太多了。分散他精力的因素太多了，如果回过头来，他会选择不同的路。"

在钱德勒看来，公牛选了他和库里，将球队的未来托付给他俩，却没有明确培养两人的战略。钱德勒说："现在再看，我觉得最难的是，他们对我和艾迪没有什么计划。"至于球队的未来需要由他和库里扛起，钱德勒说："直到后来我才明白。我们很年轻。我们很开心，也很努力，但我们不知道自己就是要改变球队未来的人。"

2003 年，杰里·克劳斯以健康原因宣布退休。他依旧认为自己为公牛留下了能够带领球队走向光明的核心。公牛已经连续第五个赛季无缘季后赛，那时加入球队的控卫杰·威廉姆斯立刻注意到了钱德勒和库里的差别。"当泰森打出一个好球，下场后他会特别兴奋，从他脸上就能看到他的情绪。"威廉姆斯说，"他对比赛就是这么有激情。当艾迪打出一个好球，他什么情绪也没有。那有点像冷血杀手，他有那种表情，但不一定有杀手的心态。"

16

　　迈克尔·乔丹面前是熟悉的舞台和背景，他只需要吐出舌头，轻抖手腕，为所有人奉献出熟悉的结局。麦迪逊广场花园球馆里正在进行一场十分焦灼的比赛，时间正一分一秒地流逝。皮球到了迈克尔·乔丹的手上。38 岁的乔丹比过去胖了一些，身上的奇才队服更是给人一种陌生的感觉。退役三年后，乔丹又一次选择了复出。乔丹的决定并未引起太多波澜，不管怎么说，当他秘密训练的消息传出来后，复出似乎就成了不可避免的结果。乔丹退役时，一些球迷和他一起离开，NBA 下滑的收视率就是最好的证明。当乔丹复出时，这些球迷希望他能重现往日辉煌，甚至再拿几个总冠军。有些人担心复出会成为乔丹职业生涯的污点，在这些人眼中，球员时代的乔丹留给 NBA 的背影，就是 1998 年总决赛在拜伦·拉塞尔防守下完成的那个唯美的跳投。奇才多年来一直是鱼腩球队，突然间，乔丹为他们带来了活力和财富。耐克也希望利用乔丹的复出刺激旗下 Air Jordan 这个子品牌球鞋和服装的销量，要知道，Air Jordan 每年的销售额能够达到 3 亿美元。

　　2001 年年底，在乔丹复出的第一场比赛里，在比赛还剩 16 秒时，奇才落后尼克斯 3 分。乔丹在右翼起跳，出手了一个三分球。

乔丹的投篮手有肌腱炎，由于着急复出恢复体型，他的膝盖也一直不舒服。乔丹的三分出手力度不够，球磕了一下篮筐，掉到了尼克斯球员科特·托马斯手里。这时的乔丹，和当初那个无所不能的乔丹判若两人。尽管得到了 19 分，但他 21 次出手仅命中 7 球。"最大的区别是，我比上一次投篮时老了。"乔丹在赛后新闻发布会上说，"我的打法有了些不同，队友也不太一样。"

乔丹的新队友之一，便是夸梅·布朗。能够被历史上最伟大的球员亲自选中，布朗在最初很是开心。布朗被选中后的那个七月，布伦斯维克人在炎热、潮湿的环境里庆祝了"夸梅·布朗日"。在车队的护送下，布朗在人群的簇拥下进入了老市政厅。将城市钥匙和公告交给夸梅·布朗时，布伦斯维克市市长布拉德·布朗第一次觉得自己身高不足。布朗对未来越来越有信心，他已经将当初向比利·多诺万倾诉的疑虑抛在了脑后。在布伦斯维克，夸梅·布朗是个大名人。但他只想找一个安静的地方，不想再面对无休止的签名、合影要求，不想再给其他人提出任何建议。夸梅·布朗以为能在甘尼斯维尔逃避外界的关注，可是一天晚上他在酒吧动手打架，伤到了自己的投篮手。

道格·科林斯发现夸梅·布朗心不在焉。乔丹聘请科林斯担任奇才主教练着实出乎了很多人意料。很多年前，科林斯曾经在乔丹年轻时做过公牛主教练。科林斯本人是名优秀的球员，和达雷尔·道金斯在 76 人做过队友。做教练时，他对球员的要求非常严格，疏远了一些人的同时，也吸引了其他对篮球拥有同样执着心态的人。年轻的乔丹也许不理解科林斯的高压管理方式，所以 1989 年当科林斯带领公牛队史上第一次打进东部决赛后被球队解雇时，乔丹并没有干预。不过随着年龄越来越大，乔丹逐渐开始欣赏科林斯，他也希望为奇才找到一个有激情、有能力的主教练。那时的科林斯也逐渐接受了"年轻一代球员更难执教"这个观点。科林斯很喜欢篮球分析这份工作，他也是业内美誉度最高的解说之一。但是当乔丹发出邀请时，他还是在 2001 年接受了挑战。

第一次和科林斯面谈时，夸梅·布朗的手机响个不停，科林斯只能要求他关掉手机。如何在经济上帮助家人，如何应对突如其来的知名度，布朗发现自己要面对的事情越来越多。科林斯担心外部因素会拖布朗的后腿，他希望布朗能把全部身心投入到篮球上。"这个孩子，身高 6 尺 11，体重 240 磅。他的速度很快，跑得动，你会觉得他有无限的潜力。"科林斯回忆，"问题是，他背上了状元这个负担，要面对由此带来的各种压力。"

NBA 在那个赛季推出了指导年轻球员的试点项目。一些球队聘请了退役不久的球员，帮助队中的年轻人适应 NBA 的生活节奏。奇才负责这个工作的，是杜安·费雷尔。大学时代，费雷尔是乔治亚理工的明星球员。在 NBA 打过几个赛季后，费雷尔在 1999 年退役。在费雷尔打球的年代，老将通常指 32 或 33 岁的球员。可是在 NBA 这个全新的时代，一个比新秀大不了几岁的球员就是老将了。奇才的核心阵容均是年轻球员，比如布兰登·海伍德、鲍比·西蒙斯和理查德·汉密尔顿，他们都上过大学。费雷尔把大部分时间和精力放在了布朗身上。"所有人都在关注他，人们对他的期望很高，他要扛起球队的未来。"费雷尔说道，"他需要承担太多责任了，我不知道他能不能理解外界对他这个状元秀的看法。"外界对夸梅·布朗的期望，已经超出了他自己所能控制的范围。随着乔丹复出，耐心、缓慢地培养也变得不再现实。奇才的"重生"不能再以"年"为计算单位，乔丹的赢球窗口期很短。想让乔丹的复出大获成功、让奇才成为有竞争力的球队，夸梅·布朗必须立刻派上用场。"作为球员，作为球队所有者，想让奇才受人尊敬、赚到利润，迈克尔的时间不多。"费雷尔回忆，"他的窗口期非常短，夸梅必须在几个月内取得巨大进步。他只是没有准备好。"

费雷尔觉得，夸梅·布朗的童年很快，他成长得太快。本质上，布朗是一个腼腆的人，费雷尔花了些工夫才和他成为朋友。包括布朗在内的年轻球员有时会故意说些轻浮的话试探费雷尔，看这些话会不会传到科林斯、乔丹或者霍金斯那里。而费雷尔则把年轻人的每一个错误当作教学机会，希望自己能指导、影响这些球员。费雷尔了解了布朗破碎的家庭，知道他身边缺少一个男性楷模，他也知道布朗从很小时起就被当作成年人对待。在某些生活环节，布朗异常成熟，但在其他事情上他又会无比天真。对费雷尔来说稀松平常的事在布朗眼中几乎等于天方夜谭。奇才在乔丹的家乡北卡罗莱纳州的威尔明顿举办训练营期间，布朗给费雷尔打去了电话。

"杜安，我饿了。"布朗说。

"什么叫你饿了？"费雷尔回答，"你不是有每日津贴吗？"

"我饿了，但我哪儿也不想去。"布朗说。

"为什么不要房间服务呢？"费雷尔问道。

"什么是房间服务？"布朗反问。

"你开玩笑？"费雷尔说，"你看到房间里咖啡桌上的手册了吗？打开看看，点些吃的，他们会送到你的房间里。"

乔伊斯·布朗原打算和儿子一起搬家，但夸梅·布朗想一个人享受人生的第一次独居时光。夸梅·布朗和布伦斯维克一个学法律的朋友约翰·理查兹一起搬进了弗吉尼亚州亚历桑德利亚的一套公寓。没过多久，理查兹退出了这个合作。在阿恩·塔勒姆的督促下，布朗的朋友理查德·洛佩兹搬了进去。和费雷尔一样，洛佩兹发现自己的大部分时间都用在了帮助布朗学习如何生活，比如洗衣服和购物上。尽管如此，布朗还是很享受全新的生活。他很快换掉了从老师约翰·威廉姆斯那里借来的二手车，尽管还不了解华盛顿复杂的道路，他还是买了一辆梅赛德斯 S500。

训练营最初的一次队内对抗赛，布朗认为自己受到了老将贾希迪·怀特和克里斯蒂安·莱特纳不必要的犯规，他抱怨了几句。《华盛顿邮报》的迈克尔·莱西报道称，乔丹走到布朗身边说，"你这个王八蛋基佬。轻轻碰一下你要不到犯规，你个基佬。别把娘娘腔带到这里，滚回场上打球。我不想从你嘴里再听到这种废话。回去打球，混蛋基佬。"

前一秒钟还和颜悦色，后一秒钟就能翻脸，乔丹就是这样。无论是用垃圾话，还是让对方在防守时感到绝望，乔丹总能摧毁他人的自信。这就是乔丹职业生涯的轨迹，他也通过这个方式了解谁能扛住压力。作为年轻一代，布朗并不适应这样的垃圾话攻击，他变得萎靡不振。"迈克想通过刺激他，督促他前进，他对谁都这样。"费雷尔说，"他想知道比赛到了最后关头自己能信任谁，所以他会在心理上、身体上挑战你，看你会不会崩溃。他会了解你的本质。夸梅没有乔丹作为球员时的自豪与凶狠，整个球队也找不出一个这样的人。夸梅不是唯一一个，但问题很简单，乔丹想考验他，看看他有没有那股狠劲。"

那次训练营，布朗总是呈现出迷失的状态。他身体走形，闷闷不乐。布朗脸上的困惑与后悔，深深地印在了费雷尔脑海里。"看上去他不知道自己直接进入职业联赛这个决定是不是对的。"费雷尔心想，但他决定不和布朗讨论这个问题。费雷尔知道，布朗没法回头了。无论是否为自己的决定感到后悔，无论是否做好了准备，布朗已经是职业球员了。他只会面对更艰难的学习过程。

"夸梅，你怎么还不明白这个概念？"科林斯在一次训练中怒气冲冲地问他。

每当科林斯想指点布朗时，布朗总会还嘴，这会让科林斯更加失望。费雷尔并不觉得布朗不尊重人，他觉得这就是布朗"成长过快"的标志。费雷尔认为，布朗成长过程中，这种成年人式的斗嘴是他生活中的常态。

布朗会说："为什么你就不能让我打球呢？"

"因为你不会打球。"科林斯回答。

科林斯不了解布朗的迷茫。当科林斯指导其他球员时，他总是让费雷尔单独在场边指导布朗。费尔雷问布朗："怎么回事？"

"我从没打过人盯人防守。"布朗说。这个回答让费雷尔目瞪口呆。人盯人，也就是一名球员防住另一名球员，这是篮球的基本功，也应该是初学者接触篮球时就懂得的常识。"你这是认真的？"费雷尔问。

"对啊，他们只是让我站在中间，把手伸出来打联防。"布朗说。

被选中后，布朗的精力集中在了练举重和增加块头上。为了和年龄更大的人对抗，布朗认为自己必须练出一身肌肉。为了达到这个目的，他必须牺牲速度和灵活，而这正是奇才看中的特质。繁重的训练对布朗的身体造成了伤害，他的背部和大腿肌腱都出现了伤病。加上在甘尼斯维尔的斗殴中手部受伤，还没开始布朗就落后于众人。

布朗的身体素质很好，但他在进攻上没有任何杀招。他很招人喜欢，也想得到所有队友的喜爱。他不想做球队老大，但想成为球队的一分子。可科林斯和乔丹的批评，让布朗的自信跌入了谷底。他觉得自己已经表达出了足够的敬意，但却得不到任何回报。上场后，布朗就像一个木头人，因为害怕做错，他什么也不敢做。"夸梅在训练中遇到了大麻烦。"在科林斯手下担任助教的约翰尼·巴赫表示，"他就是不懂。他周围有一些家乡的人想帮助他，每个人都想帮他，但说实话，回头再看，这反而让外界的期望变得更高。"

乔丹复出的首场比赛，布朗扭伤了脚踝，他因此缺席了奇才接下来的四场比赛。比赛中，布朗的目标是打爆对手，不是做出贡献，而是想尽办法不想自己难堪。赛季前11场比赛，奇才输了9场。乔丹的表现有时很惊艳，但很明显，他不再是过去的那个自己了。个人的挣扎，加上奇才整体的低迷，这让乔丹寝食难安。他逐渐将自己与队友隔绝，这其中自然包括曾将他视为导师的布朗。而布朗觉得自己成了球队糟糕表现的替罪羊。赛季进行期间，由于压力过大，布朗的脸上长满粉刺。上场后，他会感到呼吸困难。科林斯后来表示，如果从头再来，他会用不同的方法对待布朗。当布朗出现这么多问题后，科林斯终于注意到了他承受的压力，将他放进了伤病名单。

布朗的职业生涯从一开始就充满坎坷，好在费雷尔还在关照他。去布朗家时，费雷尔会看到散落在地上的啤酒罐。"拜托夸梅，你不能喝这么多酒，玩得这么狠。"费雷尔说，"这样不行。"在费雷尔看来，这是一个不断向下的螺旋。布朗的信心动摇了，这影响了他在场上的表现；随着表现越来越差，他的上场时间也就越来越少；这又导致他越来越没有信心。

"你得想办法满足外界定义的高标准。"科林斯说，"可内心深处你对自己说，'我知道自己还没做好准备。'"布朗和乔丹的关系也在不断恶化。乔丹的好友兼事实上的保镖查尔斯·奥克利2002年加入奇才，他不仅是老将，而且在欢迎年轻球员进入联盟方面颇有经验。奥克兰和麦迪是猛龙的队友，他也在芝加哥和钱德勒及库里一起并肩作战。在多伦多时，他告诉麦迪和文斯·卡特，自己会做他们的后盾。在芝加哥时，当他感觉蒂姆·弗洛伊德过多地把球队的挣扎归咎于钱德勒和库里，他也会直言不讳地说出自己的观点。奥克利想让年轻人的 NBA 之路走得更轻松一些，可只要他在场，任何人都不许对乔丹不敬。有一天，奥克利看到夸梅·布朗抢走了乔丹手里的一杯佳得乐。当布朗坐下来准备喝饮料时，奥克利夺过杯子，将饮料倒在了布朗头上。"我们都快笑死了，没人敢惹奥克利。"费雷尔回忆，"夸梅坐在那儿，其他人都在笑。"

                    *   *   *

　　当奇才终于摆脱烂队的诅咒时，乔丹和夸梅·布朗早已离开了球队。第二次复出的两个赛季里，乔丹只是偶尔闪现出曾经的光芒，对手害怕的是他复出这个概念，而非他的真正能力。乔丹的技术依旧出众，他的刺探步依旧犀利。因为怕他突破，对手总是放中距离跳投，这成了乔丹最主要的进攻武器。2003 年四月中旬，奇才又一次经历了太过熟悉的惨败，这一次的对手是费城 76 人。乔丹在第四节进行到一半时被替换下场，他只得到 13 分。意识到这可能是乔丹球员生涯的最后一场比赛时，费城球迷开始高呼他的名字。科林斯指了指乔丹，示意他重新上场。乔丹并不愿意，但他最后还是同意了。76 人的埃里克·斯诺故意犯规，让乔丹用两次罚球为职业生涯 32292 的总得分画上了句号。最后三分钟，在全场震耳欲聋的起立鼓掌欢呼声中，乔丹离场。他挥动右手，脸上露出笑容，但是漫长的告别让他感到些许尴尬。这是乔丹奇才生涯中最后一个值得回忆的场景。

　　乔丹希望恢复奇才篮球事务总裁的职位，为了重新开启球员生涯，他不得不卖掉股份，放弃球队的管理权。亚伯·波林拒绝了乔丹恢复原有职位的要求。乔丹认为遭到了背叛，他为球队创造了那么多收益，自己的要求却被波林拒绝。波林提出给乔丹 1000 万美元的"感激费"，这在乔丹眼中变成了另一种形式的侮辱。两人的会面迅速恶化成激烈的争吵。尽管缓和了几年，但乔丹和波林的关系终究还是回到了停摆谈判期间剑拔弩张的状态。

　　夸梅·布朗的奇才生涯同样没能维持更长时间。2005 年，接替道格·科林斯的艾迪·乔丹（不是迈克尔·乔丹的亲戚）终于带队打进了季后赛。在季后赛首轮与公牛的系列赛中，布朗在一次训练和比赛当天早上的投篮训练中请了病假。实际上，他只是沮丧，因为前一场比赛他的上场时间是赛季最低的4分钟。对于艾迪·乔丹和顶替了乔丹的高管厄尼·格伦菲尔德来说，这就是最后一根稻草。他们宣布对布朗禁赛。

当艾迪·乔丹和格伦菲尔德接手奇才时，两人对布朗的未来还比较乐观。无论是科比还是麦迪，都在个人的第三个NBA赛季中找到了感觉。但是，夸梅·布朗的第三个赛季伤病不断。即便健康时，布朗的表现也很不可靠，毫无亮点。外界过高的期望仍在伤害着布朗。2005年1月面对超音速的比赛中，当布朗上场时，奇才球迷爆发出了巨大的嘘声。灰心丧气的布朗对《华盛顿邮报》的奇才跟队记者迈克尔·李说，他无法指责球迷的反应。"他们知道我受伤了。"他说，"他们知道我的脚有伤。站在球迷的角度，他们看到一个大个子就会想，'他会做什么？'当我上场时，我不会质疑教练。我都会嘘我自己，我会和球迷说一样的话。"

2005年夏天，奇才将布朗交易到了湖人。"对他来说，心理上那是很艰难的调整过程。"和布朗同一年被选中的布兰登·海伍德回忆，"和乔丹在同一支球队，那是巨大的压力，在华盛顿时他的情况也不好。如果去了其他球队，他大概能成为一名更好的篮球运动员。他很有天赋，是我见过的最壮、速度最快的大个子之一。"

如果以选秀顺位评判布朗的职业生涯，他自然远不及外界最初的预期。连泰森·钱德勒都认为，如果不是状元，布朗会发展得更好。"我听说过夸梅的一些经历，我觉得那对他本人、对他职业生涯和自信都造成了伤害。"钱德勒说，"对我来说，在第二顺位被选中可能是最好的结果。"不管怎么说，很少有球员能满足年少时外界对他们的巨大预期。如果换一个标准，比如稳定和长久，布朗的职业生涯可以说是成功的。他给自己的重新定位是强壮、扎实的防守型球员。他不是明星球员，流浪于联盟各队。即便如此，布朗总能找到工作，还在迭代率极高、更适合年轻人的NBA打到了30多岁。"去了其他球队，他放松下来了，因为他不再是焦点人物。"费雷尔说，"我为他感到高兴，说实话，我没想到他能在联盟打这么长时间。"

有意思的是，迈克尔·乔丹和道格·科林斯后来在各自球队分别签下过夸梅·布朗。在夏洛特成为山猫的控股股东后，乔丹和夸梅·布朗签下了合同。"关于夸梅，随着他年龄变大，尤其是有效力湖人的经历，我觉得他是个非常出色的低位防守球员。"同样，加入山猫担任总经理的罗德·希金斯表示，"作为高中球员进入联盟，你不知道自己到底能做什么。如果他进入联盟时的心态是'我想成为下一个本·华莱士'，他大概就能成为新的本·华莱士。可离开高中时，你满心想着自己未来的可能性。也许你永远不会达到自己的期望。"2012年，担任76人主教练的道格·科林斯签下了夸梅·布朗。"随着时间推移，夸梅找到了属于他的位置。"科林斯说，"他现在可以靠低位防守、抢篮板这些事帮助球队赢球。"

作为2001届新秀中最被看好的三名内线球员之一，泰森·钱德勒是唯一一个最接近兑现全部潜力的人。经过多年挣扎后，他终于抵达了应许之地。在这个过程中，钱德勒慢慢相信，他的努力终有一天会得到回报。他早就放弃了成为拉希德·华莱士的梦想，而是把更多的精力投入到防守上。钱德勒听取了比尔·凯特莱特的建议，优秀的进攻球员状态会起伏不定，而出色的防守球员任何时候都可以为球队带来积极影响。

2003年，斯科特·斯凯尔斯成为公牛主教练。斯凯尔斯很严厉，他正是那个可以督促艾迪·库里的人。球员时代，斯凯尔斯是名球风强硬的控卫，成为主教练后，他首先质疑了艾迪·库里对篮球的热情。一名记者曾经向斯凯尔斯发问，艾迪·库里需要做什么才能提高篮板能力。斯凯尔斯给出了那个著名的回答："跳起来。"

2004–05赛季的大部分时间，钱德勒和库里组成了杰里·克劳斯梦想中的二人组：库里负责得分，钱德勒负责防守和对抗。"他的防守向来很出色。"库里这样评价钱德勒，"他一直很硬气。放在过去，我俩互相看不顺眼。我在防守上的不足由他补上了。"公牛比前一个赛季多赢了 24 场比赛，自乔丹离开后，他们第一次打进了季后赛。库里是球队的进攻核心，可由于心跳不规律，他在季后赛开始前进入了伤病名单。尽管医生批准他参加训练，但公牛不断施加压力，希望他进行 DNA 测试，以确定他是否患有先天性心脏病。公牛提出，即便查出可能让他无法再打篮球的疾病，球队也愿意在未来 50 年每年支付 40 万美元的养老金。可即便如此，库里还是以保护隐私为由拒绝了公牛的检查要求。纠纷尚未解决，库里就被交易到了尼克斯。被公牛寄予厚望的库里与钱德勒双人组，在两人均未满 23 岁时就被拆散了。钱德勒在公牛多停留了一年，他变得越来越没有信心。很多时候，他甚至没有出手欲望。钱德勒的得分和篮板数据大幅下滑，主场球迷有时甚至会嘘他。2006 年夏天，公牛将钱德勒交易到了新奥尔良黄蜂，换回 JR·史密斯和 PJ·布朗。钱德勒是克劳斯选下的最后一名新秀，他的离开也意味着公牛的克劳斯时代彻底终结。

艾迪·库里最初在尼克斯度过了一段蜜月期，伊赛亚·托马斯以他为核心设计了进攻体系。场均 19.5 分和 7 个篮板均是库里职业生涯新高，他还在尼克斯加时战胜雄鹿的比赛里拿到过 43 分。"他和大多数年轻人一样。"托马斯回忆道，"他喜欢打球，但是尚未掌握在 NBA 生存的秘诀。在 NBA 有四到六年的成长期，这段时间你既可以学习，又能享受生活，四处旅行，遇见各种各样的人，能打篮球，能快乐地生活。到了第二个阶段，你会说，'好了，我玩够了。现在我想要总冠军，我想加入争冠球队。'"

可没过多久，库里的自信便消失殆尽。2007 年休赛期，尼克斯交易来了扎克·兰多夫，托马斯希望由他和库里搭档，打造出强大的内线攻击组合。在托马斯的构想中，进攻端兰多夫和库里没有死角，防守端有这两人坐镇，没人能撕裂尼克斯的内线防守。然而，库里和兰多夫在进攻上却互相掣肘，两人都不愿意防守。两人中防守略好的兰多夫抢走了大部分出场时间，库里的上场时间开始变得零碎而不稳定。"我跟艾迪没法对话。"离开步行者担任尼克斯总裁的唐尼·沃尔什说，"我希望他对自己的职业未来有计划，也在向目标努力。但我不知道他有没有明确的概念。"

然而，比赛场上的挣扎与库里场下的财务纠纷及个人遭遇相比，可谓小巫见大巫了。2007年，库里和家人在芝加哥的家中遭到持枪歹徒抢劫。一年半后，他的前女友及尚在襁褓中的女儿被人杀害。"他生活中出了很多事，可以说是一件接着一件。"和库里在尼克斯做了四年队友的昆汀·理查德森说，"单独拉出来一个就是很不得了的事了，而他要连续面对那么多。"

银行止赎了库里在芝加哥的房子，他也因为购买珠宝和衣服不付钱而多次被商家起诉。"库里先生是个极为慷慨的人。"唐纳德·大卫告诉《纽约每日新闻》，他是借钱给库里的"全明星资本"的律师，"他似乎认为自己有义务支持东海岸每一个叫'库里'的人。"库里与尼克斯签下的是六年6000万美元的合同，尽管在赛场上的贡献越来越低，但他还要求尼克斯提前支付数百万美元的薪水。

讽刺的是，钱德勒最终成长为尼克斯渴求的内线防守大闸。被公牛交易到黄蜂后，在主教练拜伦·斯科特的调教下，钱德勒开始全面成熟。钱德勒还在高中时，斯科特就研究过他的比赛，但他几乎认不出第一次走进黄蜂训练场的钱德勒。"大多数人第一次看到泰森时希望他成为下一个凯文·加内特，毕竟高中时，他是一个能命中跳投的7尺内线。"斯科特说，"但进入职业联赛后，为了球队，你必须要自我调整，他做到了。进攻上他的自信丢失得很严重，但放在合适的环境里，他还是能做出贡献的。"斯科特告诉钱德勒，他有能力、也理应得到场均两双的数据。斯科特专门为钱德勒制定了低位战术。黄蜂的全明星控卫克里斯·保罗通过把球传到篮下的位置，引导钱德勒跑到正确的位置。2006–07 赛季，钱德勒抢下了职业生涯最高的 12.4 个篮板，场均得分也达到 9.5 分。他终于在联盟中找到了属于自己的定位。2011 年，他成为小牛夺冠班底的核心成员；2012 年，他帮助美国队拿到伦敦奥运金牌，同年效力尼克斯期间，他还当选年度最佳防守球员。

无论在篮球场还是在生活中，钱德勒都稳定了下来，这正是艾迪·库里可遇而不可求的。"我知道，因为个性问题，艾迪的职业生涯只有两种可能。"钱德勒说，"我不是讽刺他，因为我喜欢艾迪。直到今天我还是认为，艾迪本可以成为我们这一代最优秀的内线球员。他拥有一切必备条件。只是因为周围环境，他才没能实现我和其他人对他的预期。但我一直觉得他有那个能力，到头来，都是职业精神问题。"

17

篮球运动员能否成功，取决于他是否拥有毫不动摇的自信。如果球员觉得出手要打铁，那他通常真的会打铁。如果犯错后犹豫，这种心态就会影响到他下一回合的表现。最优秀球员的自信，有时甚至给人自大的感觉。来自纽约城的球员，就是这种心态的最典型代表。他们想的不只是赢球，似乎每一次站上球场都是在考验他们是否具有男子气概。在人称"篮球麦加"的纽约城，总有带着朝圣心态的外地人想在诸如洛克公园和西四街这样的传奇球场证明自己。

曾几何时，纽约城确实配得上"篮球麦加"的称号。在那个黄金年代，这个城市产出了不少历史级别的伟大球员，比如卡里姆·阿卜杜尔－贾巴尔、鲍勃·库西和奈特·阿奇巴尔德。后来的日子里，外界对纽约篮球的尊重，更多的处于礼节。尼克斯最近一次夺冠，还要追溯到 1973 年。与此同时，进入 NBA 的纽约球员数量日渐减少。"伤仲永"的故事不断出现，绝大多数早年受到关注的纽约球员，在走向更高层次的竞争中均遭遇了失败。布鲁克林出身的斯蒂芬·马布里便是其中之一。马布里曾展现过统治级的潜力，他身体强壮、速度极快，既能远投，又能轻松攻击篮筐。但是帮助他进入 NBA 的心态和决心，却在他成为职业球员后变成了诅咒。马布里满腹牢骚，他加入还没证明过自己的价值就向球队提出各种要求和大合同的新生代球员群体。马布里入选过全明星，但也是个让球队管理层头疼的存在，这导致他不停地在联盟各队间流浪。几年后，马布里的侄子塞巴斯蒂安·特尔费尔赢得了同样的名声。作为布鲁克林区的知名控卫，还没进入 NBA，特尔费尔就和阿迪达斯签下了一份丰厚的合同，还成为《纽约时报》头版文章的核心人物。2004 年高中毕业后，特尔费尔撤回了对路易斯维尔大学的承诺，宣布参加 NBA 选秀。波特兰开拓者在第 13 顺位选下了他。但特尔费尔终究没能成为球星，他也不过是个 NBA 流浪汉。选下特尔费尔时，开拓者总经理约翰·纳什告诉他，只有防守上压迫对手、多打快攻，他这种矮小型后卫才能取得成功。但纳什回忆，特尔费尔更喜欢有固定套路的阵地进攻。"很快他就明白，因为身高问题，他的出手经常被盖。"纳什说，"他个子不够高，没法去篮下和大个子对抗。过了一段时间后他就没信心了。"

夹在马布里和特尔费尔之间的另一个纽约"天才球员"是兰尼·库克。2000 年夏天进入 ABCD 训练时，库克是全美排名最高的高中生之一，他希望训练营结束后能将"之一"两字去掉。黛比·波特纳开车带库克去了训练营所在的费尔雷·迪金森大学，下车时库克对她说："我要带着 MVP 奖杯离开。"纽约是球员扬名立万的好地方，但 ABCD 训练营才是传奇诞生之地。对于 NBA 球探来说，在训练营打出两三天好表现的效果，相当于在杜克或北卡这样的篮球强校认真打上两三年。如科比和麦迪这些从 ABCD 走出来又取得成功的球员，让这个训练营变得更有吸引力。如果你想成为最强的球员，你就要和最强的对手竞争，而最强的对手都去 ABCD 训练营。这些年里，参加耐克训练营的球员质量与 ABCD 训练营相当，但耐克已经与发展青少年篮球的专家索尼·瓦卡罗切断了联系。"索尼就像职业拳手，很喜欢吹牛。"克里斯·里弗斯饶有兴趣地回忆，"他特别愿意告诉你未来会发生什么，他就像个拳击推广人。"里弗斯曾是西海岸著名的AAU球队"奥克兰战士"的主教练，1997年他开始与瓦卡罗合作。里弗斯的工作就是和球员及其家人建立并保持多年联系。当然，这个联系是相互的，球员也因此与阿迪达斯联系在了一起。每一年，训练营里都会出现未来NBA对决的预演。兰尼·库克对波特纳发出宣言后不久，训练营里的所有人纷纷开始议论夸梅·布朗和艾迪·库里的对抗。可麻烦的是，里弗斯居然在比赛当天找不到库里了。他在酒店里挨个房间敲门，怎么也想不通像库里这么大块头的孩子居然会消失不见。后来他才知道，库里在一个朋友的房间里睡过头了。清醒后，库里和夸梅·布朗一起上演了众人期待的对抗。"那场比赛是那一周的重头戏。"里弗斯回忆，"他和夸梅非常投入，所有人都知道他俩会成为高位新秀。"即便如此，里弗斯还是撇清了与训练营营员的关系。"如果你觉得某个球员就是你想要的那个，我会给他舞台去证明自己。但对很多人来说，这个聚光灯的效果过于强大了。"

但兰尼·库克并不害怕，走上场时，他散发出了统治者的气息。由于学业问题，18岁的库克年龄比大部分同年级的同学要大。身高6尺6寸的他也比对手更强壮，运动能力更强。面对防守，他随心所欲地选择进攻方式，有时投篮，有时轻松突破对手。在训练营众多NBA球探的注视下，来自纽约的他就像在自己的主场打球一样。NBA在ABCD训练营的存在感越来越强，联盟不仅允许雇员前往训练营考察，一些助理教练和个人训练师也会出现在那里。联盟的态度，相当于举起了白旗。他们好像在说，"如果这些高中生很快就要进入我们的联赛，那我们还是尽快了解他们为好。"

比尔·威洛比知道兰尼·库克，他是另一个时代的库克。在威洛比的年代，外界对年轻球员的欲望并没有那么高。退役后的2000年，威洛比并没有远离NBA。他喜欢和孩子交流，也希望给年轻人提供当年自己没能受到的指导。威洛比担心库克强硬的外表下存在其他问题。训练营期间，他单独找了库克。那时已经有库克要参加NBA选秀的传言了——尽管他还要一年才高中毕业，如果去预备校则是两年。"听着，去圣约翰大学读上一两年。"威洛比建议，"就像罗恩·阿泰斯特那样，因为你给别人留下了错误的印象。"库克点了点头。双方互留了电话，但两个人都不怎么联系对方。

库克在训练营上大放异彩，在200多名球员里，他接近排名第一。对于一个纽约人来说，这等于踏上了下一个乔丹或J博士之路。但库克在榜首停留了没几天，他就伤到了自己的右手，而这个伤日后一直困扰着他。库克甚至还抽出时间挑战了科比的忍耐力。科比和训练营的孩子进行了交流，而库克私下向科比发出了一对一挑战。"等你进联盟了，我会用各种方式打败你。"科比回答。"你能跟冠军和MVP说什么呢？"库克回忆，"什么也不能说。交流结束后，他记住了我的名字。这让我更狂妄了，'科比都知道我，你知道我吗？'"听到库克仍有意直接进入NBA后，威洛比给他打了电话。一个自称是库克哥哥的人接了电话，说库克不能接电话。威洛比知道电话号码肯定没错。"那就是他。"威洛比说，"他不想跟我说话，不想听我说话。"

在库克看来，他没必要听威洛比说什么。他是最优秀的，注定要成为明星。阿玛雷·斯塔德迈尔、卡梅洛·安东尼和乔金·诺阿这些未来的NBA全明星球员都做过他的AAU队友，也都是他的手下败将。这些人都曾模仿库克，想要成为库克。

而库克，他没能在NBA打上一秒钟比赛。

* * *

黛比·波特纳第一次见到兰尼·库克时，后者在严冬中身穿一件春天的薄外套。大风吹起了外套，让本已不够长的袖子卷得更高。不久后，波特纳了解到了库克令人心痛的成长环境。库克在大西洋城长大，后来随家人搬到了布鲁克林区一个被人遗忘的角落。库克一家住在布什维克地区迪凯特街公墓附近的一座木制建筑的二楼，这里到处都是老鼠，靠一口锅炉取暖。几年后，这栋楼就被废弃了。晚上睡觉时，库克有时会被枪声惊醒。上学路上，更多的时候是去公园与朋友聚会的路上，库克总要躲避卖淫女和毒贩。波特纳觉得库克很招人喜欢，也经常露出微笑。对波特纳来说，第一印象很重要，她胆子很大，也固执己见。外界无须猜测，波特纳总会直白地说出自己的观点。他的丈夫肯经营着一家成功的报纸印刷企业，这个企业最终被鲁伯特·默多克收购。

有钱又有时间，波特纳把精力投入到了孩子身上。她是儿子布莱恩·莱蒙迪所在的 AAU 球队"长岛黑豹"的经理兼助教。身为白人，梳着金色马尾、在场边来回走动的她，是业余篮球界一道不一样的风景。有人看到库克练习投篮，便邀请他参加球队试训。那一天，长岛黑豹的教练泰伦·格伦坦率地告诉参加试训的球员，他们入选球队的几率极低。库克心想："你不认识我，从来没看过我打球，你怎么知道我进不了你的球队？"对于纽约的球手来说，这算是些许动力。库克在试训中惊艳了每一个人，要知道，他穿的还是暇步士休闲鞋。很快，他就成为全队最强的球员。库克开始把布莱恩·莱蒙迪当作小弟弟，两人成为形影不离的好友，库克也从自己没去上过几次学的高中转学到了莱蒙迪所在的拉萨尔学院，这是位于曼哈顿的一所私立学校。库克的篮球水平很快也吸引了其他人的关注。"那时候我才真正利用了篮球，我知道自己有足够的天赋，可以和全国最顶尖的球员抗衡。"库克回忆。

库克利用了能利用到的一切。时间不是问题，纽约是座不眠城，库克睡觉的时间也很少，他总能找到愿意向他敞开大门、放他走进花花世界的派对或者夜店。库克混迹于职业运动员和说唱歌手之间，好像自己和这些人属于同一阶层。"成年人做的事，我16岁开始就做了。"库克回忆，"凌晨四五点，你们为第二天上学准备时，我在夜店里玩。我以为这种生活不会有终点。"

玩得越狠，库克就越不将学业放在心上，他的成绩自然滑坡得越发严重。当库克罕见地出现在教室时，他也只是趴在课桌上睡几个小时。"所有人都排队想送他东西。"波特纳说，"球鞋，衣服，每个人都是。"波特纳相信，库克本质上是个好孩子，只要端正心态，他能实现任何目标。纽约城的光彩很有迷惑性，对曾经一无所有又容易受到外界影响的孩子来说，尤其如此。意识到同样的问题后，库克问波特纳，能不能搬到新泽西旧塔潘和他们住在一起。库克的父母——阿尔弗雷达和弗农·亨德里克斯准备带他的三个弟弟搬到弗吉尼亚州。库克担心，如果离开纽约，自己会逐渐被人遗忘，排名也会下跌。

另一方面，库克迫切地需要接受教育。高中前，库克每年会自动进入高年级。由于被前一所学校放弃，新学年开学时，库克便被遗忘了。进入高中后，库克不再会自动升入高年级。四年时间里，由于糟糕的学习成绩，库克留级了两次。库克以为，即便经常逃课，自己还是学到了一些东西。可那时他才明白，自己的成绩不可能达到大学的标准。每一天，他都梦想成为百万富翁，成为像"魔术师"约翰逊那样的篮球传奇和企业家，在布鲁克林已经被废弃的老房子那里建一间电影院。问题在于，库克基本不识字。波特纳同意了他的请求，过去她也曾收留过儿子的队友。波特纳向库克的妈妈承诺，她会像对待亲生儿子一样对待库克。双方的计划是让库克彻底摆脱城市生活的影响，他和布莱恩·莱蒙迪转学到了老塔潘的北谷地区高中。只要上场比赛，库克就能吸引大量球探的关注，而波特纳则希望球探们能顺带观察一下自己的儿子。

北谷地区高中的运动主管汤姆·基切尔不相信转学的消息，直到库克和波特纳出现在他的办公室里。而转学这件事，同样给库克带来了相当大的震撼。他曾经和一些白人打过交道，但从来没和这么多白人相处过。整所学校只有六名非洲裔黑人美国学生，他就是其中之一。尽管过去偶尔去上课，但当周围全是确定能上大学的同学后，库克终于明白自己差得到底有多远。所幸，他的未来是篮球。

"公关噱头"，这是库克对高中转学行为的评价。他等了一个月，才得到批准得以代表学校出战。即便这样，老塔潘对他来说也只是个中转站。有一天，学校一个工作人员让基切尔去体育馆看看，库克正在其他学生面前大秀特秀。基切尔离开办公室，穿过大厅，走进了不远处的体育馆。那时刚放学不久，但似乎全校一半的学生都挤进了那里。体育馆屋顶上垂下来的钢条支撑着篮筐。在学生的掌声中，库克一次又一次地扣篮。基切尔看了看屋顶，钢条在颤动，灰尘不断飘落。基切尔担心，库克会把篮筐和钢条拽下来。"训练时不许扣篮。"基切尔说，"篮筐会被扯下来的。"那一天，基切尔觉得自己成了全校最不受欢迎的人。

让库克和莱蒙迪成为队友的想法，最终没能实现。库克获准参加比赛前几天，莱蒙迪遭遇了手腕骨折。2001年一月底，库克万众瞩目的首秀终于上演了。比赛在德玛雷斯特进行，开场仅5秒，库克就完成了一次空中接力。全场比赛，他22投17中，个人的37分甚至比对方全队的35分还要多。基切尔亲眼看完了全场比赛，他曾经在位于新泽西州新布伦斯维克的罗格斯大学做过棒球教练，一个人是不是做运动员的料，他一眼就能看出来。库克就是一个天生的运动员，他的天赋太过出众，很多时候，防守者就像是不小心闯入镜头的局外人一样。不过基切尔感觉到，库克并没听他给出的建议。而且第一场比赛时他才意外得知，库克已经是个父亲了。"保持冷静。"基切尔对他说，"留在我们这里，有问题就问。拜托，有什么情况一定要让我们知道。做事要干净，不要接受别人给你的任何东西。让我们知道你身边都发生了什么事。"

基切尔感觉，即便库克听了他的话也不会记在心上。"你能提供的就这么多，如果他们不坐下来认真听，那说什么都没有意义。"基切尔说，"在这时，人们给他指了成千上万个方向。有些确实很有意思，但很多事情你看到后会想，'天啊，他要走错路了。'"基切尔相信库克能靠运动谋生，他很熟悉比尔·威洛比流浪于 NBA各队的生涯轨迹。基切尔认为，即便重复威洛比令人失望的职业生涯，库克也只会更成功一些。"如果他选择了那条路，那就拜托上帝保佑他了。也许他能成功。"基切尔心想。

"我为他感到难过吗？"基切尔说，"我只是觉得自己有疑问。夸张一点说，是惊恐。你知道，一切不会那么顺的。"话虽这么说，基切尔和学校里的很多人一样，很喜欢库克为学校带来的关注。过去一场比赛他们只卖 400 多张票，如今，他们每场比赛的预售数量都能达到 900。球迷们从高一新生的比赛看起，一直看到校队的正赛，只为在当晚最后阶段库克上场时能有一个座位。保安数量从两人增加到十人，一些人负责指挥交通，另一些则要挡住那些想偷溜进场的球迷。

欢乐时光延续了八场比赛。季后赛与斯巴达队的赛前，老塔潘的年轻主教练凯文·布伦特纳尔突然找不到库克了。球队大巴等待着发车指令，布伦特纳尔找到基切尔，问他该怎么办。

"你该做的，就是至少让他坐一节冷板凳，或者半场都不要让他打。"基切尔说，"我不管这是不是州冠军赛，今年已经摊上他了，你知道他有多不负责、多不成熟。不能因为他牺牲球队其他人，你必须坚持原则。"

库克那场比赛迟到了，布伦特纳尔第一节没让他上场，球队最终在加时以 63 比 69 输掉了比赛。比赛结束后，库克也失去了在大学打球的资格。虽然他年满 19 岁，可是因为高中入学的问题，他仍然只是高三学生。布莱恩·莱蒙迪进入了大学，而库克又在高中停留了一年。他几乎每天都要回到布鲁克林，回到曾经出入的场所拜访老朋友。内心深处，库克讨厌被人看作"老塔潘的兰尼"，他想成为"布鲁克林的兰尼"。库克的朋友纷纷嘲笑他，说波特纳想把他变成白人。这话，库克倒是记在了心里。从小到大，没人真正为他着想，每一个接近他的人都别有用心。库克得出结论，波特纳只是为了日后赚钱才收留自己。"兰尼，我唯一在乎的是绿色。"波特纳曾经对他说，"不是黑色，不是白色，是钱的颜色。你想要钱。上帝让你打篮球，这就是你的工作，这是你擅长的事情，是你的天赋。每个人都有自己擅长的东西，你的就是篮球。"波特纳很有钱，她是发自真心地关心库克，她要求库克必须遵守她的规则。这些规则包括：好好上学，不要总去纽约城。顽固的库克在不同人家睡了一周沙发后才回到波特纳家。

结束在泰国的度假回到家后的一天早上，波特纳准备开车送库克上学。但库克说，他不准备去上学。他要和朋友达马尼·伊斯特曼一起搬到密歇根，专注于篮球的同时完成学业。波特纳知道，这背后一定有经纪人的参与，库克不可能一个人做出如此重大的决定。"我必须这么做。"库克说，他拒绝透露幕后推手的名字。波特纳哭了，她争辩道："你把自己卖给了出价最低的人。"波特纳知道，库克一定收了钱，她想到了自己 18 岁就结婚的人生轨迹。"回头再看，我真希望父母能给我戴上手铐将我拉走。"可如果父母阻止，波特纳只会更加逆反。那是她的选择，而现在，轮到了库克。波特纳认为，作为成年人的库克必须做出成熟的选择，他也必须承受由此带来的结果。

两人拥抱了一下，互相说了一句"我爱你"。司机来到门口，准备接库克去机场。看着黑色的轿车越开越远，波特纳泪流不止。

"那种做法不道德，没有一点道德。"很多年后波特纳回忆，"把兰尼这样的孩子从一个悉心照顾他的家里带走，这毫无道德可言。这和他需不需要钱无关。可是面对一个曾经一无所有的孩子挥动大把钞票，我不知道还能说什么。我真的希望不是这个样子……太多的人把事情说成'兰尼离开了她，兰尼对她做了什么事'。兰尼对我没有做任何事，兰尼对他自己做了那些事。他没有伤害我。我觉得受伤的唯一原因，只是因为我知道他在伤害自己。"

那时的库克认为，他是在帮助自己的家人。他知道，不打比赛、离开大众关注的焦点影响了他的选秀行情。库克说，他在纽约夜店里认识了为"不朽体育娱乐"经纪公司的经纪人特伦斯·格林跑腿的一个人。"有一天晚上我在夜店里碰到他，他问我要不要找经纪人。"库克说，"他说，'如果你明天到酒店跟我们签合同，我们就会给你一大笔钱。'就是这么回事。我去了酒店，所有人都在。我签了合同，他们给了我一大笔钱。"

"你怎么拒绝呢？"多年后库克这样说，"那时候我不在黛比家，我也还没去密歇根，我就是到处游荡。我应该先跟黛比说的。为什么没说，我也不知道。到现在我也不知道。"

库克说，他收到了 35 万美元。"也就让我过上了一年半好日子。"他说。不过曾经在密歇根大学做过教练的格林表示，库克并没有收到一大笔钱。"绝对没有。"格林说，"兰尼说他要进职业联赛时，他得到了三万美元的贷款额度。他想要更多，但我没同意。"在离开波特纳家的问题上，库克很矛盾。"第一次离开那里，我很伤感，毕竟做我经纪人的是一个我一点也不了解的人。"库克说，"我被人利用过太多了，他不过是和我一起在密歇根的一个人，他是最早把商业的一面介绍给我的人。总会有人利用你，他们绝对这么做了。"

为了拿到高中学位，库克希望进入密歇根州弗林特的莫特成人高中读书。格林曾经在那所学校做过教练。库克说，由于学年已经开始，他的入学申请遭到了拒绝。"我从来没让别人在我家住过。"格林说，"从来没有，我不在乎别人怎么看。但兰尼给人一种要振作起来的样子，他想上学，解决问题，否则他再也不能打篮球。篮球和功课，这就是我们的重点。先让他拿到学位，而不是想着进NBA。兰尼其实已经下定决心了，他就是想打职业联赛。"格林希望，离开家乡能够帮助库克集中精力。但是在训练过程中，他却发现和过去相比，让库克分心的事更多了。"他打得不好。"格林说，"他回了纽约。在我看来，兰尼的问题在于，NBA 的生活方式和其他人的态度，让他在还没有实现目标的情况下产生了已经实现目标的想法……想把他拉回来费了很大力气，因为他总是泡在夜店里。"

　　2002 年五月，库克回到纽约，在布鲁克林的 Junior's 蛋糕店召开了新闻发布会。六年前，斯蒂芬·马布里正是在这个地方宣布了他的决定。库克穿了一身黑色的衣服，但是脖子上和手腕上挂满了亮闪闪的珠宝。"对我来说这是一个艰难的决定。"他说，"但我决定参加 NBA 选秀。"话音刚落，库克的朋友便鼓起了掌。波特纳没有参加发布会。

　　库克说，他的经纪人迈克·哈里森保证他会在首轮被选中。可是因为在选秀前的训练营伤到了右脚大拇指，他没法参加球队的试训。库克希望 NBA 球队早就完成了对他的考察。可现实是，球队担心他长期休战后的状态，担心他脱离波特纳的照顾后的发展，更担心他对篮球的投入力度。选秀当晚，库克就像圣诞节时满心期待的孩子，满怀梦想与希望，却在圣诞树下找不到任何给自己的礼物。库克落选了，沮丧的他离开了哈里森、格林和他们的经纪公司。"我写了说明，做了公证，合同也做了公证。我不欠你们任何东西，我也不再跟你们合作。咱们之间结束了。"库克说。

*　　*　　*

　　恩波里亚是弗吉尼亚州的一个小城，通常是人们前往大城市的中转地，距离摩西·马龙当年决定高中毕业后直接进入职业联赛的决定之地不远。为了躲避严格执行限速令的高速警察，当地居民更喜欢沿着一望无际的绿色草地走小路。

　　2013年六月，那是一个潮湿闷热的夏日。库克的未婚妻安妮塔·所罗门打开大门，迎接一个来访者。她说库克一会儿就出来，而她要照顾小女儿，所以客人被单独留在了客厅。在这所小房子里，随处都是梦想破碎后的痕迹。

　　落选后，人们偶尔才会听到库克的消息。他在夏季联赛为凯尔特人和超音速打过一些比赛，但是他没法在美国的篮球小联盟继续生存下去，只能前往菲律宾和中国打球。2004年年底，库克加入了ABA（美国篮球协会）的长滩果酱队。乘坐队友尼克·谢泊德的车时，坐在副驾驶位置上的库克没有系安全带。在雨后湿滑的比弗利山路上，谢泊德的车撞上了路灯。系了安全带的谢泊德没有出现重大伤病，但胫骨和股骨骨折的库克却陷入昏迷。医生原本以为必须截肢才能保住库克的生命，所幸经过两次马拉松般的手术，库克的腿保住了。但医生谨慎地提醒他，也许这就是他篮球生涯的终点。整整四个月，库克只能坐在轮椅上，他的体重暴增到了275磅。

　　库克始终忘不了医生的话，于是他每天早起，上跑步机练习，进行腿部复健。库克的身体恢复到了足够好的程度，他甚至还回到菲律宾参加了职业比赛。但他不再拥有曾经的运动能力，无法强突对手，只能一点一点硬凿内线。难以适应增加的体重给身体带来的压力，库克又一次遭遇了跟腱断裂的大伤。康复后，他再次回到赛场，这次是CBA（大陆篮球协会）的洛克福德闪电队。没过多久，另一条跟腱断裂后，库克的竞技生涯还是走到了终点。

在库克懂得珍惜前，他拥有过一切。当一无所有时，他终于开始懂得了珍惜。曾几何时，库克在纽约城比任何尼克斯或篮网的球员都要出名。除了科比，还没有哪个高中生能像库克一样在那么年轻时就成为人气那么高的明星。库克的陨落，则是一个崩坏体系下最坏情况的集合——从几乎没有帮助过他的父母，到盲目让他升学的教育体系，再到一个迫切地想要接纳他的篮球体系。最近几个月，库克的人气有了回升。知名度最高时，一个名叫亚当·亚普科恩的年轻制片人希望拍摄一部记录库克生活以及他如何应对不断上涨人气的影片。夏普科恩费了不小的工夫才赢得库克的信任——那个时候，每个人都想从他那里得到些什么。库克最终对夏普科恩放下了戒心，允许他用摄像机记录一切。库克的明星之路受阻后，两人断开了联系。夏普科恩最终还是捡起了这个项目，和独立制片人约书亚·萨夫迪、本·萨夫迪两兄弟一起完成了这部影片。库克不久前去纽约参加了一次试镜，他希望这部影片能成为人生第二个开始。

库克走过拐角，和客人打完招呼后，他询问了对方对恩波里亚的印象。"兄弟，这里什么也没有。"库克说，"什么也没有。"在时间老人的作用下，加上伤病和不运动，库克曾经强健的运动员体型已经消失，他看上去更像是 NFL 的前锋，而非得分后卫。库克提出带客人简单参观这栋房子。壁炉架上摆着一张库克年轻时与"魔术师"约翰逊的合影。"这些奖杯是我在拉萨尔时参加国王锦标赛拿到的。"他指着众多奖杯说道，"最高得分奖和锦标赛 MVP，这些来自五星训练营。放在中间的三个牌匾，就是那样。那边的两个，五星奖杯后面右边那个，是洛克公园赛 MVP 奖杯。7 尺高的那个是洛克公园赛冠军奖杯。"

库克夫妇和小女儿内薇娅（Nyvaeh）住在一起。这个名字是库克想出来的，其实就是将"天堂"（heaven）这个词倒过来拼写，库克的儿子住在布鲁克林。这时的库克，话语间满是对人生的反思。

"我是个成熟的人。"他说，"现在我的状态不是最好。我做过很多糟糕的事，但现在的重点不是我。重点也不是篮球，篮球不再是我的焦点。现在，我的家人比以往更需要我。有时候，我确实会感到困扰。特别是夜幕降临后，我会想，'妈的，你知道你就该是这个样子。'其他人会说，'你看到电视上那个废物了吗？'除此之外，我没有烦恼。"

问到现在的工作时库克说，他希望建立一个非营利机构，指导年轻运动员。除此之外呢？"做个父亲，找工作。"他说，"我得让生活继续下去。"作为一个曾被视为天选之子、在那么接近实现梦想时眼睁睁地看着梦想破灭的人，库克终究实现了内心的平静。他的心里仍然很矛盾，有时认为责任在自己，有时又会愤怒地指责那些误导他的人。"他们制造了我这个人。"库克说，"这不是我的成果。我没给自己钱，让我自大的不是我。把我排在全国第一，或者说我是纽约市第一，让我进我不该进的夜店。这是他们造成的结果，是他们对我做了这些事。"

库克说，高中时代，他会去给钱最多的业余球队打比赛。他说自己是一个篮球雇佣军。尽管有规定业余球员不能收钱，但按照库克的说法，球队给钱是惯例。"谁给的钱最多，我就去哪儿打球。"多年后库克这样表示，"不管是河畔队、黑豹队还是牛仔队，这不重要。那时候谁给我的钱最多，我就会去拯救谁的球队。所有人都给我钱。我知道这是在犯错，可他们也犯错了。因为他们不该给高中生钱，不该给我那些东西。"

"勒布朗、卡梅洛、阿玛雷这些人，有人指点他们。"库克继续说道，"他们身边总有人，不论是六岁起就跟他们在一起的教练，还是父亲，这些人了解体育，或者也打篮球。我身边没有这样的人。所以我的所有决定，都是我和黛比讨论的结果。但十次中有九次我不会听她的。运气太差了。有时候我甚至觉得，就算运气好，我可能也不知道该怎么做。"

这也许能解答部分问题，但库克陨落的原因，却更加复杂和微妙。库克陨落的起点，大概就是 2001 年的 ABCD 训练营，那时距离他统治所有对手刚刚过去一年。那年夏天，库克的人生轨迹，和另一个被外界一致认为会成为 NBA 明星的年轻人有了交集。

*　　*　　*

好几天时间里，加里·查尔斯总是听马弗里克·卡特念叨，后者来自俄亥俄州阿克伦的朋友将会成为 ABCD 训练营的王者。"是啊是啊。"查尔斯漫不经心地打发了卡特。查尔斯那时已经有了足够阅历，他听过、见过了太多所谓潜力新人。查尔斯是全美 AAU 强队长岛黑豹的主教练，和克里斯·里弗斯一样，查尔斯从 1991 年开始就与索尼·瓦卡罗有联系了。每年参加训练营的球员总会给人一种全新的兴奋感。斯蒂芬·马布里在接近罚球线的位置起跳，在一个无助而倒霉的防守人头上完成扣篮时，查尔斯就在现场。全场顿时陷入疯狂，原本平静的观众全部激动地跳了起来，有些人甚至冲进了场内。而马布里则是若无其事地走出了体育馆。查尔斯注意到，有人在看那记扣篮的录像回放，摄像师身后已经站了一排人。每隔几秒，查尔斯就能听到看了回放的人发出的惊呼与尖叫。这就是 ABCD 训练营创造出的氛围。这是一个大派对，是一个加冕仪式，也是外界了解未来和 NBA 下一个明星的窗口。马布里扣篮的第二年，科比参加了训练营。查尔斯还记得科比在底角持球后的突破起跳的样子，"他从乔治亚洲的亚特兰大出发，在马里兰拐了个弯，在新泽西的地盘上对着某个人完成了暴扣。全场都疯了。"

"这比斯蒂芬那个好吗？"完成扣篮后科比问查尔斯。

"科比，你的扣篮很漂亮，但并不比斯蒂芬的好。"

"妈的。"科比一边说，一边跑回去防守。

查尔斯和科比及其家人建立了联系，他成为科比与瓦卡罗之间的联络人，帮助科比签下了第一份球鞋合同。2000年，也就是库克希望单挑科比的那一年，查尔斯坐在人群中观看了训练营的比赛。由于场地相连，观众席上的人可以同时观看四场比赛。科比走到他跟前时，查尔斯正在看比赛。打过招呼后，科比先是沉默地看了几分钟比赛。"兰尼在哪儿？"科比问道。

"他在那边比赛。"查尔斯指了指远处的场地。

查尔斯的目光聚焦在了另一块场地。几分钟过去，他已经忘了科比在身边的事。15分钟后，科比拍了拍查尔斯的肩膀。他说："科比，什么事？"

"兰尼·库克还不够格。"起身准备离开的科比说，"一会儿见。"查尔斯终于明白了科比的意图。"天啊，他居然只是为了评估兰尼·库克。"查尔斯心想，"这说明训练营有多好，也说明科比有多认真。科比想知道未来会面对什么样的对手。"查尔斯本可以帮科比节省一些时间，他知道库克在科比面前毫无机会。库克那时也许是全美最优秀的高中球员，但科比却是NBA中个人能力最强的球员之一。查尔斯曾经在长岛黑豹队做过库克的教练，可随着库克在队内的地位不断提高、名气越来越大，查尔斯却预测到了未来的问题。库克有时会提出疑问，为什么他不能每次接球都出手投篮。"兄弟，你是场上的五人之一。"查尔斯说，"传球，让其他人参与进来。"查尔斯知道，青少年的情绪非常多变。当孩子们冲他大呼小叫时，他会用更大的音量吼回去。话虽如此，查尔斯认为他已经看清了库克的未来。他决定尽早了断，让库克离开球队。黛比·波特纳和她的儿子同样离开了球队。球队的另一个教练泰伦·格林反对查尔斯的决定。"你不能放全国排名第一的球员走。"格林说，

"为什么是兰尼？"

"其他孩子会听我们的话，兰尼不会。"查尔斯说，"总有一天他要做自己想做的事，我不想面对这个。我们必须现在就做出改变。"

查尔斯相信，库克的原始天赋足够让他进入 NBA。在他看来，库克就像年轻时的迈克·泰森，气场十足，不用上场就能吓住对手。在费尔雷·迪金森大学的罗斯曼中心与阿克伦的孩子比赛前，查尔斯看着库克走进了二号球场。"兰尼做什么都是为了秀。"查尔斯说，"他就像纽约，加上篮球水平确实不错。而勒布朗很淡定，他对待什么事都很从容。"

观众席里坐着大学和职业联赛的球探，球迷们也做好了为库克这个本地英雄喝彩的准备。库克所在的是勇士队，詹姆斯代表太阳队出战。和詹姆斯的对位，库克没有多想。那天早些时候，他刚刚击败了拥有卡梅洛·安东尼的球队。詹姆斯比安东尼还小一岁，他还没打出多少名声。

勒布朗·詹姆斯的表现让库克措手不及。比赛刚开始，詹姆斯就投进了一个三分。接下来两个回合，库克连续对詹姆斯犯规，这让詹姆斯一下得到五次罚球机会，太阳也以 8 比 0 领先库克的勇士。偏向纽约的观众刚坐下没两分钟，就开始担心自己的球队了。当詹姆斯做出防守姿势后，库克张手要球，他不断胯下运球，皮球就像悠悠球一样在他的两腿间穿梭。詹姆斯挡住了库克突破内线的通道，惊讶之余，库克不得不再次做出调整。大多数时候，胯下运球足以帮助他打开突破路线，轻松上篮。库克做出了又一次尝试，詹姆斯还是没有被他的假动作骗到。观众明白了这几回合的重要性，他们纷纷开始鼓掌。库克再次胯下运球，詹姆斯仍然没有上当。受到了打击的库克出手了一个远距离投篮。当球从篮网中落下时，观众席爆发出了欢呼声。乍一看，赢下这一回合的似乎是库克，可认真看了比赛的人都知道不是那么回事。在同一回合，詹姆斯三次挡住了库克的突破路线。库克出手后，查尔斯看了一眼詹姆斯。"他看上去就像没发生大事一样。"查尔斯回忆道，"比赛继续进行，你从勒布朗的眼神中可以看出，他想的是赢球，而兰尼想的是表演。比赛越是进行，我就对这个孩子越着迷。"

詹姆斯通过传球、防守和恰到好处的出手彻底掌控了比赛节奏。库克的队友拯救了他，在比赛所剩时间无几时领先詹姆斯的太阳一分。詹姆斯接球后快速启动，直冲球场右侧。他运球直接突破了库克，手忙脚乱的库克试图抓住詹姆斯的手臂进行犯规。刚进入三分线内，詹姆斯用一个诡异的跑投姿势投出了球。而球正中篮筐，穿网而下。

"那大概是最幸运的投篮了。"库克很多年后回忆，"最幸运的。进入联盟后他这种球一次都没进过。不像那样，绝对没有。那绝对是最幸运的进球。如果那球没进，我大概能赢一两分。后面的局势又会发生什么变化呢？"

在自己的主场，库克就这样被一个来自中西部的无名小子赶下了王座。

"你他妈怎么投进的？"库克问道。

"我就是把球扔过去。"詹姆斯回答。

查尔斯终于看到了流露出感情的詹姆斯，他正在和队友庆祝胜利。"他决定把一切藏在心里，那个球进了，他知道自己成功了，全世界都知道他这个人了。"查尔斯说，"我觉得那个球后兰尼也不一样了。"

"如果看历史发展，那大概是高中孩子进过的最重要的一球。"索尼·瓦卡罗说，"兰尼·库克本来是万众瞩目的人，他代表着纽约。在那 10 秒钟里，我们看到了权力交接，勒布朗再也没让出过宝座。如果兰尼赢了那场比赛，勒布朗的伟大不会受影响，可兰尼·库克的人生可能会不一样。"

詹姆斯在那场比赛里拿到了24分，而库克只得到9分。

"我没概念。"谈到那一球的重要性时詹姆斯说，"我唯一在乎的就是赢下比赛，我很高兴我们赢了。我不知道那球会有什么影响，到现在也不知道。"

18

　　迪克·维塔里曾是众多争相招募摩西·马龙的大学教练之一。维塔里真心认为自己有机会说服马龙——全美其他几百所大学也曾产生过同样的幻想。维塔里 70 年代中期曾在底特律大学做过教练，他同意前往弗吉尼亚在一个致敬摩西·马龙的颁奖仪式上发言。维塔里希望能在这个活动上和马龙当面交流，问题是，马龙本人并没有出现。维塔里担心这次出差会变得"师出无名"，所以他特意去了马龙家，仍然想和马龙见面。时间流逝，夜幕降临，维塔里仍在等待。当终于决定离开时，他听到了狗叫声。走到自家门口的摩西·马龙看到了兴高采烈的维塔里，可维塔里的好心情没能持续太久。马龙告诉他，他会和马里兰大学签订意向书，但他仍在考虑跳过大学直接进入职业联赛这个选择。维塔里沮丧地回了家。

　　几年后，两人均进入了 NBA。维塔里成为活塞队主教练，他的球队那一天碰上了拥有马龙的火箭。"喂，还记得你去过的那间旧房子吗？"马龙赛前对维塔里说，"我们不在那儿住了。"

　　维塔里的 NBA 执教生涯很是短暂。结束活塞的教练工作一年多后，维塔里小心翼翼地进入解说界，却意外地发现自己在这方面是个天生好手。1979 年 12 月，维塔里担任了 ESPN 第一场大学篮球直播的解说，从那之后，他就成了大学篮球的代言人。他将激情与活力带入比赛解说，为大学篮球创造了数不清的流行语，比如高光选手（prime-time player）、大一牛人（diaper dandy）和超远三分（trifecta）。与维塔里声名鹊起相伴的，是 ESPN 的崛起。这个最初从盖蒂石油拿到 9000 美元投资的体育电视台，最终发展成为价值百亿美元的大型企业，他们直播、分析、评估世界各地的比赛与运动员，成为体育媒体界的统治者。

维塔里是一个懂得感激的人，他对公司非常忠诚。即便如此，他还是认为自己需要站出来反对 2002 年 12 月 ESPN 的一个决定。ESPN 当时决定在 ESPN2 台直播在克利夫兰州立会议中心进行的圣文森圣玛丽学院（来自俄亥俄州阿克伦）与橡树山学院（来自弗吉尼亚州）的比赛。维塔里知道外界炒作勒布朗·詹姆斯的声势极大，战胜兰尼·库克后，詹姆斯的人气出现了大爆发。詹姆斯本人成为了一个标杆，足以检测媒体和学校管理层是否会跨过想象中的界限。那个时候的 NBA，每年都会有高中球员参加选秀。但从来没有哪个人能像詹姆斯一样，吸引那么多的关注。随着詹姆斯迅速成为巨星，关于 NBA 是否应该允许高中生直接参加选秀的讨论也变得越来越激烈。市面上一度传出流言，说詹姆斯不仅会跳过大学，他甚至会放弃高中最后一年，直接进入 NBA。"他的青春被偷走了吗？媒体应该这么关注他吗？学校可以靠这个天才赚钱吗？还在读高中时，这个孩子可以靠天赋赚钱吗？"詹姆斯连续数次当选俄亥俄州篮球先生；高三时他就登上了《体育画报》封面，成为"天选之子"。圣文森圣玛丽学院的大部分比赛被移至阿克伦大学的詹姆斯·A·罗德斯体育馆进行，这支高中球队的吸引力甚至比阿克伦大学还要强。用户支付 7 美元，就可以在俄亥俄州北部地区收看大部分比赛的点播。学校表示，他们只是为了满足校友和不断增长的球迷群体的需求。

ESPN 将在全美范围内直播那场比赛。对任何人来说，全美直播都意味着巨大的压力，更不要提一个来自小城市的孩子。ESPN 希望维塔里和比尔·沃顿一起担任解说搭档，球员时代曾经取得无数辉煌的老沃顿那时也是比赛解说。两人过去从未做过搭档，维塔里认为，电视台这个临时决定是为了引起更多人的关注，以防比赛本身不够精彩。维塔里担心这会树立一个不好的先例，他认为 NBA 的最低准入年龄应该设为 20 岁。他提出了自己的担忧，但还是同意了电视台的要求。"如果你们要求，没问题，我会解说比赛。"他说，"但是别忘了，他只是个高中生。我俩连大学比赛都没一起解说过。"随着 12 月 12 日比赛日益临近，外界的批评声也越来越大。"如果 CBS 问我，我不会去解说比赛。"大学篮球解说比利·帕克告诉《今日美国》，"体育现在变成了这个样子——一个人什么成就还没有时就去炒作。詹姆斯去年没能带队打进州冠军赛，现在 NBA 的斯图·杰克逊甚至考虑让他入选美国国家队。开什么玩笑！"

让詹姆斯登上 ESPN 和全美直播，这个想法并非出自 ESPN 内部。拉希德·加兹是典范营销集团的合伙人，这是一家专注于企业咨询、运动员赞助和代言的公司。加兹是篮球狂热爱好者，从小他就是德保罗大学的球迷，他非常关注大学篮球的招募进程。加兹的工作包括主办大学运动活动，比如在芝加哥和纽约举办顶尖球员的对抗赛，为比赛寻找赞助商，再把比赛打包卖给当地电视台。加兹曾经为芝加哥的福克斯体育制作过一个系列记录片，记录的对象是芝加哥的高中篮球明星，艾迪·库里就是其中之一。有一天，一个朋友找到加兹，询问他是否有可能播出詹姆斯的比赛。后者提到，詹姆斯已经是克利夫兰的大人物了。加兹一直希望让高中比赛进入全美直播，他认为球迷会对全国排名第一的橡树山学院有兴趣。"芝加哥的高中比赛有过很多次成功。"加兹说，"我们做的芝加哥市区打篮球孩子的记录片也取得了很大成功，所以我想，为什么不找 ESPN 呢？"

"我想到了一个主意。"加兹对 ESPN 的品牌管理总监布克·马格纳斯说，"你们有没有兴趣在电视上播勒布朗·詹姆斯的比赛？所有人都听说过他，但没人真正看过他打球。最好的情况，你们能在下一个乔丹或者魔术师的高中时代就成为展现他们的平台。最差的情况，你们也能为 NBA 选秀节目积累大量素材，因为一切迹象表明，他会直接进入 NBA。选秀越来越近，这是多好的宣传机会。如果他决定去大学，你们也在报道大学篮球。如果他选择大学，宣传一个注定改变大学篮球格局的孩子，这个机会多好。人们对他的兴趣很高，这是非常特别的一件事，过去没人做过。你们该去尝试。"

加兹认为，直播高中比赛没有太多不利影响。在他看来，过去很多年里，开发高中球员已经变成了常态。"如果你停止报道高中体育，只在报纸上登出比分，我就停止宣传高中比赛。"有报纸记者指责他玷污业余比赛的纯洁时，加兹这样回答。他还认为，其他运动的运动员们年纪很小时就已经被媒体广泛报道了。"我没见过有人抱怨 18 岁的网球运动员上电视，也没见过有人不满意 16 岁的人争夺金牌。"加兹说，"可是到了篮球运动员，突然间每个人都着急做出评价。提到电视、说到职业生涯、要不要进入职业联赛的问题，人们总这样。每个人都觉得，相比其他运动，他们在篮球上更有发言权。"

马格纳斯那时主要负责 ESPN 大学男子篮球项目和节目安排。马格纳斯觉得，电视台过去几年一直在播棒球小联盟的世界大赛。这些已经在电视上有了曝光的孩子，年龄比詹姆斯小得多。在马格纳斯眼中，某种程度上这是一个另类的伦理问题。"也不是我们凭空挖出了他。"马格纳斯心想，"他已经登上《体育画报》的封面了。他在篮球圈里广为人知，他只是让更广泛、更大众的体育观众知道他。"

"我们有两个层面的担忧。"马格纳斯回忆,"一方面,真的有保守的人认为我们破坏了高中体育的纯洁,过早地聚焦一个孩子。但反对意见最大的不是他们。另一拨人认为,那不是全国观众有兴趣的比赛。我们看重的是收视率,很多人说,'我不在乎那孩子有多优秀,这比赛放在全国没有吸引力。'我们最终决定,这值得冒险,而且风险也不大。"在马格纳斯看来,"过度曝光"这种说法非常荒谬。最优秀的青少年运动员早就在地方和全国媒体得到了认可。

ESPN 决定把全部赌注投在詹姆斯身上。维塔里、沃顿和丹·舒尔曼及杰·拜勒斯一起参与了比赛直播。"我不知道解决方案是什么。"事情过去多年后维塔里表示,"天赋是藏不住的,这是我想明确的一点。很多人说,'曝光太多了,知名度太高了。'可天赋是藏不住的。一个那么有天赋的人肯定会得到曝光,想处理好那么多曝光,需要教练、学校管理人员负起责任,需要身边的所有人帮助他走过那样的流程。不能在没有人指导教育他们的前提下就这么进行,因为这个过程中很有价值的一部分,就是学会如何沟通、如何接受采访。这都是学生运动员成长过程的一部分。"

*　　*　　*

16 岁那年,格洛丽亚·詹姆斯生下了勒布朗·詹姆斯。格洛丽亚从未与勒布朗的生父有过长久、稳定的关系,她选择和自己的母亲及祖母一起抚养儿子长大。格洛丽亚的母亲和祖母相隔一年分别去世,她无法维护位于阿克伦北部希克利街的大房子,那栋房子被市政府宣布废弃。母子俩的生活很是艰难,他们从一个朋友家搬到另一个朋友家,睡过无数沙发。作为一个没结过婚的年轻黑人女性,格洛丽亚还没找到自己的社会定位就不得不挑起抚养孩子的重任，残酷的现实便是如此。小学期间，勒布朗会时不时缺席几天甚至几周的课程。和格洛丽亚约会、帮忙照顾勒布朗的"代理父亲"，总是触犯法律。

当格洛丽亚试图让人生重回正轨时，勒布朗·詹姆斯在自己的球队教练弗兰基·沃克家住过两年。第一个将球放到勒布朗手里、教会他打篮球的，就是沃克。不久后，詹姆斯与德鲁·乔伊斯二世和他的儿子德鲁·乔伊斯三世一起加入了一支业余球队，后来又一起进入 AAU 联赛。几个孩子想尽各种办法提高篮球水平，他们听说附近有一个在大学做过教练的人每周六晚上会开放训练。

基斯·达姆布洛特曾经在中密歇根大学做过教练，后来转行做了证券经纪人。工作之余，他会在阿克伦西边的犹太社区中心开办训练营。一天晚上，乔伊斯二世带着他的队员出现在了那里。达姆布洛特立刻注意到了詹姆斯，七年级、又瘦又高的他刚刚进入青春期。"他的身体素质非常出色，但是他对篮球的理解要好得太多。"达姆布洛特回忆，"那才是让他与众不同的地方。"

开办训练营让达姆布洛特燃起了重做教练的念头，篮球其实并没有远离他的生活。1998 年，达姆布洛特同意执教圣文森圣玛丽学院，而詹姆斯和他的核心朋友圈——乔伊斯三世、西恩·考顿和罗密欧·特拉维斯决定进入达姆布洛特的学校，而不是离家更近且全部由黑人组成的布奇特尔高中。高一赛季结束后，达姆布洛特告诉周围人，詹姆斯未来一定会进入 NBA。"高二赛季打了三场比赛，我就知道他不会去大学了。"达姆布洛特说。圣文森圣玛丽学院曾经在俄亥俄州的小城塞勒姆打过比赛，带领球队大胜后，詹姆斯先去冲了个澡。走出学校时，他发现门口如往常一样站满了等着要签名的人。达姆布洛特注意到，几个刚刚在场上和詹姆斯交手的对手赛后没有洗澡，早早地在门口排起了队。"挺奇怪的感觉。你刚刚打完比赛，那孩子还在洗澡，那些人穿着队服。"达姆布洛特说，

"这有点像和埃尔顿·约翰一起旅行。"

放在其他地方不同寻常的情况，在詹姆斯这里变得稀松平常。每个人都想从他那里得到些什么。"为了保护他，我感受到了难以想象的压力。"达姆布洛特说，"我知道他不会成为职业球员的唯一可能，就是他自己迷失了，无论因为毒品、酒精、女人还是孩子。所以我真的很努力地保护他远离那些东西，告诉他无论做人还是做球员什么事是该做的……基本上，我不会像现在的人对待明星那样去奉承、讨好他。我给他定下了更高的标准，因为我知道他能赚到很多钱。"

NBA 很早便开始关注詹姆斯。骑士队主教练约翰·卢卡斯——就是那个曾经看过年轻的科比打球、和摩西·马龙做过室友的卢卡斯——邀请詹姆斯和自己的球队一起训练。听到卢卡斯邀请业余球员参加训练的事情后，NBA 罚了骑士队 15 万美元，对卢卡斯禁赛两场。"那是个艰难的局面，因为球队越烂得到他的几率越大。"卢卡斯回忆，"只有这样，他们得到他的可能性才会更大。"骑士需要的，就是获得选秀的状元签。

* * *

詹姆斯人生第一场全美直播的比赛开打前，停车场里就停满了来自全美各地的卫星直播车。空中飞着一只软式飞艇。超过 100 名记者来到现场，有些甚至从纽约和洛杉矶远道而来。对于这些记者来说，如果詹姆斯不是乔丹之后最出色的球员，他们就会戳穿关于詹姆斯所有的关注和赞美背后的假象。记者们挤在体育馆的夹层里，通常只需几美元就能进入的停车场，那天晚上的收费达到了 20 美元。ESPN 的直播节目以詹姆斯和诸如乔丹、"魔术师"这样的 NBA 传奇的对比开始，他们想知道詹姆斯未来能否拥有类似的生涯轨迹。

史蒂夫·考普是圣文森圣玛丽学院的助理教练，他的心态和当初在 ABCD 训练营看詹姆斯与兰尼·库克交手时一样。在训练营里，考普坐在一群 NBA 管理层之间。当库克第一次得分、全场爆发惊呼时，考普小声对身边的球探说："场面要难看了哦。"和库克比赛前，詹姆斯还有些紧张，而在和橡树山高中的比赛开始前，詹姆斯非常淡定。两队在赛前见过面，在考普的记忆中，橡树山的球员们显露出了担忧的神情。"见到詹姆斯时，你能看到他们脸上的表情。他们低下头，你能感觉出来，他们知道情况不妙。"

詹姆斯的圣文森圣玛丽学院排名第 23，而橡树山高中则是全美排名第一的学校。但是在赛场上，詹姆斯看上去比他的对手成熟十岁。詹姆斯身高 6 英尺 8 英寸，体重 240 磅。由于天主教学校不允许露出文身，詹姆斯因此戴上了绿色的发带和护臂。他穿着绿色和黄色相间的球鞋，阿迪达斯专门为他制作了这个配色的麦迪签名款球鞋。在此之前，詹姆斯曾两次与橡树山高中交手，但两场比赛均以失利告终。不过此时的橡树山的阵容构成与之前有了很大变化，只有一名球员曾与詹姆斯同场竞技。未来以大一身份带领锡拉丘兹大学夺得 NCAA 锦标赛冠军的卡梅洛·安东尼，已经离开了球队。

这场比赛场边席的票价超过了 100 美元，拉斯维加斯的赌场甚至也为这场比赛开了赔率。

接替达姆布洛特成为圣文森圣玛丽学院主教练的德鲁·乔伊斯二世告诫队员要认真对待比赛，橡树山高中开场后取得了 7 分的领先。詹姆斯有些慢热，前三投全部偏筐而出。沃顿提出，詹姆斯需要打得更坚决一些。坐在场边的考普却一点也不担心，他知道詹姆斯在其他比赛里也会先找找比赛感觉，再打出侵略性。在自己得分前，詹姆斯喜欢先让队友得分。第一节还剩 3 分 5 秒时，队友科里·琼斯跳投不中，詹姆斯才依靠补扣拿到了本场比赛的前两分。

从那一刻开始，比赛便牢牢掌控在詹姆斯手中。暴扣之后，他高举双手号召观众和他一起庆祝。命中三分后，他又狠狠捶击胸口以示宣泄。

比赛开始几分钟后，维塔里对比尔·沃顿说："红头，兄弟，我跟你说，这孩子比别人说的还厉害。他比宣传出来的更强，这太不可思议了。"

詹姆斯在那场比赛里得到31分，他贡献了多次暴扣，还送出了几次背后秒传。沃顿在比赛进行中开玩笑地说："他似乎克服了糟糕的开局。"詹姆斯全场比赛25投12中，在32分钟时间里还贡献了13个篮板和6次助攻，圣文森圣玛丽赢了橡树山20分。对于现场的11523名观众和收看ESPN的数百万球迷来说，与其说这是场篮球赛，不如说这是对詹姆斯天赋和潜力的公开认可。

"坐下来认真想想，圣文森圣玛丽上了全国直播，这太疯狂了。"詹姆斯后来接受记者采访时表示，"但我没觉得有多大压力。"

比赛结束后，詹姆斯对维塔里坦承，前一天晚上睡觉时他确实很紧张。"老天，你真的太厉害了。"维塔里对他说，"记住我现在说的话。所有人都会找上你，想用各种无法想象的方法吸你的血。聪明点，选择要明智。交一些好的朋友。"

沃顿拦下了准备离开场地的詹姆斯。

根据美联社的报道，沃顿说："恭喜你。"

"谢谢你来看比赛。"詹姆斯回答。

"不。"沃顿说，"谢谢你邀请我。"

*　　*　　*

ESPN的直播拿到了1.97的收视率，也就是说，全美共有167万观众观看了比赛。这是ESPN收视率第三高的篮球比赛。"这就是我们希望的结果。"马格纳斯说，"赢得了那么多观众。"

比赛开始前，加兹拼了命地寻找赞助商。他联系了150家公司，向他们推荐一个少年天才和未来的NBA的球星，告诉他们有机会从这个孩子起步阶段就和他建立联系。可只有前进保险公司、斯伯丁和佳得乐支付了赞助费用。前进保险公司的总部位于克利夫兰，可他们对詹姆斯几乎一无所知。加兹最初联系的一个工作人员曾对他说："我知道詹姆斯·勒布朗。"加兹向他们承诺，比赛收视率最低也会有0.5，如果达不到这个标准，他就需要退还部分赞助费。1.97的收视率自然让加兹兴奋不已。

"比赛开始前，阿迪达斯、迈克和锐步都知道勒布朗。"加兹说，"关注大学篮球的人和NBA死忠球迷都知道勒布朗是谁。那一天过后，因为那场比赛，因为收视率、比赛集锦、媒体宣传，连普通球迷都知道他了。对于勒布朗和他的未来，更重要的是，和体育没有直接关联的市场参与者，比如卖车的，卖泡泡糖、饮料或者啤酒的，他们都知道勒布朗了。站在品牌建设的角度，他真的打出了名声。"ESPN迅速安排了另一场詹姆斯比赛的直播，这一次他要去加州迎战圣安娜的美德高中。

凭借天赋和能力，詹姆斯的经济价值飞速提升。可按照非职业球员的"业余性"规定，那时能得到利益的却是詹姆斯身边的人。《今日美国》预计，高四那年，詹姆斯为他的高中、推广人、体育馆所有者、电视台、网络拍卖和其他业务参与人创造了150万美元的价值。"全国都在利用这个年轻人。"俄亥俄州高中运动协会主席克拉尔·穆斯卡罗接受一份报纸采访时这样说道，"一张门票卖50美元，这太夸张了。但我们控制不了常规赛门票价格，只能决定季后赛。"圣文森圣玛丽学院在詹姆斯高四那年推出了季票，一张成人季票价值125美元。每场比赛，学生票的价格为3美元。《克利夫兰老实人》这份当地报纸估算，詹姆斯为学校带来了27.5万美元的额外收入。看到自己签名的《体育画报》在网上的拍卖价格超过 200 美元后，詹姆斯便不再给人签名。他的比赛录像带在网上的售价接近 50 美元，他的大头娃娃售价超过 100 美元。假冒的詹姆斯球星卡在网上也被一抢而空。大部分主场比赛，黄牛票的价格是票面价值的三到四倍。

"替父母想想吧。"詹姆斯高四那年，圣文森圣玛丽学院的运动主管弗兰克·杰西表示，"假设一张票卖 10 到 12 美元，主场要打 8 到 10 场比赛。还要考虑学费、书本费和其他开支，现在又要花 10 到 12 美元看自己的孩子打比赛？我觉得这不公平。"

杰西曾在圣文森圣玛丽学院打过篮球，回到母校任职前，他曾经在鲍勃·希金斯手下做过辛辛那提大学的助理教练。关于和詹姆斯的互动，杰西表示："我和他的接触、交流一直很积极正面。"但詹姆斯吸引的外界关注，却给这所小学校带来了不小的"伤害"。"那时我们有四部电话。"杰西回忆，"很多时候，四部电话都被占用了。运动部门实际上给学校其他部门带来了很大的负担。如果有人打电话想知道棒球赛会不会因为下雨暂停，或者打电话查成绩，想打通电话很难……说实话，这个情况让我不太满意。可这就是事实。我接手时就是这个情况，我只能尽全力应对。"

杰西说，有人拿出 5000 美元贿赂他，让詹姆斯参加特定比赛，只要他出场就能保证球票的销售。"我说，'嘿，我不是圣人，可如果有人想贿赂我，这点钱可不够。'"杰西说，"能挣的钱不少。有些人确实会收钱，我不会说出名字，但那些推广人会收买决定球队参加什么比赛的人。你可以轻松拿到 5000 美元，挣上一笔。"詹姆斯高三赛季结束后，杰西决定辞职。"我在那儿做过教练，我喜欢学校。"他说，"我对勒布朗有着最高的敬意，但那是理念上的差异，所以我决定选择自己的方向。"

除了詹姆斯，似乎每个人都可以获得利益。他甚至考虑过向

NBA 提出申请，高三结束后就去参加选秀。这个想法没引起太多议论，但詹姆斯却因此吸引了更多关注。毕竟，一个来自俄亥俄州的高中生居然能提出这种想法。"关于他高三结束就离开的事，我没想太多，因为我觉得他和队里其他人的关系太紧密了。"基斯·达姆布洛特表示，"那些都是他从小到大的朋友。他知道不论在哪儿，总有一天他会进入职业联赛。他不想离开朋友，离开从小一起长大的人。"

所有人都在密切注意着詹姆斯。有人看到詹姆斯开着一辆价值超过 8 万美元的悍马 H2 后，俄亥俄州高中运动协会进行了为期两周的调查，最终认定他没有违反任何规定。以詹姆斯未来的收入为担保，格洛丽亚借了一笔钱买下了那辆豪车。詹姆斯接受了价值 845 美元的维斯·昂塞尔德和加尔·赛尔斯的复古球衣，作为交换，他的照片被挂在了克利夫兰"下一代城市装备与音乐"公司的墙上。当《克利夫兰老实人》曝出上述交易后，俄亥俄高中运动协会判定詹姆斯失去了在高中打球的资格。詹姆斯提起诉讼，法官判定运动协会无权确定詹姆斯能否参加高中比赛。

＊　　　＊　　　＊

在所有人意料之中，詹姆斯 2003 年宣布跳过大学，直接参加 NBA 选秀。乐透签顺位确定的前一晚，詹姆斯的经纪人亚伦·古德温正匆忙帮助他确定球鞋合同，他不希望詹姆斯未来所在球市的大小对球鞋合同造成影响。

詹姆斯之前，从球鞋公司拿到最大合同的高中生，是特雷西·麦克格雷迪。但詹姆斯的出现创造了新的纪录。耐克、阿迪达斯和锐步对他的追逐已经持续了多年，而詹姆斯游刃有余地周旋于各大品牌之间。他会穿着阿迪达斯的鞋参加耐克训练营，又会穿着耐克的鞋去 ABCD 训练营。索尼·瓦卡罗和阿迪达斯为圣文森圣玛丽全队提供装备，其他品牌也想尽各种办法接近詹姆斯。耐克聘请了詹姆斯的好友马弗里克·卡特，而锐步愿意支付最高的预付款。古德温安排詹姆斯住进了阿克伦酒店，锐步高管也住在那里，他们希望和詹姆斯签下合同。

拒绝兑现瓦卡罗承诺给詹姆斯的 1000 万美元一年的合同后，阿迪达斯退出了竞争。说实话，瓦卡罗不觉得 1000 万就能吸引到詹姆斯。"就算我们那天给他一亿美元，我也不觉得菲尔·奈特会失去他。"瓦卡罗说，"（阿迪达斯）其实是在让我误导那个孩子，那是我退出的原因。这是事实……不是阿迪达斯就是耐克。我觉得没什么疑问，阿迪达斯搞砸了，他们犯下了任何球鞋公司能犯的最大错误。勒布朗之后，他们再没能恢复元气。"

詹姆斯选择了耐克，他签下了一份七年超过 9000 万美元的合同。

终于，在无数人靠他挣到钱后，詹姆斯靠自己的能力挣到了钱。瓦卡罗把一切归功于詹姆斯与库克在 ABCD 训练营的那次交手。"非要说的话，是训练营帮勒布朗赚到了 9000 万美元。"瓦卡罗说。

ABC 电视台决定历史上第一次直播乐透抽签仪式——这自然是外界对詹姆斯及其未来归属充满浓厚兴趣的直接结果。詹姆斯家乡球队骑士和丹佛掘金获得状元签的几率最高，均为 22.5%；孟菲斯灰熊抽中状元签的可能性只有 6.4%。成绩一直没有起色的灰熊将选秀权交易给了活塞，只有抽中状元签，他们才能留住这个签位。随着选秀顺位一一揭晓，令人惊异的是，留到最后的两支球队正是骑士和灰熊。为湖人选下科比的传奇杰里·韦斯特那时是灰熊的总经理，当得知能够选下詹姆斯的状元签最终归属骑士、灰熊不得不将选秀权交给活塞时，他沮丧极了。"不需要是天才也能知道勒布朗·詹姆斯未来会是什么样子。"多年后回忆乐透抽签时韦斯特表示。

想到拥有詹姆斯的未来，骑士毫不掩饰欣喜之情。球队的成绩一直很糟糕，现在，他们有了一个在本地长大的孩子，拥有能够带领球队打进季后赛的天赋。骑士请来了保罗·西拉斯担任主教练。西拉斯是个广受尊敬的 NBA 老兵，球员时代他曾经拿到过三次总冠军。两人第一次见面时，詹姆斯说起了西拉斯在凯尔特人效力的时光，这让西拉斯大为震惊。詹姆斯是历史上最受关注的高中生球员，同时，他也是为职业联赛准备最充分的高中生球员。尽管如此，他还是在最初的日子里经历了一些挫折。

"有很多球员不喜欢他，因为媒体啊球迷啊总在讨论他，说他未来会有多伟大。"西拉斯回忆。一次训练，西拉斯注意到詹姆斯的情绪非常低落。西拉斯要求所有球员在正式训练开始前先练习100 次罚球，他看到詹姆斯一个人坐在角落里。西拉斯把他叫进了办公室。根据自己球员时代的经验，西拉斯知道领导力不是想要就能有的。他希望詹姆斯赢得"领袖"这个角色，即便这意味着伤害队中其他球员的自尊心。

"你必须改变。"西拉斯告诉他，"他们说什么对你没有任何意义，你会成为历史上最优秀的球员之一。"

这次对话结束后不久，骑士就交易走了里基·戴维斯。戴维斯是球队的得分王，但他不愿意让位给詹姆斯这样一个年轻人。交易完成后，詹姆斯的状态越来越好，他拿到了联盟那一年的最佳新秀。他是历史上受到最多追捧的高中生球员，但是看到他交出的答卷后，再怎么追捧他都不为过。"他无所不能。"在詹姆斯职业生涯前两年担任骑士主教练的西拉斯表示，"他跑得快，能投篮。他的弹跳很好，还能防守。他能盖帽，对比赛的理解很深。在我看来，这就是关键。他知道该如何打球，那么年轻，他懂得那么多。"

进入联盟第二年，詹姆斯开始进入巨星行列。他的场均得分提高到 27.2 分，成为历史上最年轻的全明星球员。2007 年，詹姆斯带领明显处于劣势的骑士打进总决赛（球队由他和一群角色球员组成），尽管被圣安东尼奥马刺横扫，但詹姆斯的表现仍然给人留下了深刻印象。与此同时，詹姆斯的场外形象也不断成长。尽管被放在放大镜下，一举一动被人注视，但詹姆斯基本避免卷入争议事件，并在 2009 年拿到了个人的第一个 MVP。2010 年，当他公开宣布离开骑士、加入热火时，詹姆斯的名声受到了相当大的打击。不过在连续四年打进总决赛、赢得两个总冠军后，詹姆斯扭转了舆论风向。随后，他回到克利夫兰，带领球队打进 2015 年总决赛，最后负于金州勇士。

这段旅程的开端，不过是一个梦想。"这就是精华。"詹姆斯说，"对于篮球运动员来说，最好的感觉不过如此。我的梦想，就是能对联盟产生如此大的影响。有时候我会感觉意外，有时候压力很大。这是一个令人满意的过程，但我不认为这是轻易能够得到的东西。"

19

　　不论是如外界预期走向成功，还是走向陨落泯然众人，高中生球员间并不存在统一的特质。当然，成功者存在一些共同点。不管身体还是心理，他们更加早熟，而且得到来自家庭成员或教练的强有力引导；内心深处，他们也有着提高个人能力的强烈欲望。保罗·西拉斯并非唯一一个准确预测詹姆斯未来的人，时间是检验真理的唯一标准。做完分析和录像研究后，NBA 高官的很大一部分工作就是猜测、祈祷。"我们都自以为是天才。"受人尊敬的猛龙总经理马萨伊·乌吉里表示，"在我看来，很多时候纯粹是运气。"

　　否则，你怎么解释勒布朗·詹姆斯与恩杜迪·艾比职业生涯天上地下般的差距？2003 年，也就是詹姆斯参加选秀的同一年，凯文·麦克海尔和森林狼用 26 号签选下了休斯顿的高中生艾比。艾比身高臂长，运动力出色，不少人认为他会成为新一代的凯文·加内特。麦克海尔做出这个决定的主要原因，在于麦当劳全国比赛前他在一次训练中看到艾比凶狠防守詹姆斯的样子。"我觉得我们应该试试他，看他能发展到什么程度。"麦克海尔回忆，"但他属于没有做好准备的那类人。"进入联盟的最初两个赛季，艾比鲜少得到上场机会，他也拒绝前往发展联盟参赛。"你可以直接引用我说的话：我不是发展联盟球员。"2005 年艾比接受《圣保罗先锋媒体》采访时表示，"从 15 岁起我就和 NBA 球员交手了。我不是发展联盟球员，就这么简单。"

艾比再未得到在 NBA 上场的机会。加入 NBA 仅仅两年，森林狼宁可硬吃下艾比剩余的保障合同，也要将他裁掉。

麦克海尔最初希望，能像当初对待加内特一样稳步、耐心地培养艾比。麦克海尔以为自己选下了一个训练狂人，可那些与艾比关系密切的人却发现，进入 NBA 后，艾比似乎变了一副样子。格雷格·格伦是艾比在韦斯特伯里天主教中学的教练。艾比出生在伦敦，小时候在尼日利亚长大，十几岁时才定居美国。在格伦的记忆中，艾比一心想着提高个人能力。训练结束后，即便格伦恳求他休息，艾比还是会去练举重。艾比随身带着一个笔记本，里面都是他摘录的励志文字。在篮球方面，艾比的成熟速度很快。他先接受了亚利桑那大学的奖学金，很快他改变了主意，将目光对准了 NBA。艾比宣布参加职业联赛的意向后，一个记者找到格伦，询问他的意见。格伦诚实地回答，说他不认为艾比做好了准备。这个回答让艾比很是不满，两人的关系也因此受到损害。格伦回忆，艾比对他说："经纪人跟我说过，会有你这样的黑子。"

"我不是那个意思。"格伦说，"有人问我的态度，我给出了回答。如果伤害了你的感情，我道歉。我只是在当时尽量将自己的观点表达了出来，这并不意味着我不希望你得到最好的结果。"就这样，格伦被排挤出了艾比的核心圈子。"我付出了那么多时间和精力，甚至还给了他那么多爱，最后我倒成坏人了。"格伦说，"我不喜欢这样，我以为我们的关系不该只是这样。"

艾比始终没有摘掉"潜力股"这个帽子。进攻端，他不知所措；防守端，他又兴趣全无。得不到上场时间让他心生不满。短暂的 NBA 生涯结束后，艾比分别在意大利、以色列和中国打过职业联赛。电话联系上艾比时，他不怎么愿意聊自己的 NBA 生涯。在 2013 年夏天的一次交流时，他的戒备心很强。他说自己没什么故事可讲，还表达出了写书的意愿。最后，他总结了一下自己的想法。"在 NBA 这么些年，我学到了什么？你知道我会怎么回答吗？斯台普斯中心的玉米片最好吃。"

某种程度上，艾比成了典型，他就是潜力被球队看中、得到百万美元收入保障后沦为水货的代表。菲利普·桑德斯做过加内特和艾比的教练，他表示："这就是凯文·加内特这类人和恩杜迪·艾比这类人的区别，这就是你吃到的教训。凯文·加内特年轻时会把不同球员的特点写下来，会为了下一场比赛提前了解对位球员的数据。恩杜迪·艾比，他没有这种心态。部分原因在于，凯文从不觉得自己得到的一切是外界欠他的，他觉得自己必须努力争取。而恩杜迪·艾比和很多人一样，觉得自己理所应当得到一切。有这种心态，你永远不会有正确的尊重比赛的态度。"

2003 届选秀，艾比是五名被选中的高中生之一。詹姆斯是明星，其他人并不受球鞋公司追捧，也没有广告代言。为了在 NBA 生存下去，他们必须拼尽一切。这四名球员在新秀赛季均遇到了不小的挫折，整个 2003-04 赛季，四人一共才打了 82 分钟比赛。詹姆斯在个人第三场比赛里就超过了其他四人的上场时间总和。没有人觉得他们能立刻成为球队基石，人们只是希望未来他们能成长为可靠的球员。肯德里克·帕金斯是德州的中学运动员，有人给他贴上了"下一个沙奎尔·奥尼尔"的标签，灰熊选下他后将他交易到了凯尔特人。"我们觉得他是潜力股。"凯尔特人篮球事务总裁丹尼·安吉表示，"他需要进一步塑造自己的身体。我很喜欢他这个孩子，喜欢他的职业精神。但他有些笨重、迟缓。"波特兰开拓者在 23 顺位选下的密西西比人特拉维斯·奥特洛有着出众的弹跳，球风劲爆。"第一次见特拉维斯·奥特洛时，我真的担心他可能打不了 NBA。"那时已经成为开拓者管理层一员的约翰·纳什表示，"他的体力不怎么好，投篮也不行。"尽管这两人都没能达到外界的预期，但他们还是从最初的低迷中反弹，以角色球员身份拥有了长久的 NBA 生涯。

詹姆斯·朗恩是 2003 届最后一个被选中的高中生。他温柔、爱笑，梦想着有一天能在 NBA 打球。2009 年的一次严重中风让他基本失去说话的能力，现在的朗恩处于半瘫痪状态。

"对他来说这很痛苦，因为他热爱体育。"朗恩的妈妈旺达·哈里斯说，"和他一起参加麦当劳全美明星赛的勒布朗还有其他人，他就看这些人的比赛。他们之间的羁绊很深，他总是看这些人的比赛。他说不出名字，但他会说，'我认识他们。'我知道他认识。"

*   *   *

利文·帕克最初注意到的是露出半个身子的詹姆斯·朗恩。帕克当时正在伯明翰中心公园的天主教学校指导学生学习《圣经》，朗恩在门口探头出来。帕克心想："这么个巨人，他们得把两扇门都打开才行。"不过朗恩只打开一边的门，小心翼翼地挤了进来。

用"身材高大"形容朗恩是不准确的，"庞然大物"才更精确，他是帕克在同年龄段孩子中见过的最魁梧的一个。朗恩身高 6 尺 10 寸，体重接近 400 磅。在莫比尔高中的两年时间里，尽管已经在篮球场上证明了自己，但朗恩的学习成绩却很糟糕。旺达·哈里斯希望朗恩无论在学业还是篮球上都能取得好成绩。她知道儿子未来很有可能成为职业篮球运动员，但她也明白，运动生涯总有一天会结束。一个朋友向她推荐了帕克的《圣经》研读活动，帕克既是校长又是篮球教练，这就好比同时担任法官和陪审团。在哈里斯看来，帕克会在儿子的学习和篮球训练上投入同等精力。

哈里斯允许朗恩转学并住在寄宿家庭里。儿子离开前，哈里斯对帕克提出了"小小的警告"。"先生，我希望你明白，你要时刻监控他。"哈里斯说，"你要检查他的鞋，因为他会把糖藏在鞋里。"这个要求让帕克猝不及防。帕克喜欢通过全场紧逼带起比赛的速度，他不知道朗恩能否适应这种风格。当然，他也不会检查朗恩的鞋。"你可以叫我大宝贝。"朗恩对他说。

　　"你不会真觉得我会这么叫你吧？"帕克问他。

　　"我真这么觉得。"朗恩回答，"我在幼儿园里得到了这个名字，我很自豪。回到家后，我妈妈说我是大宝贝，我就是大宝贝。"

　　帕克决定不去迎合朗恩。朗恩需要像其他球员那样，达到球队的体能标准。"我会给你一些时间，让你训练，减减肥。"帕克说，"但你必须训练，只要你愿意，就能实现目标。你可以随便喝可乐，可如果想上场比赛，就必须满足要求。"帕克发现，朗恩是他执教过的最和气的孩子之一。他很天真，也很安静。庞大的身躯下，是一个心理年龄小于实际年龄的孩子。为了让妈妈开心，朗恩在高四前的那个夏天减掉了将近70磅体重。他的体重还是过大，有时在场上也会气喘吁吁，但他的活力明显能够持续更长时间。朗恩有着柔和的手感，在人群中也能运球。对对手来说，这自然会带来灾难般的结果。朗恩的观众中开始出现大学教练的身影。肯塔基大学的塔比·史密斯来了，路易斯维尔大学主教练里克·皮蒂诺也出现了。NBA球探很快也加入到大学教练的行列。听到自己有机会直接进入NBA后，朗恩开始认真考虑这个选择。他一直把进入NBA当作人生目标，既然现在就能实现，为什么要延后呢？

　　朗恩知道，在改善体能、饮食结构和技术能力方面，他要做的还有很多。假如在首轮被选中，他会得到一份三年的保障合同，也会有足够的成长时间。事实却是，朗恩在第二轮被黄蜂选中，他也没有得到留队的保证。巧合的是，黄蜂那时的主教练是蒂姆·弗洛伊德。经历了泰森·钱德勒、艾迪·库里和公牛灾难般的赛季后，弗洛伊德对高中生提不起兴趣情有可原。当年选下并交易了科比·布莱恩特的黄蜂高管鲍勃·巴斯最初在朗恩身上看到了一些潜力。但他最终得出结论，朗恩不可能在短期内进入球队的轮换阵容。赛季初，朗恩一直处于球队的伤病名单；临近圣诞节时，他被黄蜂裁掉。朗恩在发展联盟打过一些比赛，后来辗转于西班牙、加拿大和其他国家的职业联赛。亚特兰大老鹰和多伦多猛龙与朗恩签过十天短合同，但他没有在这两支球队打过任何一场比赛。拖他后腿的，总是体能和疲劳。感到疲劳时，球员们总会提到突破瓶颈的话题，而朗恩则总是在瓶颈处停下。

2006年11月，也就是被选下三年多后，朗恩终于以华盛顿奇才球员的身份完成了NBA首秀。之前13场比赛，他一直处于球队的未激活名单。他只是在球队的年度合照时才穿上正式球衣出现。11月的那天晚上，朗恩并没有想到能在与老鹰的比赛中上场。当球队工作人员把这个消息告诉他时，他正在球队的媒体室里吃饭。吃完饭后，朗恩穿上了队服。他的上场时间不多——还不到一分钟。可他实现了梦想，尽管非常短暂。接下来的一场比赛，朗恩打了接近20分钟，这可以说是他NBA职业生涯最高光的时刻。一月时，朗恩被奇才裁掉。他后来承认，就是因为在赛前赛后总吃快餐，他自己毁掉了在联盟打球的机会。

2009年时，朗恩还保有着一丝进入NBA的希望，那时他与发展联盟的犹他闪电队签了合同。球队后来以"医学原因"为由裁掉了他。朗恩那时的体重并不大，他大概只有280磅，但他总是感到疲劳。在场上跑几个回合，他就会气喘吁吁。闪电队主教练布拉德·琼斯告诉《华盛顿邮报》，朗恩的心脏检查出一些问题，他的血压也偏高。

11月在阿拉巴马的祖母家庆祝感恩节时，朗恩出现了中风。医生不确定他能否撑过那一晚，他全身各处都出现了血凝块。

*　　*　　*

在高压环境下，旺达·哈里斯总是保持冷静和务实的态度。家人说她"强硬"，但"强硬"这个词根本不足以形容她的厉害。朗恩中风后，哈里斯说他"大脑里有一个垒球大小的血块，心脏和四肢都有血块"。

哈里斯说，听说朗恩只有 26 岁时，医生哭了，他的儿子和朗恩一个年级。哈里斯当时对医生说："听着，你需要振作起来。"她要求换一个医生。她的丈夫约瑟夫走出莫比尔医疗中心的病房，试图镇定下来。旺达·哈里斯对他说，要坚强。她在病房门口看了看，坚信儿子能够渡过难关。"我们的任务就是回家后该做什么就做什么。"她对家人说，"护士会照顾他，他们会给我打电话。"

朗恩活了下来，开始慢慢康复。为了减轻体重进行的结肠清洗以及未能按时吃血压药，很有可能是造成他中风的元凶。

朗恩希望通过 NBA 成为有钱人的梦想始终没能实现。和过去一样，旺达·哈里斯必须继续自己的生活，还有其他孩子需要她抚养。朗恩喜欢看篮球赛，他的女朋友会经常陪他看上几个小时。关于朗恩的篮球经历，他的家人抱有一些遗憾。他们自认为没有走捷径，朗恩也为职业生涯付出了全部努力。旺达·哈里斯说，大学招募时，他们本可以走捷径。

"那时候我丈夫生病了，他们可以推荐医生。我们的汽车也不好用了……"哈里斯提到了一些学校开出的条件，但她拒绝透露具体是什么学校。

"我们不是这样的人。丈夫和我，不是外在事物定义我们，是我们定义外在事物。"哈里斯说，"那些没打动我们。我猜他们认为，如果你是穷人，如果你是黑人，看到利益就会立刻扑上去。不是这样。"哈里斯说，他们聘请的经纪人托尼·杜特把朗恩当作家人。能否真正取得成绩，完全取决于朗恩。"这是常识。"哈里斯说，"如果麦当劳聘你做经理，他们让你做什么你就得做什么。如果不听话，你就会被开除。无论怎么宣传你，无论是不是叫你大宝贝，归根结底这是生意。"

不过哈里斯承认，如果一切重来，她会做出一个改变。"我会跟他说，他不能去 NBA，要先去大学读两年。"她说，"我会拒绝让 NBA 教练考察他。我会这么做，但有些决定必须由他自己来做。"

*　　*　　*

只有经过时间的沉淀，才会得到这样的反思。

小厄尔·史密斯的儿子考虑同样的选择时，他的立场与哈里斯正好相反。

史密斯的儿子 JR·史密斯 2004 年参加麦当劳全美明星赛时，他只是一个在新泽西本地有些名气的孩子，全国范围内知道他的人并不多。在俄克拉何马城的福特中心进行的全明星赛上，投进 7 个三分的史密斯拿下 25 分，和德怀特·霍华德一起分享了 MVP 的荣誉。这场比赛结束后不久，史密斯决定撤回对北卡的承诺，直接参加 NBA 选秀。小厄尔·史密斯在新泽西打过大学篮球，但他看来，潜力股在大学的时间越长，选秀行情就会下跌得越厉害。"高中毕业后参加选秀，你会是排名前 30 的新秀。"他说，"去了大学，你就会暴露在所有人眼中，接着就落选了。机会来临时就去赚钱，在不需要付出那么多精力时先赚上几百万。接受教育的事可以以后再说。我知道这有多难，我用了很长时间想赚到 100 万美元。钱来得不容易。"

JR·史密斯是标志性的"高中转职业"大军中的一员，那一年前 19 顺位出现了 8 名高中生，史密斯在第 18 顺位被新奥尔良黄蜂选中。来自乔治亚州、同届最被看好的内线球员霍华德成为四年内第三个成为状元的高中生，奥兰多魔术放弃了已经在大学证明过自己的欧梅卡·奥卡福，选下了霍华德。新秀赛季之初，霍华德的潜力便一览无余。但同届其他高中生最初在 NBA 的经历很是曲折——有些甚至没能从低谷中走出，无法继续留在 NBA。吉姆·克莱蒙斯在黄蜂主教练拜伦·斯科特手下担任助理教练，球员时代，作为可靠的防守者，克莱蒙斯在俄亥俄州大读完大学后，曾经帮助湖人在 1972 年拿下了 NBA 总冠军。转作教练后，他曾经在芝加哥和洛杉矶做过菲尔·杰克逊的助教。克莱蒙斯表示，不论是比赛还是场下生活，高中生几乎无法理解 NBA 的此消彼长的高潮与低谷。他看到了 JR·史密斯和斯科特经常因为上场时间和工作习惯问题而爆发矛盾，有时他不得不居中调停。

　　"这项运动有太多东西是他们不理解的，你又不能跟他们说他们不懂，因为他们从小学开始就打球了。"克莱蒙斯说，"但他们从来没和高水平的成年人做过对手，他们没听说过对手的名字，也不尊重他们。可就算不是全明星，这些成年人也相当厉害。一个刚刚高中毕业的孩子想要学会怎么躲开掩护，怎么面对防守。他们从来没经历过这么高强度的防守。放在过去，他们才是叫队友给自己多挡拆的人。"

　　"这不是 JR 的问题，而是体系。"克莱蒙斯说，"我们说了互相矛盾的话，他们被夹在中间。他们很容易受到外界影响，他们想好好打球，也希望得到认可。我们希望他们做一些事，可如果他们没做到，我们不仅会扔下他们，还会说，'他们没做到这个，没做到那个。'这是他们的错吗？还是我们教育他们的方式有问题？我说的'我们'，指的是教练。接下来，还是得回到经纪人身上。经纪人对他们说了什么？协商合同时总经理说了什么？从小到大他们信任的人说了什么？爸爸妈妈在幕后对他们说了什么？展示珠宝、衣服和新车时，他们的女朋友或者妻子在说什么？这是一体的。一边是纯粹、不掺假的美国资本主义，另一边是想赢球的教练，这些孩子被夹在了中间。"

　　球员自然有动力，希望尽快开启职业生涯。NBA 的发展蒸蒸日上，他们已经走出了乔丹退役的低谷。2002 年，联盟和 ESPN、ABC 及 TNT 三家电视台签下了六年 46 亿美元的转播协议，和 1998 年的转播协议相比，46 亿这个数字有了显著提升。1998 年，NBC 电视台和 NBA 签了四年转播协议，总价值 16 亿美元，TBS/TNT 电视台在同一时间段的转播协议价值只有 8.4 亿美元。与此同时，NBA 球队的价值也出现了飞涨。2002 年联盟扩张时，罗伯特·L·约翰逊花 3 亿美元买下了位于夏洛特的新球队。而在 15 年前，乔治·辛只花了 3250 万美元，就为夏洛特带来了城市历史上的第一支 NBA 球队。人们对联盟的兴趣，很大程度上来自球员个人。2004 年时，联盟中人气最高的球星中，很大一部分是当年的高中球员。凯文·加内特当选了 2004 年的 MVP，杰梅因·奥尼尔在投票中排名第三。科比·布莱恩特拿到了三连冠，特雷西·麦克格雷迪将两届得分王收入囊中。勒布朗·詹姆斯赢得了 2004 年的最佳新秀，而之前一年最佳新秀的得主阿玛雷·斯塔德迈尔，也是在高中毕业后直接进入的联盟。

　　可问题仍然存在，NBA 发现自己站在了可能对未来很长时间产生决定影响的十字路口。尽管经济上越来越成功，但联盟的上座率和收视率却在下滑。NBA 始终没能找到乔丹的接班人，而且不论是现实还是理论上的讨论，NBA 也总是存在形象问题。篮球这项运动比较罕见，没有装备、头盔或帽子用来遮挡球员的脸或身体。他们就这样暴露在球迷眼前，场上场下的形象几乎一致。可一个越来越明显的趋势是，球员们有一种扭曲的价值观，他们无法与普通人产生共鸣。拉特雷尔·斯普雷维尔是一个才华横溢的球员，可让他更出名的是手掐主教练的脖子这个事件，而非他四次入选全明星的事实。2004 年，他拒绝了格伦·泰勒和森林狼开出的三年 2100 万美元的合同。他告诉《圣保罗先驱媒体》："我有一家人要养……如果泰勒想让我养家，他最好多掏点钱出来。否则很快你就会看到那些孩子参演萨利·斯特拉瑟斯的广告了。"

　　曾被视作追随乔丹脚步前进的科比同样面临麻烦。夺得总冠军的同时，他和沙奎尔·奥尼尔的矛盾逐渐公开，两人都想做球队的老大。2003 年，当科迪勒拉度假村一个 19 岁的酒店服务员提出控告后，科罗拉多检方对科比提出了性侵指控。那年 24 岁的科比已经结婚，而且刚刚晋升人父。科比承认通奸，但他否认性侵指控，坚称双方的性行为完全自愿。案件的听证公开进行，因为听证，科比需要在出席法庭审理的同一天坐飞机前往比赛地参加比赛。当所谓受害者拒绝做证后，检方宣布撤诉，科比随后与对方达成了民事和解。科比没有承认性侵，但他向那名女子道歉。尽管解决了法庭上的麻烦，但科比的代言却大受影响，诸如可口可乐和麦当劳这样的公司均终止了与他的合作。

　　NBA 与嘻哈文化的联系越来越紧密，这种结合让很多人感到不安。这种文化中最突出的，就是费城 76 人身材矮小的明星阿伦·艾弗森。尽管在乔治城大学读过一年，但艾弗森很年轻，梳着地垄沟、随处可见文身的他，有着强烈的自我风格。艾弗森曾经出过一首充满同性恋恐惧和厌女歌词的说唱单曲。有关 NBA 现在和未来的讨论，艾弗森便是其中焦点。年轻人认为他很真实，靠着 6 尺、140 磅的小小身材，克服了人生初期的一系列阻碍，站在了一个由大个子统治的联盟的最高峰。这些人认为艾弗森和自己一样，不是工业化生产出来的偶像，始终保持本真。另一群由企业赞助商和富裕球迷组成的群体，认为艾弗森更像是一个恶棍，是一个反乔丹、会抱怨训练的球霸。作家大卫·哈勃斯塔姆曾经将这部分人的观点总结为"联盟过于黑人化"。NBA 的黑人球员占绝对多数，但联盟仍然想在上述群体和住在郊区的企业球迷群体之间找到微妙的平衡。问题在于，上述对立已不再限于理论层面。现实中，一些人确实认为NBA 中全是不成熟的黑人百万富翁。

2004 年 11 月 19 日发生了一件能够撼动 NBA 生存基础的事件。

那天晚上，底特律活塞在主场迎战印第安纳步行者，这是一场ESPN 全美直播的比赛。两队之间恩怨颇多，这场比赛则是前一赛季跌宕起伏的东部决赛的再演。在那次东部决赛的第六场比赛里，步行者的罗恩·阿泰斯特肘击活塞的理查德·汉密尔顿，吃到了恶意犯规。活塞赢下系列赛后，在总决赛中击败了因科比和奥尼尔矛盾导致球队分裂的湖人。两支球队彼此之间都有着不好的回忆和怨恨。活塞希望捍卫主场，而步行者自认为实力更强。

11 月的那场比赛，一切都在朝着有利于步行者的方向发展，他们在第四节拉开了比分差距。但是比赛的气氛越来越紧张，肘击和推搡随处可见。"天啊，这些犯规越来越狠了。"坐在场边媒体席的《印第安纳星报》步行者跟队记者马克·莫蒂斯对同事说。比赛还剩 1 分 25 秒、大局已定时，活塞的本·华莱士在上篮后把阿泰斯特推到了篮架上。

几秒钟后，步行者的斯蒂芬·杰克逊走上罚球线准备罚球。他记得球队里有人对阿泰斯特说，"现在你可以还一个了"——这指的是阿泰斯特可以对和自己肉搏了整场比赛的某个对手做一次凶狠的犯规。阿泰斯特从来不是个乖孩子，他的乖戾行为在联盟颇有名气。接下来，在本·华莱士试图投篮时，阿泰斯特在他身上进行了一次凶狠的犯规。华莱士随即报复，他双手架在阿泰斯特脸上，把他推了出去。这一推的力量非常大，阿泰斯特跌跌撞撞地向后退，华莱士则追了上去。两人来到了场边的技术台，双方球员这时也围了上来。蒂姆·多纳西、罗恩·加里森和小汤姆·努涅兹组成的裁判组不敢制止这场斗殴。步行者队助教迈克·布朗和本·华莱士关系不错，他在思考如何才能缓和局面。"蒂波，蒂波。"布朗喊起了华莱士的绰号，"这不值得，快回去，拜托了。"华莱士退后几步，不准备再和阿泰斯特接触。球员们围在一起，嘴上仍然骂个不停。斯蒂芬·杰克逊和活塞的林赛·亨特摆出了打架的架势，随后又各自散开。与此同时，阿泰斯特决定躺在技术台上。有人曾经跟他说，当局势变得紧张时，他需要从混乱的局面中脱离，而躺下来就是他应对这种局面的方式。可他的行为却带来了相反的效果。一些距离阿泰斯特很近的球迷开始用难听的字眼骂他，本已冷静下来的本·华莱士再次被激怒，他摘下护臂，朝阿泰斯特扔了过去。

阿泰斯特刚刚和 ESPN 的场边记者吉姆·格雷结束对话。格雷说："罗恩，不要走，赛后我想采访你。"

"好的。"阿泰斯特回答。

接下来，一个名叫约翰·格林的球迷将装满健怡可乐的塑料杯扔了下来，饮料洒了阿泰斯特一身。场地中的气氛已经很火爆了，而这杯饮料就像是一颗手榴弹，直接引爆了全场。

球馆顿时陷入混乱。

那时担任活塞总经理的乔·杜马斯已经走回了球馆内部的工作区，他的身边是晋升助理总经理的约翰·哈蒙德。因为活塞的表现而倍感失望的两人，突然听到了巨大的吼叫声。"乔，要么发生了特别好的事，要么就出大事了。"哈蒙德说，他还梦想着活塞能在所剩无几的时间里奇迹般地逆转比分。

阿泰斯特冲进了观众席，步行者队的解说马克·博伊尔本能地站出来，试图挡住阿泰斯特。阿泰踩着他冲了过去，博伊尔的五块脊椎骨出现了骨折。迈克·布朗不记得自己跟着阿泰进入观众席的事，但他发现跟随阿泰的自己已经卷入了混战。阿泰推了一个名叫迈克尔·莱恩的球迷，但他并不是扔饮料的那个人。扔饮料的格林试图用锁头技对付阿泰，另一名球迷朝阿泰扔了一杯啤酒，酒撒到了追随队友而来的斯蒂芬·杰克逊身上。杰克逊疯狂地挥起了拳头。步行者的弗雷德·琼斯也来到了观众席，迎接他的却是本·华莱士哥哥大卫的拳头，所幸这一拳并没有打中他。

阿泰斯特在观众席停留了约 40 秒，随后回到了步行者板凳席。两名身穿活塞球衣的球迷漫无目标地走进场地，来到阿泰斯特身边。双方短暂对视后，阿泰挥拳打中了埃尔文·沙弗德，这一拳也让查理·哈达德跟跟跄跄。当哈达德准备站起来时，杰梅因·奥尼尔已经做了出拳的姿势。小奥尼尔被绊了一下，使得原本可能致命的一拳擦哈达德而过。

原本步行者球员与活塞球员的对峙，演变成了步行者球员和活塞球迷的乱斗。步行者需要一个撤离场地的计划，唯一的选择，就是穿过众多愤怒的球迷从球员通道离开。那时在步行者管理层任职的前 NBA 球员查克·珀森在步行者拉开比分时已经回到了更衣室，听到阿泰斯特冲进观众席的消息后，他回到球场找到了阿泰。在珀森看来，阿泰斯特的大脑已经彻底断电，他根本不知道自己身在何处。为了安抚阿泰，珀森一直盯着他的眼睛。珀森觉得，球队陷入了角斗士般的境地，他说，"球迷就像老虎，而我们只是想逃命。"

在珀森的强力引导下，阿泰斯特终于离开了场地。斯蒂芬·杰克逊跟在后面走进球员通道，他扯烂了球衣，冲着朝自己泼饮料的球迷怒吼。杰克逊的情绪异常激动，他觉得步行者不仅击败了活塞，还战胜了整个底特律市。走过通道时，小奥尼尔暴怒，因为教练按住了他的脑袋，使得他无法抵御四周飞来的杂物。一把折叠椅飞了过来，差点砸中球员。步行者控卫贾马尔·汀斯利挥舞着簸箕冲回场地，随后被人拉走。

这次斗殴事件成为 NBA 最大的梦魇，也是联盟面临的最艰巨挑战。这次斗殴事件，有可能毁掉 NBA 花费几十年才塑造出来的形象——从"魔术师"约翰逊标志性的微笑，到迈克尔·乔丹场上场下的优雅。"有球迷认为我们是没有理由就失去控制的暴徒，他们根本不了解我们，不知道我们为社区做过什么。"几年后，杰梅因·奥尼尔做出了这样的评价，"另一半人支持我们，无论是在比赛中还是在场下。"电视台翻来覆去地重播斗殴的录像，这让种族歧视者有了更多口实。保守派政治评论家拉什·林保将这次斗殴描绘成"全面展现了说唱文化的面目，这是黑帮行为，只不过没有枪支。这就是 NBA 的文化氛围"。

斗殴发生后的第二天，NBA 总裁大卫·斯特恩发布了一份声明："昨晚比赛发生的事件令人震惊、作呕，也不可宽饶——这是对所有与 NBA 相关人士的侮辱。"斯特恩对九名球员做出了一共 146 场的禁赛处罚，球员的工资损失接近 1000 万美元。奥克兰郡检察官起诉了五名球员和五名球迷，球员们选择不抗辩，格林被判入狱 30 天。

"我觉得 NBA 被看作第一个黑人联盟，这种说法很公平。"斯特恩对《华盛顿邮报》说，"无论其他项目的数据最终呈现出什么样子，因为上述原因，人们总会用特定的态度看待 NBA。我们的球员太醒目了，不论是白人还是黑人，只要留了爆炸头、地垄沟，或者有文身，球迷就会有自己的看法。所以我认为，人们评判 NBA 时总会掺杂一些种族因素。"

最初接任总裁职位时，斯特恩的任务之一就是重振联盟的形象。如今，他遇到了和最初同样的挑战——只不过，这一次的风险要大得多。

20

　　2014 年 2 月，大卫·斯特恩卸任 NBA 总裁，这时距离他上任已经过去了 30 年。1984 年斯特恩成为总裁时，现今联盟最耀眼的球星勒布朗·詹姆斯甚至还没有出生。彼时的斯特恩留着浓密的小胡子，带着厚框眼镜，还有点小肚腩。经过 30 年，他的头发慢慢变成了全白，眼镜变得更时髦，肚腩也更加突出，但他放弃了胡子。离任之际，斯特恩 71 岁。在他主政期间，NBA 的盈利率和人气都出现了爆发式增长。斯特恩留下的，是 NBA 欣欣向荣的发展态势，很少有人会否认他的这个功绩。NBA 那时的年营收达到 55 亿美元，2014 年秋天，他们签下了新的电视转播合同，每年收入高达 26.6 亿美元。球员的平均薪金已经超过 500 万美元一年。NBA 及其球员在美国以外的地区也广受喜爱，比如在中国和西班牙，斯特恩上任之初，NBA 在这些国家几乎没有存在感。在斯特恩引导下，NBA 平稳渡过了不少争议期。斯特恩四处"灭火"，但他的很多决定也引来了批评，不论是为球队重新确定主场城市，还是实施"着装令"这个步行者与活塞斗殴发生后最受争议的规定。

　　NBA 当然不是凭空发展成现在的规模，这些发展都是经过认真计划并严格执行而得到的。斯特恩是一个有决断力的人，但他也会带来分裂。他是一个坚持个人立场的谈判高手，通常会让对方理解并认同他的观点。能够得到这种结果其实非常可观，因为有时候连斯特恩都不知道自己的选择是否正确，比如是否允许高中毕业生直接进入 NBA 的问题。2005 年 6 月，NBA 和球员工会达成妥协。根据新劳资协议第 X 节第 1 条的规定，NBA 的选秀最低年龄从 18 岁上调至 19 岁，同时美国的球员必须高中毕业满一年才能获得参加选秀的资格。这条规则也明确表示，国际球员在选秀日历年必须年满 19 岁才能参选。同时，尽管 NBA 尚未形成棒球和冰球那样的"农场体系"，但联盟历史上第一次允许球队在球员进入联盟的前两年内将其下放到发展联盟。

一扇 30 年前打开的大门，一条为联盟带来诸如凯文·加内特、科比·布莱恩特和勒布朗·詹姆斯这些超级巨星的路，就这样被阻断了。"很多工作都有适合年龄大的人的要求。"斯特恩对《波士顿环球报》说，"这是我的个人工程。几个要点：一、我们已经有了最低年龄限制，18 岁，最早可以追溯到 1976 年。二、是时候告诉全社会，我们服务的六年级学生更有可能成为职业运动员，而非科学家或生物学教授，就像阿瑟·阿什说过的那样。三、我希望 NBA 球探离开高中。这释放出了错误的信号，高中比赛都要去，到什么程度才是头？四、年龄大的球员能够更好地应对压力，承受 NBA 赛季的考验。五、这是个商业事件。选秀权是一笔大额投资，最好能在两年内收到回报。可即便有这么多原因，这也是个艰难的决定。在这个问题上，每个人的观点都有可能是正确的。"

斯特恩和比利·亨特在是否禁止高中生进入联盟的问题上已经进行了数年的拉锯战。1996 年，亨特得到任命，开始担任球员工会执行主席。两人经历过艰苦的谈判。1998 年，双方在几个月时间里都没有做出让步，从而导致停摆时间不断延长。有些时候，这两人在年龄限制的问题上会出现浮动。斯特恩曾经说拒绝高中球员进入

NBA 是不对的，网球和高尔夫球员从青少年时期就可以成为职业选手。与此同时，亨特在接受采访时始终强烈反对高中球员参加选秀的禁令。"我不会同意年龄限制，就这么简单。"亨特 2001 年接受彭博社的采访时表示，"我们的球员相信选择权。任何有能力的人都应当被允许进入联盟。18 岁时，你可以结婚，可以参军，也能被判死刑。你要告诉我不允许 18 岁的人打篮球？"

　　奥本山宫殿球馆斗殴发生时，联盟和球员已经就新劳资协议进行了为期数月的协商。斗殴事件为联盟改善自身形象提供了动力。NBA 球员被视作一群不成熟的人，不论是否拥有事实依据，这种观点已经成为现实。能够指导年轻球员、为球队提供稳定性、生涯进入末期的老将们，绝大多数已被青少年取代，这些青少年几乎没上过大学，无论是职业还是人生，他们还有很多需要学习的东西。不少球员有过被逮捕的经历。多名球员卷入公共事件后，波特兰开拓者被人嘲讽为"监狱开拓者"。"我们真的不在乎球迷们怎么想。"其中一个"犯事"的成员邦齐·威尔斯对《体育画报》说道，"他们对我们来说不重要。他们可以天天嘘我们，可如果在街上看到我们，他们还是会来要签名。"

　　奥本山宫殿球馆斗殴之后，斯特恩的着装令立刻激起了一些球员的怒气，他们认为着装令剥夺了个性。着装令规定，受伤球员坐在板凳席时必须穿西装外套，不允许露出项链或巨大的首饰。艾弗森告诉费城的媒体："让人穿上西服，并不等于那就是个好人。"开始执行着装令时，杰梅因·奥尼尔仍在面对斗殴的后续余波。"我真心认为那就是实施着装令的原因。"他说，"因为突然间，联盟'失控了'。我看到全国电视台上那些所谓的专家说 NBA 太嘻哈。首先，所谓的专家能说出这种话，我已经很震惊了。对音乐的选择并不会决定你是一个怎样的人。斗殴之后就出现了着装令。"JR·史密斯和肖恩·利文斯顿这两个高中球员在一场比赛中穿上了长筒袜子，进行平静、温和的抗议。小奥尼尔认为，种族是促成这一新规诞生的原因之一。在所有参加 NBA 选秀的美国高中生球员中，只有罗伯特·斯威夫特一个是白人。"作为黑人，你会认为肤色是这个规定出台的原因。"那时的小奥尼尔表示，"在棒球或者冰球界你听不到这种消息。必须 20 岁、21 岁才能进入联盟，这是违宪的。"

NBA 年龄限制并不违宪，相反，这个规定得到了代表球员的工会的同意。小奥尼尔是少数几个以高中毕业生身份进入 NBA、并反对年龄限制的球员之一。"其实这挺让人吃惊的。"前 NBA 球员帕特·加瑞蒂回忆，他曾是球员工会执委，工会的执行委员会需要在劳资谈判期间代表球员整体利益与资方进行谈判。在加瑞蒂的印象中，认同高中生可以直接进入联盟的现役球员并不多。球员们认同"选择权"，但他们同样认同"尽量多赚钱的权利"。联盟、球员、斯特恩和亨特都聘请了律师，劳资谈判就是一个你退我进的交锋。允许高中球员进入联盟这一议题的重要性，不及最长合同期限和每年的薪水涨幅。联盟和工会在众多议题上达成了妥协，新劳资协议将最长合同期限由 7 年减为 6 年，减少了每年薪水涨幅的限制。斯特恩接受了 19 岁的年龄限制，放弃了谈判之初的 20 岁立场。

当参与谈判的人看到各种选择后，做决定的过程就很简单了。那时的球员工会主席是迈克尔·库里，作为步行者球员的他，有着和联盟大多数球员不同的经历。在南乔治亚大学度过一段时光后，库里在 NBA 选秀中落选，他在发展联盟打过比赛，也在意大利和西班牙打过职业联赛。作为防守悍将，库里逐渐赢得球队的尊重，他的 NBA 生涯延续了接近 10 年。"想让 450 名球员满意是很难的，因为这 450 人都是各自公司的 CEO。"库里说，"假如没有保障合同，有人受伤怎么办？作为团队成员，你要放弃部分个人利益。但是那些还没有进入 NBA 的人，他们还不属于团队成员。我听到很多说法，人们说的都对。18 岁就能保卫国家，却不能进入 NBA ？如果没有保障合同的规定，也许他们就能进了。因为工会的存在，我们在做决定时放弃了那个，但我们留住的更重要。"

经过四天激烈的谈判，劳资双方在马刺与活塞的 NBA 总决赛第六场前宣布达成新协议，年龄限制问题几乎无人提及。亨特和斯特恩只是在 2005 年 6 月底与媒体见面时简单提到了这个问题。"我们对此已经协商了一段时间了。"透过眼镜片看着记者的亨特说道，"我想我们两人需要抛开分歧，现在也是时候远离分歧的鸿沟，看看能否达成协议。上周五，我们在一起谈了 14 个小时。我们都说，如果要做，那就是现在了。否则，我们知道最后会是什么结果。所以我们的主席库里和代表球员的安东尼奥·戴维斯和加瑞蒂参与了接下来的谈判。我们和大卫以及 40 个球队老板及工作人员坐在一起，经过 14 小时，我们的立场越来越接近，最终达成了框架。"一名记者问斯特恩，假如球员诉诸法庭，选秀年龄限制是否会得到法官的支持。在那之前，美式足球运动员莫里斯·克拉瑞特就因年龄限制问题将 NFL 告上了法庭。这名记者又提出了一个问题，他想知道设置年龄限制的目的是不是让 NBA 球探离开高中球馆。

索尼·瓦卡罗是少数几个立刻对这一规定提出反对意见的人之一，他对《纽约每日新闻》说："我认为斯特恩做了任何公司主管该做的，为了老板的利益他尽了最大努力，事实上他什么也不用放弃。这是我这辈子见过的最一边倒的谈判。这个谈判能持续五秒都是个笑话。"

这次劳资谈判的遗留问题在后来几年引发了新的问题。2013 年，NBA 球员罢免了亨特。由于在球员工会内聘用数名家庭成员，外界指控亨特任人唯亲。与成为球员工会主席的德里克·费舍尔关系破裂，则是他离任的直接原因。费舍尔启动了对工会财务状况的外部审查。审查发现，亨特使用了超过 10 万美元为其他工会执委购买礼物，还因为"未使用的假期"得到了 130 万美元的补偿。亨特不久前表示，他始终认为经济利益是设置年龄限制的根本原因，而NBA是否接纳高中球员也应以此为基础。"都是为了钱。"他说，"我们知道，如果一个孩子决定尽快进入NBA，他挣到的钱肯定比在大学读两三年要多很多。"

"现实是，新秀不会取代任何人，因为无论如何，每年总会有30名新人进入联盟，另外30人离开。"亨特在2013年春天接受采访时表示，"所以他们真正取代的是那些有可能在高顺位被选中的大学球员。由于高中生进入联盟，这些大学球员可能顺位下滑，可能落选。"

在亨特这段采访的几天后，多伦多猛龙队将在洛杉矶挑战湖人队。回忆起自己被NBA球队选中时的情形，猛龙球员阿米尔·约翰逊笑了起来。年龄限制的声明公开一周后，活塞用一个二轮签选下了约翰逊，他也成为禁令实施前最后一个被选中的高中球员。可听到被选中的消息后，约翰逊无法从沙发上起身庆祝。约翰逊从小在洛杉矶东部长大，他已经决定前往路易斯维尔大学，在里克·皮蒂诺手下打球。约翰逊非常坚决，他甚至去看了自己即将入住的宿舍，就像当年摩西·马龙去马里兰大学参观那样。几次出色的试训改变了约翰逊的主意，他认为自己有在NBA生存的能力。那一年的选秀，除约翰逊外，还有8名高中生入选。顺位最高的是西雅图人马泰尔·韦伯斯特，开拓者用六号签选下了他。听到自己的名字时，约翰逊有一种电流通过身体的兴奋感，但他却动弹不得。"那时我在小姨家。"他说，"我们都坐在皮沙发上，不是塑料椅。她刚刚扔掉塑料椅。被选中时，我就像被黏在沙发上一样。我站不起来。"

新秀赛季，无论在场上还是场下，约翰逊有很多要学的东西。他加入的活塞阵容深厚，拥有众多老将。一年前，另一名高中生柯里昂·杨就是在这支球队走向了失败。新秀赛季，约翰逊只在三场比赛里得到机会，他也频繁被球队下放到发展联盟。好在约翰逊身边有着强大的支持体系。约翰逊的妈妈蒂尼·格里芬和他住在一起；队友安东尼奥·麦克戴斯为他买了第一套西装。"虽说我穿着有些大，不怎么合身。"约翰逊说。约翰逊有钱买好车，但他还没有驾照。"我学开车时特别难，尤其是在底特律，这里总下雪。"约翰逊说，"我学会了在雪地上开车，学会了'密歇根 U 形转弯'，还有点闸等等。"

约翰逊与其他失败的高中生球员之间有着明确的差别。约翰逊在活塞打不上球，于是他主动要求下放，去发展联盟参加实战。他尽量避免夜生活。他会提出问题，认真听取答案。NBA "最后一个被选中的高中生"这个身份对他几乎没有影响，更让他满意的，是自己仍在 NBA 生存的现实。在猛龙打过多年后，约翰逊 2015 年与凯尔特人签约。"这就是我经常和孩子们交流的原因，如果想进入更高层次，你要努力训练，朝那个方向努力，做出牺牲。但第一件事是要完成学业。"约翰逊说，"你不能完全依赖篮球，因为很多时候事情不会如你所愿地发展。我们经常能看到把筹码全部压在篮球上、没能实现目标最后去了海外的人。"

*　　*　　*

2009 年湖人与魔术的总决赛在 NBA 的"高中进程"中留下了浓墨重彩的一笔。那时距离年龄禁令的出台已经过去多年，但在那之前进入联盟的球员正在成为各自球队的核心。2009 年总决赛的两个明星科比和霍华德，恰好是高中球员的两个极端。科比是最早一波进入 NBA 的高中球员，他已经拿到了所有能够拿到的荣誉。而 2004 年的状元霍华德这只运动力极强的内线怪兽，则是最后一波跳过大学进入 NBA 并成为明星的球员。

2004 年，魔术需要在霍华德和埃梅卡·奥卡福之间做出选择，后者就读于康涅狄格大学，入选过全美最佳阵容，还拿过 NCAA 冠军。霍华德看起来是个脚踏实地的人。他的父亲是乔治亚州的一名巡警，母亲则在一所小天主教学校任教，霍华德从 4 岁起就在那里读书。霍华德毕业时，全年级只有 13 人。霍华德似乎是最理想的推广对象，他总是想把信仰带进 NBA，为 NBA 的标志配上一个十字架。"他太糙了，但基础不错。"当年选秀时在魔术担任球员事务主管的戴夫·塔德奇克回忆，"他的父亲是警察，母亲对他的人生有着极大影响，他和家人的关系看起来非常密切。不是说奥卡福不是这样，但德怀特在这方面给我们留下了很深的印象，而且他的打法也非常加分。"

霍华德的加分项在于接近 7 尺的身高和 250 磅的体重——这是成年人的体型，他立刻成为魔术的首发大前锋。霍华德在魔术的第一任教练是约翰尼·戴维斯，后者对霍华德的培养非常耐心，他的运动和防守能力对球队的影响也是立竿见影。霍华德在场上打得开心，他成长为联盟的顶级内线之一。2009 年季后赛，在他的带领下魔术高歌猛进，在东部决赛中击败了勒布朗·詹姆斯的骑士。但在科比个人的第四次总决赛之旅中，他所在的湖人以 4 比 1 战胜魔术，科比也拿到了离开奥尼尔后的个人第一个总冠军。

没过多久，霍华德彬彬有礼的形象突然出现了变化。媒体爆料，与他塑造出的虔诚天主教信徒的形象不符，霍华德有好几个非婚生子女。2012 年他强迫魔术交易了自己，在这笔与湖人的交易中，另一个高中生球员安德鲁·拜纳姆被湖人送到了费城 76 人。效力湖人期间，由于处于背伤恢复阶段，霍华德的表现始终受到限制，他与科比也从未真正实现磨合。霍华德喜欢带着微笑打球，而科比上场后总是一脸严肃或愤怒。"他的职业生涯最让我惊讶的是，说实话我真的想不到会这样，就是他会被公开描述成一个恶棍。"约翰尼·戴维斯这样评价霍华德，"现在听到他的一些事情，我会说，

'这不是我认识的德怀特。'我就是不能相信外界对他的描述，我觉得这不公平。我不觉得这个年轻人真的像人们说的那么坏。"

2013年夏天，霍华德离开湖人，与休斯顿火箭签约。"新秀年他突出的部分，至今还是他的招牌。"戴维斯说，"那就是抢篮板、盖帽，保护篮下。进攻技巧方面，他确实没展现出很大的成长，但上场时他还是能做出应有的贡献。也不是说就能直接放他投篮，还是要干扰他出手。从我的角度看，他在这方面确实没有取得太多进展。我以为到了这个阶段，他的罚球会好很多。我还以为当他到了职业生涯这个阶段，球队会愿意给他球权。但我不确定现在是不是这种情况。"

*　　*　　*

NBA总部位于纽约曼哈顿的奥林匹克塔内，联盟办公室占据了这栋建筑的数个高层空间，俯瞰着东中城区川流不息的人流。斯特恩脱掉外套，和一个记者及联盟传播部门副总裁迈克·巴斯一起坐在一张大会议桌边。几个月后，斯特恩将正式退休。最近几天，来自大学的一些评论惹怒了斯特恩。斯特恩没有掩饰自己的不屑，他在采访正式开始前和记者聊起了这个话题。"你看到这周（NCAA总裁）马克·艾默特说的话了吗？"斯特恩问道。NBA与大学篮球一度是共生的关系，NCAA就是NBA的"供应系统"。诸如"魔术师"约翰逊和拉里·伯德这样的球员，都是先在大学成名，随后才进入NBA。NBA的最低年龄限制改变了这种格局。这种制度催生了以进入NBA为目标的一批大学球员，他们会先在大学校园里待上几个月，接着直接进入职业联赛。大学篮球更像是NBA的中转站，这种球员被称为"一年选秀生"（one-and-done players）。类似凯文·杜兰特这样已经拥有征战NBA实力的球员，不得不在进入NBA前绕一段弯路。"我想在他们眼里，有很多孩子在还没准备好甚至还没成熟的情况下进入了联盟。"年龄禁令实施第一年在俄亥俄州大打了一年篮球的格雷格·奥登这样表示，"我确实认为这有助于解决问题。但有些孩子，他们足够优秀，可以去打职业联赛了。凯文·杜兰特就足够优秀了。"

传统篮球强校的阵容稳定性越来越差，知名度也逐渐走低。像蒂姆·邓肯或肖恩·巴蒂尔这种在大学打满四年的情况少之又少。艾默特和太平洋 12 区总裁拉里·斯科特表示，NBA 应当允许球员高中毕业后直接进入联盟，或者强制球员必须在大学打满两到三年——建立一个类似棒球的体系。"我们必须解决这种动态的紧张局面，因为这是问题的核心。"艾默特在马奎特大学的一次演讲中表示，"我们为什么要强迫一个不想上学的人上学？可如果你选择我们，你就要做个学生。"斯科特在 2013 年太平洋 12 区美式足球媒体日上表示："任何认真对待大学模式以及'学生运动员'的人，都不会认同篮球的大一选秀生运动员。"

斯特恩曾经提出过合理的提案。他曾经提出 NBA 和 NCAA 共同参与的保险计划，为排名前 50 左右的大学球员购买保险，以防他们在进入职业联赛前遭遇重大伤病。NCAA 官员的回复是，为顶级球员设立保险违反他们的"业余性"规则。"他们说，'我们的规则要求，所有项目必须有统一标准，不能只限于篮球。'"斯特恩说，"我说，'好吧，我明白……'NCAA 的规则迷宫太复杂了，过于复杂了。"

斯特恩坐了下来。"我不知道该对艾默特的评论做出什么回应。"他说，"我不想卷入激烈的对峙。"斯特恩停顿了一会儿。他提出，大学不应该接受那些只准备在学校停留很短时间的学生。NCAA 和 NBA 一样，有权建立自己的规则体系。"我认为事实是，那些球员会在在线天堂得到他们想要的信誉。"斯特恩说，"在线大学在天上，不用去教室上课，对吧？所以虚伪的是学校，不是联盟。斯科特，我想说的是，这些人已经身在花花世界了。没有大学校长会说，'好吧，我们不管这事。'他们说这些人是一年选秀生，其实很简单，不接收这些人就是了。可是校友会停止捐款给学校。在我看来，某种程度上职业球员才是真正的纯粹主义者，业余运动员是伪君子。争论在于——我们直接说最难的部分吧，因为过了30年了，我还是不能完全说对——每个人都有权制定雇用标准。《纽约时报》招人时会说，我们希望你有做记者的经历，最好还有新闻学学位。"

斯特恩说，年龄限制的理论基础很简单。这个规定能让更优秀、身体和心理更成熟的球员进入 NBA，为球员送上大合同前，球队也能在收集更多信息的基础上做出决定。斯特恩曾经表示，这个规则告诉社会，一个孩子更有可能成为科学家或教授，而非 NBA 球员。不过最近几年，他不再提及这个改变的社会性影响。"我们不会也不应该告诉人们，为什么我们做的事对他们有好处。"斯特恩说，"我一直不希望认同那种方式。我们不会确立一个规则，为的是不再出现下一个兰尼·库克。我不想表现得很冷血，因为我并不冷血。我觉得兰尼的遭遇非常糟糕，我觉得是一群阿谀奉承的人和让他职业化的社会这个体系毁了他。但在 NBA 与之互动的问题上，我不是这个观点。在这个问题上，我本人和做 CEO 的我是不一样的。作为个人，也许你会有一套规则，确定为了生存自己需要做什么。学校不是关键，技术训练是关键。重要的是拥有适合工作的技能，重要的是其他一切。高中和大学要做得更多，一个职业体育联赛的任务不是传播福音和立法制定规则。"

高中生第一次进入 NBA 时，斯特恩已经与 NBA 有了联系。1975 年当比尔·威洛比进入 NBA 时，斯特恩正在普洛斯卡尔·罗斯公司担任执业律师，以外部顾问的身份为 NBA 工作。威洛比进入 NBA 后，斯特恩密切地关注他的进展——或者说无进展，两人小时候在新泽西相邻的两个小镇长大。"威洛比是个教训，他不是水货。"斯特恩说，"他让人们开始反思这件事。对于那些希望利用个人能力得到教育的人，大学自然有一定吸引力。那时的大学球员和现在也不一样，年轻人关注的是如何在大学继续生涯，这是因为大学比赛本身的魅力，那时的球员需要在大学才能出名。"

凯文·加内特参加选秀并且取得成功改变了人们的态度。斯特恩会想起当年读到的有关加内特的消息，他想起加内特这个瘦高的孩子当初想要当时的规则。斯特恩说，职业球探出没于高中球馆，这种事情总让他感到不舒服。"我想到了'不得体'这个词。"斯特恩说。森林狼在第五顺位选下加内特，他们对这个高中生无疑有着极大的信心。"总的来说，对联盟更好的是 19 岁、而非 18 岁的孩子。"斯特恩说，"这些是极有价值的选秀权，把选秀权用在柯里昂·杨、兰尼·库克或者其他人身上并不是好事。一年之后我们还会拥有同样的运动员，这些球员更加成熟也是优势。我们能更全面地评估他们的天赋，我们能选下更成熟的球员，我们能做出各种有意思的选择。另外，我不知道凯文·加内特要多快成功才是好，行吗？"加内特进入联盟几年后，大批高中球员开始流入 NBA。"从联盟角度，从商业角度，这不是好事。"斯特恩说，他还表示，从个人角度出发他也不喜欢大量高中生进入 NBA 的现象，"从社会角度看这也不好，但我不能这么说——所以我只能支持。也就是说，我们不确定一个球员有多好，但是人们总觉得必须选下那样一个运动员，因为他未来会成为出色的球员。"

斯特恩始终表示，年龄限制背后并不存在经济上的动机。他表示，联盟与球员达成的劳资协议确定了经济收益这块大饼的分配方式。不论球员内部如何分配，球员整体得到的固定比例是不会改变的。"比利·亨特在这个讨论中没有提出有建设性的意见，因为他和球员工会提出的，无非是球员如何签约、如何避免提前一年成为自由球员这种问题。"斯特恩说，"事实上，那种说法的问题在于，我们决定把 50% 的收入分给球员。所以你们要谈的是如何分配这部分利益。"

斯特恩和记者谈论的对象转到夸梅·布朗。"可怜的迈克尔（乔丹）。"斯特恩说，"这就是我们的体系。我们有太多没有经过考验的人，他们发展成什么样，我们只能等待。这不是最理想的商业状态，我们不得不耗费那些宝贵的选秀权。球员能否拥有成功的生涯，说真的完全靠猜。"

类似的说法像座右铭一般，由 NBA 中最有影响力的人们反复陈述。

执教过年轻的科比·布莱恩特的菲尔·杰克逊说过："你会指出勒布朗·詹姆斯，他进入联盟并且打出了名堂。他在这个联盟很自在，他的身体很成熟，心理也相对成熟。所以这个规则存在例外，我认为我们为这种人或者那些特定的球员破了例，我不知道另外 75% 或 80% 的球员不够成熟、无法打出好的表现，他们也许会在这个过程中迷失。"

杰里·克朗格洛说："如果打开闸门，坏事会远多于好事，因为大多数孩子在心理上并没有做好准备。也许他们看上去拥有进入联盟的身体素质，但他们实际上没有准备好。"

和迈克尔·乔丹一起选下夸梅·布朗的总经理罗德·希金斯说："每一个成功故事的背后，都能写出一个恐怖故事。"

他们说错了。

写不出来。

21

　　阿恩·塔勒姆觉得自己又成功了。前一年的 1996 年，他精妙的斡旋调停为科比铺平了洛杉矶之路。选秀前的日子，科比希望继续参加其他球队的试训，以便证明自己的天赋以及为 NBA 级别的对抗做好了准备。塔勒姆是最初意识到新的新秀薪金阶梯存在问题的人之一。科比的新秀合同将由他的选秀顺位决定，如果他在首轮中段被选走，那么不论顺位高低，他的薪金不会有太大差别。科比的第二份合同将会丰厚许多，他可以在第三个赛季签下一份 7000 万美元的续约合同。当塔勒姆了解到湖人对科比的浓厚兴趣后，他拒绝了其他球队提出的试训邀请。他打赌，没有做好功课的球队不敢在没有试训的情况下选科比。他赌对了。在塔勒姆看来，湖人能在最大、最耀眼的市场制造明星。在他的设想中，科比会追随"魔术师"约翰逊的脚步。"这是我们少有的权力之一。"塔勒姆告诉科比，"我们没必要参加所有试训。"与约翰·纳什和约翰·卡利帕里接触后，塔勒姆更加坚定了让科比去湖人的想法。篮网的这两人一共对科比进行了三次试训，假如他们选下科比，将会改变 NBA 一个时代的面貌。塔勒姆与纳什及卡利帕里是朋友，但客户的未来胜过任何友谊。"这个经历很痛苦，但我还是做了。"多年后塔勒姆这样说道。

1997 年选秀，塔勒姆相信芝加哥公牛将会选下自己的新高中生客户特雷西·麦克格雷迪，后者会与迈克尔·乔丹成为队友。当然，这也需要跳出惯性思维才能实现。公牛总经理杰里·克劳斯为了不引人注目，甚至干出半夜让麦迪从医院后门进入参加体检的事。克劳斯想知道，麦迪的背部到底是什么状态。但乔丹最终还是进行了干预，事实上是他否决了选择麦迪的操作，因为这会拆散他与斯科特·皮蓬的组合。"这就是崩溃的开始。"塔勒姆说，"选秀当天早上，我觉得那会是最了不起的一件事。之前我让科比去了洛杉矶，现在又让麦迪去了芝加哥。"

后来的日子里，塔勒姆送科比进入湖人、差点让麦迪成为公牛一员的做法不再有效。假如晚几年参加选秀，科比基本不可能进入湖人队。那个时候，球队需要时刻关注最出色的高中生，以防错过下一个科比或者加内特。"即便无法确定，球队也会选下他，外界认为不该错过那样的球员。"塔勒姆说，"放在过去，球队总是怀疑，他们会在他之前选托德·富勒。我觉得在现在的环境下不会出现这种情况。"

塔勒姆是最有权势的 NBA 经纪人之一。从小在费城长大的他是个棒球迷，是费城人队的忠实粉丝。小时候塔勒姆经常玩"APBA 棒球"，这是一个通过邮件订购的纸牌游戏，他也非常在意数据。不过塔勒姆得出结论，未来他不会以打棒球为生——或者说，他不会成为任何项目的运动员。1979 年，他从密歇根大学法学院毕业。塔勒姆加入了一家洛杉矶的律师事务所，终日做着无聊的工作。有一天，他在《洛杉矶日报》上看到了一则招聘启事，快船队正在招聘法律顾问。快船当时的老板是唐纳德·斯特林，他是一个性格古怪的律师和房地产开发商。早年间，斯特林以抠门著称；现在的他是个种族主义者。塔勒姆希望自己的简历能够与众不同，他将简历放在一个泄了气的篮球里，寄给了快船队。快船聘用了他，通过在快船这样一个不正常的管理层中工作，塔勒姆学习到了 NBA 球队的内部工作机制。斯特林和快船不是在起诉别人，就是在被别人起诉。1989 年，塔勒姆离开快船，成立了自己的体育经纪公司。最开始他的经营状况很是困难，会为了吸引客户而去参加棒球春训。但他的客户人群增长得很快，也恰好赶上职业运动员薪金大幅提高的时期，塔勒姆会收取标准的 4% 抽成。与索尼·瓦卡罗的友谊让两人彼此受益。塔勒姆与瓦卡罗初次见面时，瓦卡罗还在耐克工作，塔勒姆则是帮历史上最伟大的女篮球员谢丽尔·米勒协商球鞋合同（谢丽尔的弟弟就是雷吉·米勒，他也是塔勒姆的客户）。瓦卡罗觉得他可以信任塔勒姆，塔勒姆很随和，而且两人都喜欢美食。瓦卡罗建议麦迪和杰梅因·奥尼尔这样的球员和塔勒姆签约，由他担任经纪人。在这段时间里，塔勒姆经纪公司的规模迅速扩大。公司成立接近 10 年后，SFC 娱乐公司花费近 2500 万美元才买下塔勒姆的经纪公司，而最初成立时，他依靠的不过是一个法律学位、在快船的工作经验以及对体育的热爱。

塔勒姆是很多 NBA 高中球员的经纪人。不少多年后淡出 NBA 以及那些没能得到进入 NBA 机会的人，都在后悔当初没有和塔勒姆签约。德安吉洛·科林斯天赋出众，他的身体素质和技术都相当出色。2002 年从英格尔伍德高中毕业后，宣布参加 NBA 选秀的他最终落选。球队担心科林斯的性格问题，而他认为，如果有塔勒姆这样的经纪人，他的形象会得到改善。"我没能进入 NBA 的唯一原因，我想就是和阿恩·塔勒姆签约。"他说，"我没和他签约。"相反，科林斯和不朽体育娱乐公司签下了经纪合同，而兰尼·库克失败的 NBA 之旅中，他的经纪人也正是来自这家公司。"我和他们签约的唯一原因，就是我有其他才能，也就是电影和音乐。"科林斯解释道，"我还有其他才能，我也想开发一下这方面的潜力。人只能活一次，我想好好活，这就是我想做的。但情况并没有如我所愿。"柯里昂·杨也有着相似的疑虑。"我本来也要和阿恩签约的。"杨说，"阿恩是个诚实的人，很多真正的好经纪人都很诚实。可我是一个出身威奇塔的人，我说实话吧，我没有和白人打过太多交道，这是原因之一。简单地说，我不相信他们。我们究竟有多少人会真正相信他们？"

塔勒姆是否有足够能力拯救那些并非因为经纪人的选择而走上歧途的球员，这是个有待讨论的问题。可过了这么多年这些人仍然相信他，这就是塔勒姆名望的最好证明。据传，夏洛特黄蜂队高管、前球员阿伦·布里斯托有一次在球员肯道尔·吉尔的新合同谈判中甚至气得掐住了塔勒姆的脖子。布里斯托身高6尺7寸，比塔勒姆高出了近1英尺。他否认了这个传闻，但表示两人表现得都不职业。"布里斯托对媒体说我俩进行了'激烈的、四目相对的讨论'。"塔勒姆后来对《体育画报》开玩笑道，"这是真的，但他把我从地上拎起了1英尺高才做到。"布里斯托接着问塔勒姆是否要去机场，如果去，他可以开车送他。球员都知道，塔勒姆会在他们人生最黑暗的时刻坚定地为他们辩护。塔勒姆代理过不少争议球员，比如掐教练脖子的斯普雷维尔和棒球界的"坏小子"阿尔伯特·贝尔。塔勒姆会寻找客户的弱点——这样才能和对方产生感情联系。塔勒姆的很多客户和他的三个儿子成了好朋友。麦迪经常在训练结束后赶到塔勒姆家，和埃里克、马蒂和迈克一起在后院玩威浮球。三个孩子长大也不等于塔勒姆家会变得冷清。在堪萨斯大学打过一年的喀麦隆内线乔尔·恩比德2014年签约成为塔勒姆的客户。选秀前，恩比德脚部出现骨折，那年夏天的恢复期，他住进了塔勒姆家，和塔勒姆及妻子南希一起生活。在塔勒姆家生活期间，恩比德学会了订外卖。半夜每隔15分钟，塔勒姆或妻子就会听到门铃声，这意味着恩比德的外卖到了——饮料来自A餐厅，开胃菜来自

B 餐厅，主菜来自 C 餐厅——直到他的一顿饭全部送到才算作罢。

尽管和布里斯托发生口角，但塔勒姆并不希望两人陷入争执状态。他更喜欢将商讨合同的过程称为"讨论"，而非"谈判"，他想让每一个球队高管明白，他既会为客户争取权利，也会为了球队的最大利益努力。塔勒姆喜欢政治家丹尼尔·帕特里克·莫里汗的座右铭，"每个人有权拥有自己的观点，但事实未必掌握在他们手中。"从这个角度出发，塔勒姆还是那个从小痴迷于棒球数据的孩子。每一次和球队高管会面前，他都会进行大量准备，试图想出每一个可能的结果。"相比其他人，他们的职业寿命更长。"提到 NBA 的高中球员时塔勒姆表示，"抛开同样很高的收入，他们的平均职业寿命接近十年。这就是我困扰的地方。你有权拥有自己的观点，但事实并不支持你的观点。如果不想要高中球员，你觉得这么做不对，那没问题。每个人都有权有不同的观点，但事实不支持你。事实就是事实，我们讨论事实就行了。"

科比成长为联盟顶级球员后，他与塔勒姆分道扬镳。不过大多数客户始终留在了塔勒姆的经纪公司。塔勒姆享受麦迪和杰梅因·奥尼尔的成长过程，他见证了两人从害羞腼腆的孩子成长为明星和球队领袖。第一次和塔勒姆见面时，小奥尼尔极少抬头对视。经过几年时间，他变成了全联盟口才最好的球员之一。"在我签约的所有球员中，没有人比他的进步更大。"塔勒姆说，"很多球员做不到、而他学会的是，当觉得哪里有问题，或者被什么事情困扰时，他会清楚地说出自己的想法。这很重要。客户能这么做，你就能和他们形成更紧密的联系。"

在外界眼中失败了的球员，在塔勒姆看来仍然拥有成功的职业生涯。夸梅·布朗和艾迪·库里在联盟存活的时间长于大多数球员，尽管没能按照预想成为明星，但两人都拿到了丰厚的合同。布朗在 13 年职业生涯里挣到了超过 6000 万美元；库里尽管在 12 年里拿到超过 7000 万美元，却仍然面临严重的经济问题。"尤其是特雷西和杰梅因，他们和那些职业生涯不够长或者不够出色的球员相比，最突出的一点在于他们愿意倾听。"塔勒姆说，"他们想去学习。夸梅和库里的挑战在于，想触达他们的内心太难了。他们是好人，真的很好。我不怪他们，也不怪我们自己。这不只是高中球员的问题，而是任何人都可能出现的问题。还有更难触达内心的球员。"

塔勒姆引导高中生融入 NBA 的同时，名气最大的一个高中生已经开始了创业。亚伦·古德温曾经帮助勒布朗·詹姆斯在一场NBA 比赛未打的情况下锁定了超过 1.2 亿美元的赞助合同。2005 年夏天，詹姆斯切断了与古德温的联系，整个 NBA 为之震惊。詹姆斯和 CAA（创新艺人经纪公司）的里昂·罗斯签约，但他将大部分个人业务交给了多年好友马弗里克·卡特。2012 年，詹姆斯转向另一个朋友里奇·保罗，指定他担任经纪人。"他曾经听我诉说如何离开贫穷的城市内部、为社会带来一些改变，我也曾经听他诉说同样的话题。"詹姆斯对《纽约时报》这样描述保罗，"这些对话转变为我们现在该怎么做，最后变成为什么不合作呢，我希望他和我在一起。"詹姆斯的两次"跳槽"最初在联盟内部引发了不少怀疑，人们觉得，这是 NBA 球员错误相信周围人的又一个例子。然而，卡特和保罗出色地运用了新得到的权力，签下了新的客户。如今，詹姆斯的这些操作已经成为如何掌控个人未来的最佳例证。

* * *

布伦特伍德办公室附近的一间餐馆，塔勒姆坐在他喜欢的早餐位上。他穿着一件运动夹克。尽管已经 60 岁，但一头微卷的头发还是让塔勒姆显得很年轻。塔勒姆想要讨论事实。"从凯文·加内特进入联盟开始的 20 年里，到目前为止，高中生球员是最成功、最有市场、回报最高、获得荣誉最多的一类球员。"塔勒姆说。

　　塔勒姆的说法得到了足够证据的支撑，而他的目标之一，就是帮助客户最大限度地挖掘赚钱的潜力。2004 年，在联盟引入最低年龄限制前，迈克尔·A·麦坎发出了一篇名为《非法防守：禁止高中球员参加 NBA 选秀的经济不合理性》的文章。麦坎当时是哈佛法学院的访问学者，他研究了 1975 年到 2003 年参加选秀并签约经纪人的 29 名高中球员。他发现，和其他球员相比，高中球员在 NBA 停留的时间更长，能够签下更大的合同，最大限度地开发了个人收入潜力。"简单地说，出了一个柯里昂·杨，就会出两个凯文·加内特。"麦坎写道。参加选秀的高中生球员中，有 83% 被 NBA 球队选中；与之相对，在 2001 年到 2003 年间，只有 46% 的大学（未完成学业）球员被选中。麦坎发现，只有泰吉·迈克达威、埃利斯·理查德森和托尼·基这三名签约了经纪人的高中生球员没能以篮球为生，不过詹姆斯·朗恩因为健康原因也可以算在其中。麦坎写道，相比进入大学，跳过大学直接进入 NBA，球员在职业生涯中最多可以多赚 1 亿美元。"反过来，由于这些球员通常是天赋最高的一批人，他们有着独特的成长速率，而他们提前进入联盟以及更长久地留在联盟，最终让 NBA 和球迷受益。"麦坎写道。他在文章中对 2001 年以 19 岁年龄进入联盟的泰森·钱德勒和同年新秀、23 岁的肖恩·巴蒂尔两人未来的收入进行了预测。麦坎表示，2011 年钱德勒将会进入个人巅峰期，他可以签下一份七年 1.18 亿美元的顶薪；与此同时，32 岁的巴蒂尔进入下滑期，无法签下与钱德勒对等的合同。麦坎的预测基本符合现实。钱德勒在 2011 年和尼克斯签下了四年 5800 万美元的合同，而巴蒂尔以角色球员身份加入热火，签下了三年 940 万美元的合同。2015 年夏天，钱德勒和太阳签下了四年 5200 万美元的合同，而肖恩·巴蒂尔已经在 2013–14 赛季结束后退役。不过公平地说，和球员后来收入对冲的，是球队的早期收益。钱德勒在公牛经历了"成长的烦恼"，巴蒂尔进入联盟就是一名攻防兼备的实用球员。

从麦坎的研究发出后到 NBA 正式实施年龄禁令的两年间，共有 17 名高中球员进入 NBA，几乎所有人在经历了初期的挣扎后都拥有了稳定的职业生涯。这些人中既有基石球员，比如德怀特·霍华德；也有最大限度实现收入增长的人，比如罗伯特·斯威夫特；还有没能成为明星、流浪各队每年赚几百万的人，比如塞巴斯蒂安·特尔费尔。

塔勒姆点了一份用蛋清和蘑菇做的煎蛋卷，又要了水果和全麦面包。将近 20 年前，由于胆固醇指标攀升到 400，塔勒姆接受了心脏搭桥手术。塔勒姆原本钟爱贝果面包，但他发誓要吃得更健康，以便跟上高速的工作节奏。心脏手术后几天，他就帮棒球选手莱克斯·哈德勒签下了一份合同。

塔勒姆的话题又回到了"事实"上。时至今日，NBA 球员的平均职业寿命为五年，生涯人均总薪水为 2500 万美元。至于高中球员，上述两个数据很难有准确的结论，但超过平均值应该没有疑问。实施最低年龄限制十年后，还有不少高中球员仍然在 NBA 效力，其中一些还能拿到顶薪。"联盟中有差不多 20% 的球员年龄在 30 岁或以上，有很多人不到二十五六岁就被淘汰了。再考虑到伤病因素，以及球队偏爱年轻球员，浪费一年的时间对球员极端不利。和网球一样，这是一个年轻人的运动。这和棒球不一样，一旦进入大联盟，球员可以打到 30 多岁。而在这里，什么机会都很少，无论是取得成功还是获得荣誉。当你把球队对球员的重视、球队对年轻人的重点投入考虑进来，当他们准备好时却拒绝给他们机会，这对球员来说是极大的不公。"

无论是吃这顿早饭时，还是比利·亨特被罢免前，塔勒姆从不掩饰他对亨特的不满。在那之前，塔勒姆曾经提出过罢免亨特的建

议。2013 年全明星赛前，塔勒姆给自己的客户发去一封长信，批评亨特掌权时的所作所为。"NBA 球员理应在他们成立的工会中拥有更好的代表。"塔勒姆写道，"我恳求你和其他球员，掌控自己的工会及未来。亨特先生该离开了。"在塔勒姆看来，亨特违反了谈判前的基本原则：了解所有选择。"他只是盲目地接受他们提出的事实、论点，只是进行防御。他不了解或者说不在意去了解更好的选择，比现有的方法更能保护那些孩子。"塔勒姆表示。

很多年来，塔勒姆一直公开反对设置年龄限制。他还在报纸上撰写文章，列出数据，表达观点。塔勒姆提出了一个与职棒大联盟（MLB）类似的模式——要么允许球员高中毕业后直接进入职业联赛，要么允许他们读完两年大学即有资格离开学校（棒球的规定是三年）。他还希望 NBA 能设置一个真正的小联盟。过去几年 NBA 发展联盟发展得很快，越来越多的球队开始在发展联盟投入资金、拥有球队，再用发展联盟的球队培养自己的球员。但一支 NBA 球队最多不能拥有超过 15 名球员，球队通常也希望在 NBA 培养自己的首轮秀。尽管有不少现役球员在发展联盟打过比赛，可由于 15 人的数量限制，绝大多数发展联盟球员不会与 NBA 母队签约。最顶尖的发展联盟球员的收入通常只有 25000 美元，相比海外联赛，这个数字显得过于苍白。塔勒姆提出，球队应当选下更多球员，将他们下放到发展联盟培养；在保留权利的同时，球员的薪水不计入球队的薪金总额。"这样做的目的是保护个人。"塔勒姆说，"如果你在意保护个人、而非惩罚个人，有些规则是可以修改的。这就是我的出发点，这样对球队也更好。球队想要最优秀的球员，着眼未来的球队希望接触到最有潜力的球员。允许这些人参与，这是为了联盟的利益。显然，这也是为球员利益着想。当然，对你要保护的某些人来说，这不是合适的决定。但你不能惩罚未来时代的人——类似下一个勒布朗、科比、加内特、奥尼尔和麦迪——不能拒绝给他们机会。"

塔勒姆的电话响了。屏幕上显示来电话的是肯德里克·帕金斯，这是塔勒姆另一个高中毕业后直接进入 NBA、且当时还在联盟效力的客户。几个月后，塔勒姆回到了职业生涯的起点。他离开自己的经纪公司，成为拥有底特律活塞的宫殿体育娱乐公司的副总裁。"一个声音说，'我不可能接受。'"塔勒姆在写给《体育画报》的文章里这样解释，"我的责任是帮助职业棒球运动员和篮球运动员。但是想起一个朋友对我说过的话时，我陷入了思考：为一个社区带来改变，会给你更深的目的感……我想，'我 61 岁了。如果不是现在，又是何时呢？'"

不过在那顿早饭期间，塔勒姆仍是 NBA 最有权势的经纪人之一。吃完早饭，他的工作才刚刚开始。

22

　　一个月总有几次，里克·斯坦斯贝里会一个人开车从斯塔克维尔前往皮卡尤恩。在密西西比州 25 号高速独自开车的时间里，有时他会想到飞速流逝的人生。曾几何时，篮球就是他的生命。小时候，他和哥哥们整日一起在家族位于肯塔基州乡下的农场干活。一天的工作结束后，他们会搬开稻草，把谷仓变成一个尘土飞扬的篮球场。他们只是希望，传球失误时球不会掉进牛粪里。在坎贝尔斯威尔大学结束球员生涯后，斯坦斯贝里走上了教练之路。他现在在坎贝尔斯威尔大学担任助理教练，随后加入密西西比州大的教练组。1998 年，密西西比州大校队——斗牛犬队任命斯坦斯贝里为主教练。38 岁的他除了拥有一份稳定工作，还刚刚和妻子米奥结婚。

　　"我那时刚刚结婚，想着乔纳森·本德尔，我就睡着了。"斯坦斯贝里回忆。

　　本德尔正是斯坦斯贝里独自长途开车奔波的原因。后来的日子里，当斯坦斯贝里看到凯文·杜兰特的无尽天赋时，他总会拿年轻的本德尔对比杜兰特这个 NBA 未来的 MVP。第一次看到在中学打球的本德尔时，斯坦斯贝里还是密西西比州大的助理教练。他立刻得出结论："这可能会成为我们学校出产的最优秀的球员之一。"本德尔是个安静又谦虚的孩子，他会用比赛去证明自己。

　　追随哥哥唐纳尔的足迹，乔纳森·本德尔很小就开始打篮球。初中时他曾被球队放弃，但那年夏天他的个头猛长 4 英寸，八年级时他的身高就达到了 6 尺 4 寸。当斯坦斯贝里真正对他产生兴趣时，本德尔又长高了 3—4 英寸。作为一个年轻的助教，第一次参加密西西比州大教练组会议时，斯坦斯贝里就被告知，学校不可能得到州内最顶尖的高中生，那些潜力新人想在其他地方得到更多关注。斯坦斯贝里想要改变这种状态，他相信密西西比州大是最适合密西西比州顶尖高中球员的学校，他也逐渐成为一名出色的大学招募人员。因为全身心投入到篮球上，斯坦斯贝里能够和来自任何地方的任何孩子或家庭产生情感上的共鸣。在他的努力下，慢慢地开始有优秀的球员加入密西西比州大。斗牛犬队打进了 1996 年 NCAA 全国锦标赛的"最终四强"，球队的头号功臣便是丹特·琼斯——很快，他就要在选秀前的试训中遭遇年轻的科比。斯坦斯贝里认为，本德尔能让学校的好运气延续下去。两个人的关系很融洽，会一起出门钓上几个小时的鱼，顺便聊聊篮球。当其他学校开始关注本德尔这个有着后卫技术的内线球员时，他和斯坦斯贝里的关系仍然很融洽。斯坦斯贝里成为密西西比州大主教练的第一年，本德尔做出了加入斗牛犬队的承诺。在斯坦斯贝里看来，那是他人生最光辉的时刻之一。频繁开车前往本德尔家乡的努力终于得到了回报。

　　在那个顶尖高中球员尚未大规模跳过大学直接进入 NBA 的年代，密西西比州大似乎站在了全美篮球强校的边缘。可随着大批高中生放弃进入大学，大学开始流失那些他们花费数月甚至数年时间招募的球员。这种现象影响了很多高风险的学校。只靠一个顶尖球员，教练就有机会得到更好的工作机会，学校也有机会在 NCAA 锦标赛里打出更好成绩，大学更是能得到大笔收入。在高中生"逃离大学"的浪潮中，最受伤的学校莫过于密西西比州大，最倒霉的莫过于斯坦斯贝里。"在他们改变规则前，那真的算荣誉勋章。"在斯坦斯贝里手下担任密西西比州大助教的菲尔·康宁汉姆表示，"他们都想去赚钱。没人说'我放弃去 NBA，想去阿拉巴马或者路易斯安纳州大或者密歇根州大打球'。那是胡扯，相信这种话的人太天真了。"

斯坦斯贝里让本德尔成为密西西比州大核心的梦想，在 1999 年的麦当劳全美明星赛上开始渐行渐远。参加这场在爱荷华州艾姆斯进行的比赛的球员，全是未来的 NBA 球员，本德尔在比赛中可谓一鸣惊人。斯坦斯贝里坐在观众席为本德尔加油喝彩——直到本德尔表现得过于出色时，他才意识到问题。现场大多数观众支持的是爱荷华州球员尼克·科里森，但是当本德尔连续命中外线投篮后，观众开始倒戈。随着比赛进行，球迷们开始叫嚷着让本德尔的队友传球给他。本德尔觉得自己的每次出手都能投进。当意识到自己即将接近迈克尔·乔丹在 1981 年比赛创造的 30 分得分纪录时，本德尔感到一阵紧张和兴奋。命中一个罚球后，本德尔的总得分来到了 31 分。在任何篮球比赛中能打破乔丹的纪录都会引起关注。斯坦斯贝里不知道的是，本德尔悄悄将高中毕业直接进入 NBA 确定为自己的目标。他见证了科比和麦迪的选择，他想让家人过上更好的生活。六年前，本德尔的父亲唐纳德因为癫痫发作去世。全家人住在铁道边的砖房里，每天晚上都会被火车经过的声音吵醒。在本德尔心中，自己在麦当劳全明星赛上的表现，进一步强化了注定跳过大学直接进入 NBA 的信念。但他仍需要说服母亲，威利·梅·本德尔非常重视教育。她白天在南密西西比大学上课，晚上在沃尔玛值夜班。她在 44 岁那年获得学位，和女儿瓦莱丽成为同级毕业生。威利·梅·本德尔认为，教育是摆脱贫困之路。乔纳森·本德尔说他会重返学校接受教育，NBA 是摆脱贫困的最快途径。威利·梅·本德尔犹豫了，但她还是把决定权交给了儿子。

斯坦斯贝里听到了本德尔可能放弃大学的传言，但他还是抱有希望。在入住新奥尔良的一家酒店和本德尔会面前，斯坦斯贝里一直坚信自己的判断。本德尔和他的 AAU 教练萨迪斯·弗彻敲开了斯坦斯贝里的房门。斯坦斯贝里知道，即便本德尔参加选秀，他仍有可能遵守最初的承诺加入密西西比州大。球员可以参加选秀，为 NBA 球队试训，了解自身的选秀行情。只要没有聘请经纪人，他们可以在选秀前一周撤回申请，保留进入大学的资格。

但本德尔没有回头的计划。

他看着斯坦斯贝里的眼睛，声音没有任何犹豫。他对斯坦斯贝里说："我感谢你做的一切，但我决定打职业联赛。"

斯坦斯贝里觉得自己崩溃了。他徒劳地劝说本德尔，但他知道自己没有筹码让对方改变心意。没过一会儿，本德尔就要求离开房间。他从来没有在一个人的脸上看到过那样失望的表情——那是一种掺杂了焦虑、害怕和心碎的表情。本德尔需要一个人安静一会儿，但是他的决心不会动摇。"有两周时间，我只想钻进洞里。五年时间，我为此付出了那么多。这真的太伤人了。"尽管很痛苦，但斯坦斯贝里承认，假如自己面对同一种情况，他也会做出同样的选择。多伦多猛龙在第五顺位选下了本德尔——当时那是高中球员的最高顺位，随后把他交易到了步行者。由于反复出现的膝伤，本德尔的 NBA 生涯走得很是艰难。他在 2006 年退役，那时连上下楼梯都会感到剧痛。三年后，本德尔加入尼克斯，试图重返 NBA 赛场，但很快便无果而终。所幸的是，本德尔在管理个人财富方面很谨慎。打球时，他会读书，也会听其他人的意见。他成为企业家和慈善家，帮助了受卡特里娜飓风影响的家庭。"本德尔让下一次出现这种情况时没那么痛苦了。"斯坦斯贝里有些无奈地说，"到了蒙塔·埃利斯时，你就明白了。就是这么回事，我向前看了。"

密西西比州大的第二个"本德尔"，是密西西比州本地球员。

失去本德尔三年后，密西西比州大将全部招募精力投入到身高6尺9、体重205磅、弹跳能力极佳的特拉维斯·奥特洛身上。奥特洛在斯塔克维尔长大，从小就是密西西比州大的拥趸。他的父亲约翰是当地警察局的副警长，母亲马基塔是市里的公务员。斯坦斯贝里的另一个助教罗伯特·科比将很大一部分精力放到了观看奥特洛的高中球赛上。一天早上，奥特洛终于在斯塔克维尔高中图书馆里举行的发布会上公布了大学选择。他不想远离家乡，所以选择了密西西比州大。"我想在离家近的地方。"他说。"我算是妈妈爸爸的好儿子，这个决定我没有压力。"不到一年后，奥特洛做出了另一个让他的口袋也没有压力的决定。被波特兰开拓者在首轮选下后，他决定离开家乡，进入NBA。

给密西西比州大教练组送上最后一击的，是蒙塔·埃利斯。埃利斯在密西西比州的兰尼尔高中打出来令人目眩的表现。尽管身高只有6尺左右，但越是重要的比赛，埃利斯的表现就越好。他甚至打出过单场72分的比赛。康宁汉姆竭尽全力招募埃利斯，并且在2004年2月得到了他加入密西西比州大的口头承诺。"当我们不再担心阿拉巴马、德克萨斯和北卡来抢人时，我们开始在他的比赛中看到穿着NBA标志衣服的人。"康宁汉姆回忆，但他仍不觉得有担心的必要。过去还没有像埃利斯这种身高的高中球员成功进入NBA。和其他人相比，埃利斯这种球员更需要在大学让自己的身体强壮起来。但塞巴斯蒂安·特尔费尔的出现改变了这种状态。特尔费尔是纽约市传奇高中控卫，埃利斯宣布加入密西西比州大后不久，他宣布参加2004年NBA选秀。特尔费尔的身高只有6尺。2004年选秀电视直播开始时，全美最优秀的高中球员正在科罗拉多州参加美国队的一个训练营。开拓者在第13顺位选下了特尔费尔。"塞巴斯蒂安被选中，就像给小个儿后卫打开了一扇门，他们会想，'我们也许有机会做同样的事。'"路·威廉姆斯表示，他是一个来自乔治亚州的后卫，和埃利斯在高中比赛里做过对手，最终也选择了放弃大学，"至少我是这么看的。当他被选中时——不仅被选中，还是个乐透秀，这让我有了更多信心，我觉得我也能像他一样。这是我做出决定的主要原因。"

很快，埃利斯通知康宁汉姆，他要在高中毕业后进入 NBA。康宁汉姆做了最后的努力。他列出了从第 1 顺位到第 30 顺位的每一个首轮新秀的薪水，尤其强调高顺位与低顺位的收入差距。"蒙塔，你考虑考虑。"康宁汉姆说，"如果你来密西西比州大打一年，你会成为东南区最好的球员，会成为东南区的 MVP，还有可能入选全美最佳阵容。来这儿一年，你觉得自己不会像克里斯·保罗一样在第二年成为状元、挣到更多的钱吗？如果现在参选，你只会锁定在低顺位。"

埃利斯直白地告诉康宁汉姆，他觉得自己已经强于保罗这个未来的全明星球员。听到这个回答后，康宁汉姆知道，这个顶尖高中生彻底和密西西比州大无缘了。

经历了这些挫败，里克·斯坦斯贝里招募高中球员的心态并没有发生改变。"我们追求最好的球员。"他说，"全国其他教练也会跟你说，'如果每年只能选一个人，我会选他。'"即便 NBA 引入年龄限制，也没能对斯坦斯贝里在密西西比州大的招募起到太多助益。当密西西比州大终于得到内线球员雷纳多·西德尼时，斯坦斯贝里觉得自己终于得到幸运女神的眷顾了。西德尼属于很小就受人关注的天才球员，初中时他就是全美排名靠前的球员，他所在的密西西比中学甚至收钱才允许人们看他的比赛。有些人称他为制造中的"魔术师"约翰逊，进入 NBA 似乎已经是不可避免的结果。但西德尼出生得晚了一些，当他在 2009 年高中毕业时，联盟实施年龄禁令已经有段时日了。那时大多数大学不愿招募西德尼，他们担心西德尼与球鞋公司和经纪人的联系会损害他进入大学的资格，从而招致 NCAA 的处罚。密西西比州大是少数几个愿意为西德尼提供奖学金的学校，他接受了这份奖学金并入学，而 NCAA 开始调查他的入学资格。教练组认为，西德尼会收到一份短期的禁赛处罚，也会在打完一年后离开大学。赛季进行期间，康宁汉姆曾几次通知西德尼，让他做好上场的准备。可 NCAA 的调查却一直在拖延。西德尼的体重开始飙升，他虽然和球队一起训练，但是在队友去客场打比赛时，快餐成了他的一日三餐。NCAA 终于做出了裁定，他们认定西德尼 2009-10 整个赛季没有参加比赛的资格，同时禁止他参加2010-11 赛季的前九场比赛。收到这样的裁定后，康宁汉姆认为西德尼会按原计划参加 NBA 选秀，没想到他却留了下来，但只是偶尔才能展现出当年统治 AAU 联赛的实力。在密西西比州大的这段时间，西德尼给人留下的大多是失望的回忆。他在大学期间最轰动的一件事，就是在观众席和一名队友打架，这引来又一次禁赛处罚。2012 年，西德尼在 NBA 选秀大会上落选，他曾短暂地在 NBA 发展联盟打过比赛。

西德尼离开密西西比州大后的那年，伤感的斯坦斯贝里在学校里的布莱恩运动馆里召开了发布会。那时的他已经 52 岁了，过去一个赛季，他过得尤为艰难。球队一度排名全美第 15，后来却一路下滑。"根据我们自己设置的标准，我们有过几个让人失望的赛季。"红着眼睛的斯坦斯贝里宣布了退休的决定，"这不是其他人的错，该承担一切责任的人是我。这话是我说的——这些期望是我们想要的。我们不追逐期望。"

斯坦斯贝里执教期间，密西西比州大也曾取得过成功。他的执教总战绩为 293 胜 166 负，可球队最后一次入选 NCAA 锦标赛已经是三年前了。球队曾经六次打进锦标赛，但始终没能突破第二轮。假如某一年能得到一名顶尖球员，情况可能大有不同。"这对每个人的生涯产生了极大的影响，因为我们的成绩确实不错。"康宁汉姆说，"回想起来，那是在少了乔纳森·本德尔、特拉维斯·奥特洛和蒙塔·埃利斯的情况下取得的成绩。这些人只要打一年，就能改变整个球队的天赋水平。假如这些人加入密西西比州大，我们打进几次甜蜜16强，或者打进一次最终四强，里克·斯坦斯贝里现在会是什么状态？拥有其中一个人，我们努力一次，也许我就是甜蜜16强球队的助教了。我们在密西西比州大的助教都没遇到过这种事，这也会影响到招募球员。你总是在寻找可以向球员推荐的新卖点，你不能出去对要招募的人说我们本可以拥有一个乐透级别的球员，因为这些人签了承诺书也不会来。"

* * *

"如果你想照顾我的家人，你会留下来。如果你想照顾自己的家人，你会离开。"2010年春天，约翰·卡利帕里对德马库斯·考辛斯说出了以上这番话。

每一年，卡利帕里都会将这些话说给队中最优秀的球员——一般来说，这些人刚刚在卡利帕里执教的肯塔基大学表现出色地结束了大一赛季。2009-10赛季的考辛斯已经位列全美最优秀的大学内线球员之列，他天赋极其出众，性格略显乖张；如果能控制好情绪，他的职业前景十分光明。大一赛季结束后，关于是否进入NBA追求财富，考辛斯和卡利帕里分享了自己的疑惑。卡利帕里做出了很现实的回答。"他说了那些话后，做决定就完全不困难了。"考辛斯表示，那一年在NBA选秀，他在第五顺位被萨克拉门托国王选中。只有经过深思熟虑，卡利帕里才会把这些建议告诉球队。当球员的选秀行情达到最高峰时，卡利帕里会建议低年级球员参加选秀。到了那时，他仍会向球员提出有关他们未来的严肃问题。"如果不能留在NBA怎么办？你准备去不说英语的外国打比赛吗？当你独自一人身在一个不知名的地方得不到上场机会，你准备好在电视上看我们打 NCAA 锦标赛了吗？如果受伤，你的备用计划是什么？"卡利帕里的球员明白，不管怎样，教练是他们最坚强的后盾。卡利帕里会把个人目标放在一边，直率地说出他的看法。在卡利帕里看来，他的事业已经从篮球转为帮助不同的家庭。"这不是秘密。"大三结束后宣布参加选秀的帕特里克·帕特森表示，"没什么新鲜的说法。NBA 就是钱，是利益。大学篮球的关键是家庭、篮球和团结。到了 NBA 就彻底不一样了。"

结束了在新泽西篮网的时光，卡利帕里的执教生涯重新走向了高峰，人们对他在新泽西的印象，只是放弃了选择科比·布莱恩特的机会。那是一个能够改变整体格局的决定。1998-99 赛季开始后不久，当在篮网只打出 3 胜 17 负的惨淡战绩后，卡利帕里被球队解雇。很快，他重回大学教练行列，培养未来明星的工作，他做得游刃有余。2008 年，卡利帕里率领孟菲斯大学打进了 NCAA 决赛，对手是堪萨斯大学。由于当时球队的大一控卫德里克·罗斯的 SAT 分数存在造假，NCAA 后来取消了孟菲斯大学那年取得的全部胜利。这也是卡利帕里第二支打进最终四强、最终被取消成绩的球队。不过 NCAA 认定卡利帕里无须承担责任，在他的批评者看来，他总是逃避处罚。

不久之后，卡利帕里加入肯塔基大学。他成为教练中的明星，在推特上非常活跃，还和 Jay-Z 及 Drake 这样的说唱明星成为朋友。他充分利用了 NBA 的年龄限制，这是里克·斯坦斯贝里和其他教练无法想象的。对于全美的顶尖高中生来说，卡利帕里发出的信息很明确。如果想进 NBA，卡利帕里能让你以最快速度实现梦想。这是全新的大学篮球，明星球员满足 NBA 的要求后会尽快离开学校，肯塔基大学因此成为一年选秀生的目标学校。卡利帕里执掌肯塔基教鞭的前六年时间，NBA 一共选下了 26 名肯塔基球员，其中绝大多数在大一赛季结束后离开学校。不少人成为高顺位新秀，而约翰·沃尔、安东尼·戴维斯和卡尔-安东尼·唐斯成为状元秀。卡利帕里说 2010 年选秀日是肯塔基大学队史上最美好的一天，共有五名球员、其中四人为大一球员成为 NBA 首轮新秀。2014-15 赛季，肯塔基大学打出了 38 连胜，但是在全国锦标赛的半决赛中输给威斯康星大学打破了他们完美赛季的梦想。赛季结束后，共有 7 名肯塔基大学球员参加选秀，其中 6 人被 NBA 球队选中。由于球员流动性太大，当一个本可以在大一结束后参加选秀的球员选择继续留在学校时，球员的上场时间分配就会出现问题。"我们非得把这说成不好的事。"卡利帕里说，"（高尔夫球手）乔丹·斯皮斯读了一年大学就做自己想做的事，这怎么就成好事了？为什么他可以这样？为什么网球运动员可以？比尔·盖茨、史蒂夫·乔布斯也可以？这是因为孩子本身，还是他们的成长环境？我不知道人们为什么对我们帮助孩子做好准备有那么大不满，我不明白。到现在我也不明白。如果你生气，那就和我们做同样的事。如果你不愿意做，那也没问题，做你想做的事。可为什么你要对那些孩子生气？这是属于这一代的财富。有时候，时代的贫困会终结在一个家庭，就终结在那个小绿屋。我对这件事的态度很认真，这不会伤害到我的职业生涯。"

每一年，肯塔基大学都是 NCAA 锦标赛的有力竞争者——每年他们都是一支年轻而天赋横溢的球队。在那些认为大学篮球流失了纯洁性的人看来，肯塔基的做法有种作弊的感觉。在外界看来，这似乎是卡利帕里规避体系的又一种方式。他经常鼓励大学球员尽快参加 NBA 选秀的做法，与"学生运动员"这种概念相悖。"我们不是供应体系。"那时在斯坦福大学担任运动主管的鲍勃·鲍斯比接受《今日美国》采访时表示，"我们要教育年轻人，这才是我们应该做的。"卡利帕里的批评者从未真正理解过他的观点，而这些恰好是从一个长年从事大学篮球的人的立场得出的结论。卡利帕里帮助不同家庭实现了梦想，他说自己只是在体系的框架内行事——尽管他本人也不喜欢这个体系。他不会停止招募全美最优秀的高中生，即便这些人在大学停留的时间非常短暂。"我要说明一下，我希望执教一名球员四年。"卡利帕里在自传《球员第一：从里到外做教练》中写道，"很少有年轻球员真正为艰苦的 NBA 做好了准备。除一部分人外，剩下的人能从打更多的大学比赛、上更多课、在大学校园停留更长时间收获明显的好处。"卡利帕里在书中表示，应当提高最低年龄限制，球员需要在高中毕业两年后才能进入 NBA。通过选修夏季课程，球员距离拿到学位只差一年，而非现在的三年。卡利帕里表示，采用棒球体系是"愚蠢的"。按照棒球的规定，球员要么高中毕业就参加选秀，要么必须在大学读满三年。"NBA 不想要高中生，也没有培养高中生的小联盟体系。如果按照棒球的规则，想进 NBA 的孩子必须在大学待三年，他们的状态不会有任何改善。我们真的想要一整代不愿为获得交易而奋斗的孩子吗？何况其中很多来自城市里的贫民区。我们是在鼓励他们高中毕业后直接进入 NBA 吗？"

　　卡利帕里将 NBA 的年龄限制转变为自己的优势。年龄禁令实施之初，大多数大学教练非常高兴。最好的球员总算不能规避大学了。一个花费数年时间招募球员的教练，至少有机会执教他一个赛季。2006-07 赛季，德克萨斯大学的里克·巴恩斯就做了凯文·杜兰特一个赛季的主教练。俄亥俄州大主教练萨德·马塔带着格雷格·奥登和小迈克·康利打进了 NCAA 锦标赛的决赛，比赛结束后，这两个大一球员同时宣布参加 NBA 选秀。NBA 的年龄限制，帮助大学篮球重新吸引了更多关注。2010 年，CBS 电视台和特纳体育与 NCAA 全国锦标赛签下了一笔 14 年价值 108 亿美元的转播合同，再一次证明了年龄限制对 NCAA 的影响——至少他们可以转播最优秀的球员进入 NBA 前的比赛。这份巨额转播合同引来了更大的争议。由于 NCAA 设计"业余性"的陈腐规则，学生运动员除了奖学金，无法分享天价转播合同带来的财富。类似 OJ·梅奥这样的球员，从很小时就注定要进入 NBA。短暂停留于南加州大学后，梅奥开启了 NBA 生涯。离开大学后，NCAA 调查发现梅奥收受过被认定为非法的好处费。当时梅奥已经成为职业球员，所以 NCAA 对南加州大学做出处罚。即便是那些对一年选秀生持保守态度的教练，为了保持学校的竞争力，也不得不参与到争夺这些球员的过程中。杜克大学的著名主教练迈克·沙舍夫斯基曾经拒绝考察他认为很快就会进入 NBA 的球员，但是在 2010–11 赛季，凯里·欧文在他手下只打了 11 场比赛，随后成为 NBA 选秀状元。四年后，三名杜克大一球员——贾利尔·奥卡福、贾斯提斯·温斯洛和泰厄斯·琼斯是球队夺得 NCAA 全国冠军的核心班底，三人均在夺冠后宣布参加 NBA 选秀。原则是一回事，赢球是另一回事。从这个道理出发，沙舍夫斯基和华盛顿奇才老板亚伯·波林一样，后者曾拒绝考察高中球员，最终还是意识到这种做法风险过大，可能错过未来的巨星。

只有两名大一球员参加了 2006 年选秀，也就是泰瑞斯·托马斯和肖恩·威廉姆斯。不过接下来一年的 14 名乐透秀中有 6 名大一球员，由于高中生不再被允许参加选秀，这个数字也相对稳定了下来。每年大量大一球员流入 NBA 的现象甚至引起美国前总统贝拉克·奥巴马的注意。"我要说，年轻人如果有机会照顾家人，先得到 NBA 合同，再回去上学得到学校，如果这是正确的选择，我不会反对。"2014 年接受 ESPN 的安迪·卡茨采访时奥巴马表示，"我更担心的是那些没有机会进入 NBA 的孩子，担心学校是否给他们提供了良好的待遇。"

2013 年，堪萨斯大学的比尔·赛尔夫招募到了安德鲁·威金斯。所有人都知道，威金斯这个前 NBA 球员的儿子打完大一赛季就会离开。威金斯也不出意料地在大一结束后参加选秀，并且当选状元。

"我真的不知道答案是什么。"赛尔夫说，"真的不知道。一个孩子在贫穷的环境中长大，当他有机会用自己从未梦想过的方式养活全家人时，出现了一个阻碍，也就是'他还没准备好，他需要在大学打一年'，我觉得这很难让人认可。在大学的一年有可能对他们的未来产生不好的影响。即便如此，我觉得在我们学校这里，校园经历对五分之四的人都是有好处的。"

赛尔夫的评价与很多大学教练不谋而合，在如何改进现有体制的问题上，他们的心态很矛盾。"他们要面对大量让人分心的事情，有人想利用他们，有人想诱惑他们，还有人送钱给他们。"前佛罗里达大学主教练、现雷霆主教练比利·多诺万表示，"结果就是，学校付出了代价。在这个问题上，一个孩子和他的家人有可能很天真，这会带来很多不确定性。我的想法一直是，如果一个孩子想上大学，想体验上大学的感觉，那他应该有机会去体验。如果一个孩子想追求职业联赛，那也没问题。不过我能理解 NBA 的出发点，他们站在心理承受能力、成熟度的角度出发，也许是站在篮球的角度。这些人还不能立刻做出贡献。如果我在 NBA 执教，我希望拥有更多老将。所以双方的立场我都能理解。"

*　　*　　*

约翰·卡利帕里并非唯一一个改变身份后重回巅峰的人。索尼·瓦卡罗是协助打造了大学篮球激励制度的体育营销教父，最终走向了自己创造的体系的对立面。NBA 设置年龄限制后不久，瓦卡罗在 2007 年离开了球鞋行业。他关闭了自己的训练营，开始四处奔走呼吁让大学生运动员获得收入，他不认为上大学适合每一个孩子。从个人经历出发，他知道有些人根本无意接受更高的教育，但是现在的规则强制他们必须接受教育。瓦卡罗认为这个体系不公平地惩罚了运动员。他在全美各地进行演讲，反对 NCAA 的做法。他还对前 UCLA 明星球员艾德·奥巴农及其他原告伸出援手，帮助这些运动员起诉拒绝就姓名权和肖像权向球员支付补偿的 NCAA。瓦卡罗这种颇具讽刺意味的身份转化，并没有逃过那些不喜欢他的人的关注，这些人觉得，瓦卡罗不是在支持就是反对曾经让他得到最多好处的一方。"在现有体制下，大学就是骗局。"瓦卡罗说，"如果拥有绝好的天赋，我不觉得大学教练能对你的成熟起什么作用。我不觉得上了大学你的水平就能提高，你投入了时间进行训练罢了。上大学没有问题，可那些取得了历史级别成功的孩子，从来没上过大学。"

经过一段时间后，瓦卡罗发现了年龄限制的漏洞。他认为，如果顶尖的高中球员不想去大学打球，他们可以去海外打一年职业联赛。瓦卡罗有人脉，他相信 NBA 的未来新星在海外有市场。这样一来，球员既能得到报酬，又能全身心投入篮球，提高自己的能力和选秀行情。瓦卡罗在参加《我行我素》这个电台节目时说出了这个观点。节目结束没多久，他就接到了布兰登·詹宁斯打来的电话。

瓦卡罗隐约记得詹宁斯，他曾经在自己的几个球鞋训练营上打过比赛。瓦卡罗记得自己曾指点过这个孩子，他在一场大比分胜利时有过度炫耀的行为。但在这通电话前，瓦卡罗已经有一年多时间没和詹宁斯说过话了。开始对话时，詹宁斯表达了争取大学入学资格让他感到非常沮丧。高中时，詹宁斯从南加州转学到了弗吉尼亚州的橡树山学院。在弗吉尼亚，詹宁斯的技术不断进步，他成为全美排名最高的控卫之一。詹宁斯原本计划加入亚利桑那大学，亚利桑那野猫队历史上曾出产过众多优秀的控卫。可詹宁斯已经第三次参加 SAT 考试，试图达到 NCAA 要求的最低分数。第一次考试，他的分数不够。第二次考试他的分数提高过多引起 NCAA 注意，被要求参加第三次考试。失望的詹宁斯偶然间听到了瓦卡罗的电台节目，他问瓦卡罗，去海外打球是否真有可行性，他能否成为候选。"他的态度非常坚定，那是他的个性，到现在也没变。"瓦卡罗说，"有时候甚至有些极端，但这就是布兰登。"

瓦卡罗想亲眼看看詹宁斯，以确定他能否应对去海外打球的挑战。这样一名球员，既有可能被看作先锋，也有可能被视作弃儿。瓦卡罗警告，一些 NBA 球队仅仅因为这个原因就会对他敬而远之。詹宁斯的态度很坚决，他不想上大学，他想尽快兑现个人最大潜力。"我一直以为这个日子不会到来，我一直在呼吁、倡议。而他就是在正确的时间出现的正确的孩子，因为他足够强。"瓦卡罗回忆。

一起吃完饭后，瓦卡罗非常兴奋。现在他要做的，就是推动局势发展。瓦卡罗知道，选秀结束后篮球界会把注意力转向拉斯维加斯的 NBA 夏季联赛。他只有几天时间把这个想法变成现实。瓦卡罗给球队打去电话，联系经纪人前往拉斯维加斯观看詹宁斯的试训。凭借闪电般的速度，詹宁斯迅速赢得了众多青睐。意大利球队洛图马蒂卡罗马开出了一份瓦卡罗认为相当丰厚的合同。詹宁斯一共能挣到 120 万美元，其中包括一份与正在上升期的装备公司安德玛（Under Armour）签下的球鞋合同。

"布兰登，这是一大笔钱。"瓦卡罗对他说，"我们可以参加以色列、俄罗斯和希腊球队的试训。但这他妈的真是一大笔钱。就是这个了。"詹宁斯认同这个观点，他签了合同。"这不是 NBA，但也足够接近了。"詹宁斯说。在 NBA 高管中，大卫·斯特恩认为詹宁斯的选择很有趣。不论是通过大学还是海外联赛，球员进入 NBA 的方式对他来说没有区别。"我支持这种做法。"斯特恩说，"NBA 的规定不是社会项目，我们不是对主要由非洲裔美国人组成的球员说，你们必须接受教育。事实上这种做法曾经让我很生气，没人会对白人网球运动员提这个问题，只会针对年轻的黑人篮球运动员。在 NBA 历史上，这绝对是条分裂线。所以我真的很矛盾，真他妈的，他可以做任何想做的事，那是他争取来的。他有出众的天赋，现在他去海外联赛了。这很棒，为什么不呢？"

詹宁斯和母亲艾莉丝·诺克斯及同母异父的哥哥泰伦斯·菲利普斯一起搬到了罗马，一家人一起体验了这个全新的城市。诺克斯认清了城市里的路，每天会两次开车送詹宁斯参加训练。球队里还有其他几名美国球员，诺克斯有时会请他们到家里吃饭。可篮球却是另一回事，詹宁斯的上场时间很不规律。有时他能上场，有时他一点机会也没有。比赛中，詹宁斯的主要任务是传球，只有在完全空位时才能投篮。尽管偶尔会向美国媒体抱怨，但绝大多数时候詹宁斯会听从教练指挥，完成教练交给他的任务。阿伦·雷是他的一个队友，雷曾在维拉诺瓦大学打球，两人在意大利成了朋友。"整整一年，布兰登从没说过什么坏话，也没和教练顶嘴。"阿伦·雷表示，"他一直很友好。每天参加训练，他练得非常认真。他的优秀不必多说，训练中我们能看出来。我希望他能得到更多上场时间，这段经历让他为球场内外的生活做好了心理上的准备。我非常欣赏他在罗马时应对一切的方式，即便年龄很小，他也是个真正的职业球员。"在场均仅 17 分钟的时间里，詹宁斯只拿到 5.5 分和 2.3 次助攻。不过惨淡的数据并不能反映詹宁斯真正的成长。通过艰苦的训练，他成为了一名真正的篮球运动员。通过远离家乡的生活，詹宁斯本人也变得更加成熟。他曾经想过放弃，抛下一切离开意大利。但他还是坚持下来，赛季结束后参加了 NBA 选秀。

自从 1996 年篮网放弃科比后，这是瓦卡罗第一次因为选秀而感到这么紧张。他听到了互相矛盾的内幕消息。瓦卡罗四处打电话调查詹宁斯的合同，试图分析他会在什么顺位被球队选走。他担心詹宁斯因为选了不同于其他人进入 NBA 的道路而受到惩罚。当密尔沃基雄鹿用 2009 年的 10 号签选下詹宁斯后，瓦卡罗松了一口气，他相信错过詹宁斯的球队一定会后悔。新赛季开始不久，雄鹿的投入就收到了回报。个人的第七场 NBA 比赛，詹宁斯就震惊了职业篮坛。他在与金州勇士队的比赛中拿下 55 分，打破了卡里姆·阿卜杜尔－贾巴尔保持的新秀单场得分纪录。

詹宁斯成功了，瓦卡罗试图在第二年复制这个模式。这段合作开始的方式与詹宁斯如出一辙——都是因为一通不请自来的电话。这一次，瓦卡罗接到了杰雷米·泰勒的父亲打来的电话。泰勒是圣迭戈的一名年轻球员，但瓦卡罗没怎么听说过他的事情。泰勒的父亲詹姆斯开车去了圣莫妮卡，向瓦卡罗介绍了儿子的情况。泰勒出名很早，六年级时他就是校队成员，后来成为圣迭戈高中的绝对王者。泰勒原本已经承诺进入路易斯维尔大学，但他在高中却遇到了一系列问题。加州校际联合会圣迭戈分部启动的一项调查认定，泰勒不满意队友的水平，曾经威胁学校，如果不提供更强的队友就要转学（泰勒本人否认这些指控）。不久后，圣迭戈高中开始转入其他高水平的球员，包括两名来自华盛顿州和一名来自俄克拉荷马州的球员。等到调查结束时，包括主教练肯尼·罗伊在内的两名教练被学校解雇，校际联合会还对三名球员实施了禁赛处罚。泰勒一家不再对高中抱有幻想，他们想的是保住泰勒的大学入学资格。泰勒那时还是高三学生，他希望成为第一个放弃高四学年、前往海外职业联赛并在两年后进入 NBA 的球员。

泰勒身高 6 尺 10 寸，从小到大，他一直比对手更高更强。过去那些年，围绕在他身边的人让他变得越来越自负。"他有着绝世罕见的天赋，他是（总经理）和市场推销人的梦想之人。他可以去做模特，也可以去拍电影。在球场上，你教不了的事情他能做，他心中的那团热火是天生的。"前 NBA 老将、自愿在泰勒的学校担任教练的奥尔登·波利尼斯对《纽约时报》做出了这样的评价。

很快，教练们发现他们教不了泰勒什么。瓦卡罗又一次做起了联络官，他联系了以色列、中国和西班牙的球队代表观看泰勒的试训。他们选择了以色列强队马卡比·海法，泰勒的合同金额为 14 万美元。马卡比·海法认为泰勒能够成为先驱，为他们想要跳过大学的美国年轻人开辟新的道路。没想到，泰勒并没有超越年龄的成熟，孩子气成为他职业路上的最大阻碍。泰勒的身边没有支持网络，他的哥哥老詹姆斯原本希望搬到以色列陪他，但这些计划最终一一落空。

泰勒的队友认为他是个软蛋，主教练艾维·阿什科纳兹认为他懒惰，且不可调教。阿什科纳兹想知道，"泰勒这样名气这么大的球员，怎么对篮球的了解这么肤浅，连篮板卡位和防守轮转都不知道？"泰勒觉得自己没有得到应有的尊重。在一场比赛中，因为上半场没有得到上场机会而沮丧的泰勒脱掉队服，穿着便衣，坐在观众席看完了下半场比赛。不久之后，泰勒在没有通知球队总经理和经纪人阿恩·塔勒姆的情况下买了飞机票，离开球队返回了美国。他在以色列的"职业生涯"只延续了 10 场比赛。在特拉维夫的一家日报的描述中，泰勒是一个"场均 2 分、2 个篮板和 2 次脾气的人"。

泰勒还有一个优势，那就是时间。接下来一个赛季，他加入了日本的东京阿帕奇队，球队主教练是鲍勃·希尔。希尔曾经在 NBA 的步行者、马刺及超音速做过教练，他是一个纪律严明的人，绝不接受球员的懒惰行为。希尔的儿子凯西是球队的助理教练，在处理泰勒的问题上，希尔做"坏人"，有时候凯西会做"和事佬"。有一次在训练营，泰勒搞砸了一个战术配合。鲍勃·希尔冲球队喊了几声，还罚全队重新跑了一遍战术。这一次，泰勒用一个扣篮成功地完成了配合。

"真是扯淡。"跑回后场时泰勒说道，重跑一次战术配合让他很不满意。

鲍勃·希尔吹响了哨子，叫停了训练。希尔说出来的话毫不留情："你在篮球上什么成绩都没拿过，为什么要这个样子？"泰勒没有回答。凯西·希尔记得泰勒只是瞪着自己的父亲，脸上的表情写满了"他妈的，你就这样？就这样？"

凯西·希尔试图帮助泰勒学会控制情绪，"他做不到把所有心思放在篮球上。"希尔说，"面对的是比他更强壮的对手，人们知道他的底细，想打败他，他不习惯这些事实。高中时他习惯在每个人头上扣篮，这当然对他有影响。我们能看出他的沮丧，这不是好事。他会用能想到的最恶毒的话攻击别人，惹人生气。他就是这么生气。这伤害了人际关系，也让他有了坏名声。"在希尔看来，泰勒之前那些年完全靠天赋混日子，没有教练真正让他承担责任。"这种心理让他怪罪其他所有人，唯独不会怪罪自己。"希尔说，"球队在以色列，他们从没真正管过他。他去了之后发脾气，球队不知道该怎么办，所以不让他上场。这是最糟糕的情况。他们不和他交流，也不让他上场。这让他感到困惑。"

泰勒在日本的表现让人看到了一些希望。他的场均数据接近10分和7个篮板，但一场大地震迫使赛季提前结束。泰勒曾经希望自己能成为最早一批上台和大卫·斯特恩握手的球员，但在2011年选秀大会上，金州勇士用200万美元从夏洛特黄蜂手里买下39号签，他们用这个签选下了泰勒。勇士认为泰勒是个未完成品，但泰勒自己并不这么觉得。恩杜迪·艾比当年被下放到发展联盟时说"这不在我的细胞中"，泰勒的态度和他并无二致。2013年，勇士为省钱将泰勒交易到了老鹰队。仅仅一场比赛后，老鹰就宣布裁掉泰勒。从那之后，泰勒始终难以在NBA立足。"我想到的只是，五年前我是最强的。"2013年夏天泰勒这样说，"历史不过在我身上重演罢了，所以我只需要等待好事降临，自己继续努力打球，保持冷静和自信，我会重新成为过去的自己。"

瓦卡罗曾经认为，会有很多全美最好的球员每年前往海外职业联赛，不会留在国内的大学煎熬度日。可这条路终究没能成型，泰勒的结局无疑为后续的高中明星敲响了警钟。伊曼努尔·穆迪埃放弃进入大学，在中国的 CBA 联赛打了一年，2015 年在第七顺位被丹佛掘金选中。但绝大多数年轻球员还是选择在诸如肯塔基大学这样的学校打上一个赛季，而不是前往海外联赛。"我错在不知道杰雷米不够好。"瓦卡罗说，"到现在我还认为，如果一开始就能首发，也许他能打出来。但他不喜欢打篮球。悲哀的是，这不是个别现象。很多人不喜欢这项运动，他们只是为了挣钱才打球。"

23

2014 年 12 月，科比在对阵森林狼的比赛中微笑着投进了他的第二个罚球。对于一个 18 年来在球场上总是咬牙切齿、露出狰狞表情的人来说，这幅场景太过罕见。命中这记罚球后，科比的个人生涯总得分超过了迈克尔·乔丹。他仅次于卡尔·马龙（36928）和卡里姆·阿卜杜尔－贾巴尔（38387）排名历史第三。这一刻也让科比感到满足，假如进入大学打两到三年，他的总得分很难超越乔丹。科比重视、感激这段追赶乔丹的经历——随着进入职业生涯末期，追赶乔丹是他的全新挑战。乔丹是科比的偶像，尽管很少公开提到这个话题，但科比模仿着乔丹的球风，在 20 年时间里试图复制一个所有人认为无法复制的对象。

那天晚上，科此的对手森林狼中断了比赛，所有人纷纷和科比拥抱。科比拥抱了场上的队友——当科比在 2010 年的总决赛拉锯战艰苦地战胜波士顿凯尔特人时，这些人没有一个是他的队友。森林狼老板格伦·泰勒走上球场，用右臂搂住了科比。两人简单交谈后，泰勒用左手为科比送上了一个篮球——科比刚刚就是用这个球完成了对乔丹得分的超越。七年前，泰勒交易走了自己队中的高中明星凯文·加内特。那时的森林狼虽然支付着高额薪水，但成绩却不上不下。加内特希望留在明尼苏达，他是一个极度忠诚的人。当泰勒亲自向他描述森林狼的长期重建计划，加内特的态度才终于软化下来，同意被交易到波士顿凯尔特人。在波士顿，加内特与保罗·皮尔斯及雷·阿伦成为队友，终于在 2008 年得到了梦寐以求的总冠军，对手正是科比的湖人。在加内特这笔交易中，森林狼得到了两个首轮选秀权和五名球员。其中三名恰好是跳过大学的高中生球员——埃尔·杰弗森、杰拉德·格林和塞巴斯蒂安·特尔费尔。

贡献科比的人群中也有森林狼球员，其中包括沙巴兹·穆罕默德，他是森林狼 2013 年的首轮新秀，22 岁的他正处于个人第二个赛季。科比进入联盟时，穆罕默德只有三岁。假如穆罕默德早出生几年，在拉斯维加斯读完高中后，他一定会直接进入 NBA。但在现实的压力下，穆罕默德在 UCLA 打完了一个平庸的赛季，不出意料地参加了 NBA 选秀。

科比举起右臂向全场观众示意，随后与主教练拜伦·斯科特紧紧拥抱在一起。科比的新秀赛季恰逢斯科特球员生涯的最后一个赛季，两人是湖人的队友。作为教练，斯科特发现自己无法为科比确定合适的上场时间。在他心里，科比仍然能像当初那个席卷联盟的少年一样不知疲倦地打球。可在现实中，36 岁的科比已经无法继续承受过高强度的比赛。科比会在背靠背的第二场比赛中休战，总得分超过乔丹后不久，他的上场时间也在减少。生涯最后几年，科比过得也很艰难。他的身体已经失去了曾经的反应速度，无法继续按照曾经熟悉的节奏启动。2013 年 4 月，拄着拐杖的科比忍着眼泪，回答了记者有关伤病的问题。与金州勇士的比赛进行到最后时刻，在做一个做过无数遍的动作时，科比突然听到了"啪"的一声。他问防守自己的哈里森·巴恩斯是否踢到了他，巴恩斯说没有，这让科比担心可能出现了最糟糕的情况。但是在离开球场前，他还是走上罚球线，投进了两个罚球。检查证实，科比的跟腱出现了断裂。

接下来一个赛季，科比拼命训练，试图恢复到过去的状态，却又在与灰熊的比赛中出现了左腿骨折。之后一个赛季，肩部旋转肌撕裂又一次让科比的赛季提前结束，这是他连续第三个赛季因伤报销。将近 20 年前，科比进入 NBA，希望能够扬名立万。他从不后悔放弃上大学这个决定。科比发现，美国球员的发展落后于国际球员。在欧洲，像托尼·帕克和里基·卢比奥这样的球员年纪很小时就进入了职业联赛。进入 NBA 前，他们有大量时间提高自己的技术能力。由此一来，他们进入联盟就能做出贡献。"如果上大学，这个体系似乎不会教球员任何东西。"2014 年科比接受采访时表示，"你去上大学，打比赛，展现自己，然后进入职业联赛。"

"某种程度上说，我们有点被说服接受了大学梦这个概念。"科比继续说道，"幸运的是，我没有在意这个说法。加内特没有，勒布朗也没有。我觉得我们三个人都挺好的。我一直坚定地认为，我们有做出决定的权力，特别是在涉及工作的问题上。"

科比得分超越乔丹的几周后，几经波折，加内特回到了职业生涯的起点。2015 年 2 月，泰勒和篮网完成交易，让加内特回到了森林狼。加内特不仅与选下自己的球队重聚，他也和再次成为森林狼主教练的菲利普·桑德斯重逢。为了让交易成行，加内特放弃了自己的交易否决权。这一次，森林狼得到了一个不一样的加内特，38 岁的他，早已不再是当年那个青葱少年。森林狼看中的是加内特领导、指导年轻球员的能力，他在比赛场上的贡献已不是球队关心的重点。2015 年夏天，加内特与森林狼达成了两年的续约协议。如果打完这份合同，他将成为 NBA 历史上第一个 20、30、40 岁均有效力经历的球员。加内特负责指导的年轻球员包括安德鲁·威金斯和凯尔-安东尼·唐斯。两人分别在堪萨斯大学和肯塔基大学打过一年篮球，先后成为状元秀。假若出生在不同年代，几乎可以肯定的是，两人都会放弃上大学。当带着好奇的目光和迷信的少年加内特进入 NBA 时，这两人才刚刚出生。"我出生 12 天前是他的第一场比赛。"唐斯回忆。加内特说，他希望有朝一日自己能够成为球队的老板。"这样的话就完美了。"森林狼与篮网的交易完成后，加内特在新闻发布会上表示，"如果要写故事，这就是个童话，这是完美结局，也是我希望的结局。"

做了大半辈子 NBA 球员后，杰梅因·奥尼尔作为金州勇士的一员，在 2013–14 赛季结束后宣布退役。脆弱的膝盖使得他无法再像年轻时那样奔跑于球场之上。职业生涯进入末期后，小奥尼尔在自家客厅中央装了一个制冰机。他会闷闷不乐地在机器旁坐上几个小时，撑起两条长腿，试图减轻膝盖持续不断的疼痛。

小奥尼尔的后篮球生涯已经进入运行状态。作为勇士成员，他明智地与硅谷取得联系，与当地的投资人频繁会面。小奥尼尔认为，在波特兰和印第安纳接受了考验，从一个孩子成长为男人，他已经将人生的未来牢牢把握在了自己手中。小奥尼尔认同科比的判断。"我们生活在一个拥有职业选择自由的国家。"他说，"你有权选择一个能照顾好自己和家人、以此谋生的职业。我知道有人会说那些失败的例子，但是在美国的企业中也有很多人失败。他们上了四年大学，毕业后干工作还是失败了。有一些世界上最聪明的人没有上过大学。所以在我看来，这种事不公平。我觉得最大的问题在于——这也应该是最关键的问题，球队为什么不像开拓者一样，去了解他们的投资对象呢？你在这些球员身上投入了百万美元，为什么不去努力让他们处在更能取得成功的位置上呢？只是在选下他们后说，'喂，我掏钱让你打球，所以你必须打好。'NBA 没有行动计划，不存在这种东西。成功的唯一方式就是真正去生活、理解这一切。这是我反对年龄限制的原因，这种做法就是不对。"

关于年龄限制的讨论最引人注目的一点在于，人们对经历了高中到职业联赛这一转变历程的球员可能抱有非常极端的观点。科比和小奥尼尔持有一类观点，这不难理解。另一方面，特雷西·麦克格雷迪提出了另一种合理的观点和立场。"联盟那时还有乔丹和其他人。"麦迪说到自己进入 NBA 的 1997 年，"那时候有很多成年人，现在是一群孩子。"背伤和膝伤让麦迪光明的职业生涯蒙上了阴影。2012 年，深受球迷喜爱的他参加了中国的联赛，随后返回 NBA，以马刺替补角色球员身份结束了 NBA 生涯。后来麦迪曾短暂追逐过棒球这个他最爱的运动，他在一个独立联盟担任投手。麦迪并不认为跳过大学让他错过很多东西，可每年"疯狂三月"拉开大幕时，他总觉得自己变成了局外人。其他球员总在吹嘘自己的球队在 NCAA 锦标赛打到了什么程度，而麦迪只能保持沉默。"大学篮球是一个让人成熟的地方，能让你为大学之后的生活做好准备。"麦迪说，"你会成熟很多。从大一到大二，你会经历一个成熟的过程。在大学这段时间能有多大成长，这是很有意思的事。这些人去大学打一年后进入联盟，他们仍然很年轻。他们 19、20 岁，很多人还是没有做好准备。我是觉得以现在进入联盟的速率，联盟的天赋水平被稀释了，大学的天赋水平也要打折扣。想象一下，你必须在大学打两到三年，想象一下大学会有什么样的天赋。只回想过去几年，看看肯塔基大学，看看卡利帕里送到联盟的球员。我的天啊，大学篮球本可以非常好看。"

无论是受到影响的球员，还是 NCAA 和 NBA，各方有一个共同点——没有一方完全满意现有规则。这一讨论贯穿了科比和加内特的整个职业生涯。以这两个人为代表的一代球员，定义了近 20 年的 NBA，他们引领了联盟"后乔丹时代"的复兴，帮助联盟不断发展，收益越来越稳定。允许这种球员进入 NBA 的原因有很多。NBA球员理论上的挣钱时间是很短的，为什么其他人能靠他们的能力挣钱，他们自己却不行呢？成功的故事比不成功的更引人注目，人们自然也不会关注那些在大学打过几个学期却没有得到成长的人。

亚当·萧华接替大卫·斯特恩，成为 NBA 的新总裁。萧华几十年来一直担任斯特恩的副手，他在联盟广受尊重。萧华毕业于杜克大学，从小在纽约长大的他是尼克斯球迷。萧华将提高年龄限制定为自己的主要目标——他希望将最低年龄限制从 19 岁提高到 20 岁。萧华的观点与斯特恩最初提出年龄限制时如出一辙。"如果球员有更多成熟起来的机会，不论是做人还是提高篮球技术，我觉得我们都会成为一个更好的联盟。"萧华说，"我们的选秀会变得更好，因为球队有机会看到新秀在顶尖对抗下的状态。这样一段时间在一个年轻人的人生中会带来多大改变，我深有体会。"

和斯特恩一样，萧华知道球员为什么希望尽快进入 NBA。"我们理解'这些年轻人需要上大学'这种绕口的话背后的担忧。"萧华表示，"你不会从我们这里听到这种话。联盟向来认为，大学远非完美可言。大学也算不上安全港。大学校园里也发生过很多糟糕的事情，站在联盟和球队的角度，在球员年龄更小的情况下接收他们存有好处，是真正的好处。事实上，他们的终极目标是成为最好的篮球运动员，但在人生中，他们实现这个目标的窗口期又相对较短。有人认为，让他们在更年轻时进入职业联盟，无论对他们还是对联盟都有好处。当我在考虑将年龄限制从 19 岁提高到 20 岁时，各方的收益是我考虑的一个问题。我觉得只会更好。"萧华的观点可能会得到很多球队老板的支持。"我不知道未来会怎样，但我认为旧的高中生直接进入联盟以及一年选秀制度创造了糟糕的、剥削利用青少年篮球运动员的文化。"达拉斯独行侠队老板马克·库班在邮件中写道，"太多人沉浸在富裕的 NBA 生活这个梦想中。学生运动员在学校的时间越长，对 NBA 就越好。他们的技术更好，心态更成熟，生活技能更多，有时还能带来一个成熟的品牌。我愿意看到孩子在大学打满四年，或者进入发展联盟，在那里我们可以集中精力满足他们的需求，无须担心比赛胜负。"只有修改 2011 年 12

月达成的劳资协议才能改变最低年龄限制。在这份为期 10 年的协议中，劳资双方均有在 6 年后跳出协议的权利。在提高年龄限制的问题上，萧华将会遭遇球员工会的反对。米歇尔·A·罗伯茨取代被罢免的比利·亨特，成为工会主席。接受《体育画报》采访时，罗伯茨清楚地表明了她在这个问题上的立场。"我明确反对（提高最低年龄限制）。"她说，"我从事法律工作已经 30 年了。这份工作的好处在于，除了发疯或者死亡，我可以一直干下去。但运动员不一样。作为篮球运动员，能挣钱的时间很短，任何对此的限制都让我感到痛苦。我认为（年龄限制）只是限制球员谋生的一种工具。"

一轮又一轮的谈判，决定的是下一代天才少年们的生涯和命运。

这一代的 NBA 超级巨星终有一天会被取代。这些足以位列 NBA 历史最伟大球星行列的一代人，这些高中毕业后直接进入成年人联盟的人，他们正在走向各自职业生涯的终点。

时间老人终究会追赶上每一个人。进入联盟时，这些意气风发的孩子面前无不是光明的未来。曾经飞驰在球场上、让人们觉得摆脱了地球引力的他们，终究还是被地球引力拉回了地面。得到空位出手机会的难度越来越大。凯文·加内特仍在怒吼，但他的投篮不再是过去的样子，甚至连勒布朗·詹姆斯也开始越来越多地谈到有限的运动声明。

与这些人永远联系在一起的，是那些选择了同样道路却走向失败的人。而这些人的名字，只是在一场早已与他们无关的讨论中成为微不足道的注解。时间老人也追赶上了他们，只不过用的是另一种方式。这些人的明星梦、赚钱梦大多消失殆尽。不论是柯里昂·杨、兰尼·库克还是托尼·基，这些昙花一现的青年才俊们，他们的生活仍要继续。

24

　　在深入圣经地带①的一家连锁餐厅里，有一名身高鹤立鸡群的服务员，大多数人还不到他的肩部。6尺11的托尼·基留着一头大辫子，他仍然有着高中时用凶猛扣篮砸碎篮板时的威严。托尼·基工作的地点位于肯塔基州鲍林格林的拉夫蒂餐馆，他的轮班开始于几小时前。那是2013年一个炎热潮湿的夏日，距离勒布朗·詹姆斯连续第二年夺得总冠军刚刚过去几个月。托尼·基抽时间看了总决赛。他曾经梦想过自己驰骋于NBA的姿态，肆虐篮筐的同时挣到几百万美元。如今，在为顾客送上下一份开胃菜前，他只有几分钟休息时间。这份工作托尼·基已经干了七个月，用比他大8岁的哥哥奥蒂斯·基的话来说，"这挺让人意外的。""我和妈妈都在想，这是他干得时间最长的一份工作。但他的注意力总会被分散，一件事导致一个糟糕的决定，不断引出后面的问题。"

　　情况开始恶化前，奥蒂斯·基曾经劝过他的弟弟，他会吵到气血上涌，会气到无法控制自己。在附近的拉塞尔维尔地区，当托尼·基在2000年带领高中球队打进州半决赛，用一个反身扣篮砸碎

---

① 圣经地带指的是美国基督教情结深厚的南部诸州，主要包括德克萨斯、俄克拉荷马、密苏里和肯塔基。——译者注

篮板后，他就成了当地的一个传奇。大学教练经常出没于托尼·基的高中，试图招募他入学。托尼·基具有较强的可塑性，可除了身体天赋、柔和的手感和在矮小的对手头上扣篮外，他的篮球技术乏善可陈。菲利普·托德教练想让他练出更多技术，比如抢篮板和运球，可基对他的建议总是置若罔闻。他认为自己只是内线球员，持球推进是后卫的工作。他从来不知道督促自己是什么感觉——无论是在体能枯竭时奋力拼搏，还是继续提高技术能力。他总是自满，各种问题逐渐浮出水面。

托尼·基一家都与篮球有着或多或少的联系，而他只是在身高优势变得明显后才把篮球看作未来的选择。托尼·基曾退出过初中篮球队，他更喜欢美式足球和棒球。托尼·基的高中球队参加季后赛时，奥蒂斯·基正以哈林环球旅行者队球员的身份前往世界各地巡演。他的另一个哥哥赛迪斯·基很快就要进入肯塔基卫斯理学院打球。和丈夫分手后，他们的母亲布兰达·基不得不找工作养活自己和孩子。而工作使得她经常无法在晚上回家。布兰达·基发现，越来越多的陌生人出现在他们的生活中。学校通知托尼·基，为了有资格升入高四，他必须在夏天修完一半的学分。身在外地的奥蒂斯打电话，恳求托尼认真读书。"好好读书，托尼。如果你能做到这事，你就可以实现任何人生目标。"奥蒂斯说，"如果做不到，你做什么都会失败。没错，你是有选择读不读书的权利，但这表明你是否愿意付出更多努力。如果不愿意，说明你满足于现状，你满足于混日子。"

托尼·基承认，当年的自己愚顽不化。他不想读书，不想听哥哥的建议。哥哥走的是他们的路，他自有想法。"我知道我在做什么。"他总是用这番话回复家人的建议，"我知道自己在做什么。"

托尼·基拒绝读书，他只有两个选择，要么去夏季补习班，要么留级。托尼·基曾在一个夏天遇到过一个教练，在这个教练的建议下，出乎所有人意料，托尼·基先是转学到了一个预备校，后来直接去了加州康普顿的百年中学。在那里，他有了和全美顶尖高中生交手的机会——这些人通常都会成为职业球员，比如泰森·钱德勒。托尼·基相信，自己和这些人一样出色。在14场比赛里，他的场均得分（23）和篮板（11）均为全队最高。但监管该地区的高中联合会不久后宣布，托尼·基没有参加比赛的资格。托尼·基表示自己住进了一个阿姨家，但学校官员从未通知联合会认可这次转学。但这并不重要，托尼·基在加州并没有相识的阿姨，他住在一个队友家里。康普顿百年中学有11场胜利被宣布取消。

原本就没有被托尼·基考虑的大学，如今更是被他彻底排除在外。按托尼·基自己的估算，他在加州只上了两节课。大部分时间他都在外面闲逛，大量抽烟。一个熟人将托尼·基介绍给了经纪人罗恩·德尔佩特。德尔佩特曾经是业界大佬，做过朱利叶斯·欧文的经纪人，那时他正想重返球员经纪行业。托尼·基说德尔佩特说服他签下合同，转为职业球员。"按照他们的解释，没有他们我就不能参加选秀。"基回忆道，"他们说，'你需要一个经纪人才能参加选秀，这就是你应该和我们签约的原因，让我们推动局势进一步发展吧。'"托尼·基随后离开洛杉矶，前往拉斯维加斯训练。对于来自肯塔基小城的他，如果说洛杉矶让他大开眼界，那拉斯维加斯就称得上应接不暇了。他把大部分时间用在派对上，为选秀进行训练准备被他放在了一边。托尼·基买了一辆凯迪拉克，口袋里有钱后，他开始大笔消费。他觉得这不过是走向更光明的未来、拥有更美好一切的开始。如今，托尼·基说他终于明白自己当初拥有的一切有多么渺小，现在他才知道当初自己还需要付出多少努力。

奥蒂斯·基和哈林环球旅行者队商量，希望能缺席那年夏天的巡演，以便照顾自己的弟弟。他曾和职业球员交过手，知道弟弟还是个孩子，无法与成年人对抗。奥蒂斯相信自己能让弟弟将精力集中到篮球上，帮助他恢复身体状态，这样至少有球队愿意考虑选择他。奥蒂斯觉得，一旦回到球场上，托尼就会知道自己要努力的还有很多，他会重新投入篮球训练。但奥蒂斯最终放弃了这个打算，他有了儿子，也有自己的工作要做。时至今日，奥蒂斯仍在思考当初这个决定。他在想，"也许我该做出这个牺牲，也许事情就会有不同的发展。"

2001 年选秀，托尼·基听说丹佛掘金对他有兴趣。可掘金并没有在第二轮选他，而是选下了另一个职业生涯同样不顺利的高中球员奥斯曼·西斯。"好吧，他没被选中，但还有训练营。"奥蒂斯心想，"球队不会错过有身高有能力的人。"由于托尼·基不可能进入主流大学，他最后回到加州，进入洛杉矶城市学院这个两年制学校。被开除出校队后，托尼·基进入了另一所更小的学校，这次是在印第安纳州。托尼·基请求洛杉矶城市学院再给他一次机会，主教练答应了他的请求。当一切终于走上正轨时，悲剧发生了。2002 年年底，托尼的两个妹妹汉娜和杰西卡被汉娜的男朋友谋杀。汉娜和杰西卡也是拉塞尔维尔的篮球高手。两人的死讯击溃了托尼，他和两个妹妹的关系非常紧密，尤其是汉娜。汉娜总是对他说，"别跟我说你要做什么，做给我看。"

"那事之后一段时间，他有点迷失了自我。"布兰达·基表示。她说全家人的悲痛会永远延续下去。布兰达说，她至今不知道托尼能否面对姐妹俩的墓碑。

托尼·基后来进入西弗吉尼亚州的一所小型大学，随后前往墨西哥、加拿大等地打球，也在美国国内打过小型的联赛。"他决定按他自己的方式行事。"奥蒂斯·基说，"除了已经说过的话，他不想征求别人的意见和建议。被人利用又被抛弃后，他感到愤怒，这又导致他做出了更多糟糕的决定。"

勒布朗·詹姆斯仍是 NBA 的超级巨星；科比和加内特的历史

地位已定，生涯进入末期后他们偶尔会展现年轻时的风采。其他很多球员确保了未来的同时也挣到了数百万美元。

将近15年后，托尼·基回到了拉塞尔维尔的高中母校。在那里，他曾经打出过让人目眩的表现。也正是在这里，他迈出了加速进入职业联赛的第一步。奥蒂斯·基离开了哈林环球旅行者，希望成为教练。他是中央篮球联盟（Central Basketball Association）半职业球队鲍林格林黄蜂队的主教练，他把自己的弟弟招进了球队。这个联盟主要由当地曾经打过大学篮球的人组成，为了几百美元的收入，这些人在几百名观众面前进行比赛。大多数比赛里，奥蒂斯采用了萝卜加大棒、表扬与责骂结合的方式对待托尼。

奥蒂斯说，这可能是托尼最后的机会。托尼31岁了，他有了两个女儿。他还有足够的活力，能够靠篮球谋生——至少还能再打上几年。他只需要认真起来，也许某支球队的某个人就会给他机会。尽管如此，让托尼经常接受奥蒂斯长篇大论的说教也是一件颇为困难的事情。

"托尼，你还年轻，所以你真的还有机会。"奥蒂斯说，"你还剩两年或者三年真正还能打球的日子。如果认真对待，你就能把这个转变成更好的机会。你的能力比我强太多了。我唯一有的，就是愿意听别人的话，做出正确的决定，有足够的纪律性付出努力。你现在年龄也不小了，犯过不少错了。你知道哪条路是对的，知道该走哪条路。不管是好是坏，你已经有了足够的经历。你知道只要努力，就会得到什么结果。"

托尼·基的问题在于，他总会遇到新的问题。奥蒂斯从来也找不到问题的真正源头，托尼莫名其妙就会不再专注、失去希望。两个人都想知道，托尼到底想不想实现梦想，或者说他到底爱不爱篮球，珍不珍惜自己的天赋。托尼·基说，他很难找到时间去训练。现在，他有太多要考虑的事情。"看上去，如果我努力了，现在的生活就会轻松很多，但我也不知道。我对篮球有激情，可是在吃饭、睡觉、打篮球的问题上，我对篮球的爱还没到那种程度。"

现实的生活还在继续，托尼继续上菜了。用餐高峰即将到来。

也许保留实现梦想的一线希望，比面对没有梦想的真实生活，要好上那么一点。

致　谢

　　这本书是在很多很多人的支持、贡献与指导下，才最终成形的。

　　《洛杉矶时报》没有信任我的必要，但他们选择相信23岁的我，让我成为洛杉矶快船的跟队记者。对于一个从小在洛杉矶的影子下长大的孩子来说，这堪称梦想职业。这份工作带我走进了NBA的世界，让我不禁产生好奇，球员们——很多人还是孩子——如何应对被摄像机包围的巨大压力，如何在那么年轻时成为一家之主。感谢比尔·杜埃尔、兰迪·哈维、小艾弗兰·赫尔南德兹、迈克·海瑟曼、巴里·斯塔夫罗和菲尔·威伦。

　　在《纽约时报》工作帮助我继续在记者这个职位上成长，使得我越发珍惜每日奉献出那么高质量报纸的从业人员。感谢霍华德·贝克、格雷格·毕晓普、约翰·艾利冈、特莉·安·格林、汤姆·乔利、桑迪·基南、帕蒂·拉·杜卡、比尔·罗登、皮特·萨梅尔、杰·施维伯、杰森·斯塔尔曼和费恩·特克威兹。

　　比尔·西蒙斯是极为出色的导师和朋友。说真的，向他学习就像篮球运动员向迈克尔·乔丹学习一样。他是我见过的最勤奋的人。更重要的是，他教会我每一篇文章都要交出最高水平，希望这本书也能符合这个标准。由他聚集在一起的Grantland是一个美好的大家庭，我要感谢其中的很多人，特别是凯迪·贝克、比尔·巴恩威尔、拉夫·巴瑟洛莫、杰森·康赛普申、丹·费尔曼、肖恩·费纳西、柯克·戈德斯贝里、安迪·格林沃德、大卫·杰克比、乔纳·科里、朱丽叶特·里特曼、扎克·洛维、罗伯特·梅斯、克里斯·莱恩、莫妮卡·施罗德、希亚·赛拉诺、安德鲁·夏普及 ESPN 的罗伯特·金。

跟踪报道 NBA 的记者们是特别且才华横溢的一群人，写这本书的过程中，很多人不吝于将自己了解的内情告知我。感谢所有人，包括亨利·阿伯特、大卫·阿尔德里奇、萨姆·阿米克、哈维·阿拉顿、JA·阿丹德、迈克尔·贝克、克里斯·布罗萨德、杰西卡·卡梅拉托、克里斯·海恩、本杰明·霍克曼、贾斯提斯·B·希尔、巴克斯特·霍姆斯、李·詹金斯、迈克尔·李、霍丽·麦肯锡、杰克·麦科勒姆、戴夫·迈克麦纳明、杰森·里德、拉莫娜·谢尔本、马克·斯皮尔斯、兹维·特斯基、加里·沃什本及阿德里安·沃齐纳斯基。杰森·里德不再报道 NBA，但他是出色的记者，也是最优秀的导师。

我花费多年时间收集采访，最终完成了这本书。我想感谢所有接受采访的人，将他们独特的经历、想法和知识分享给我。如果列出所有人的名字，我可以写上好几页。我要特别感谢迈克·巴斯、约翰·布莱克、兰尼·库克、蒂姆·弗兰克、特雷西·麦克格雷迪、约翰·纳什、杰梅因·奥尼尔、乔安娜·夏皮罗、大卫·斯特恩、阿曼达·索恩·乔治和索尼·瓦卡罗。所有采访需要大量整理速记，亚力克斯·舒尔茨及丹尼·周在这方面帮了我大忙。

我的经纪人丹尼尔·格林伯格在我尚未形成任何写书的想法时就联系了我，这本书能够诞生，他的信念起到了很大作用。谢谢他，谢谢莱文·格林伯格文学经纪公司。内森·罗伯森是本书的编辑，感谢他和皇冠出版集团。同样感谢亚当·布林克洛对本书的事实进行审查和修订。

写作本书的过程中，我的家人提供了只有他们才能提供的支持。谢谢妈妈、米歇尔、丹尼埃尔、马修、惠特尼、丹、丹农、妮可尔、贾马尔及乔治和安杰拉·卡德维尔。

最后，我敬畏我的妻子唐雅。在她的丈夫为了写作这本书四处旅行、不断加班的过程中，她生下了我们的第一个孩子，完成了横跨全美的搬家，一切都做得游刃有余。她是我知道的最坚强的人，她本人也是名出色的记者。我的作品完成后，她总是第一个向我祝贺的人。致我们的儿子杰登，这本书送给你。记住——你要读大学，而且要读满四年。